苏保忠 ◎ 主编

领导

LEADERSHIP Second Edition

科学与艺术

第②版

U0360284

清华大学出版社
北 京

内 容 简 介

　　领导学既是一门科学，又是一门艺术。本书是在汲取国内外领导科学研究成果的基础上，从领导活动的科学化、领导科学的艺术化两个层面，系统分析和论证了领导的含义与本质、领导环境、领导理论、领导职能、领导主体、领导体制、领导决策、领导艺术、领导效能以及领导创新等内容。在对领导科学的学习过程中，读者既能从中感受到领导理论的震撼力，又能体会到领导艺术的感染力。本书试图通过丰实的内容和新颖的编排体系，让读者真正从中获得一些收益。

图书在版编目（CIP）数据

领导科学与艺术/苏保忠主编. —2 版. —北京：清华大学出版社，2009.2（2023.8重印）
ISBN 978-7-302-19113-1

Ⅰ. 领… Ⅱ. 苏… Ⅲ. 领导学 Ⅳ. C933

中国版本图书馆 CIP 数据核字（2008）第 197104 号

责任编辑：刘志彬
责任校对：王荣静
责任印制：宋　林

出版发行：清华大学出版社
　　　　网　　　址：http://www.tup.com.cn，http://www.wqbook.com
　　　　地　　　址：北京清华大学学研大厦 A 座　　邮　　编：100084
　　　　社 总 机：010-83470000　　　　　　　　邮　　购：010-62786544
　　　　投稿与读者服务：010-62776969，c-service@tup.tsinghua.edu.cn
　　　　质量反馈：010-62772015，zhiliang@tup.tsinghua.edu.cn
印 装 者：北京鑫海金澳胶印有限公司
经　　销：全国新华书店
开　　本：185mm×230mm　　**印　张：**17.25　　**字　　数：**353 千字
版　　次：2009 年 2 月第 2 版　　　　　　　　**印　　次：**2023 年 8 月第 30 次印刷
定　　价：39.00 元

产品编号：032080-02

领导科学与艺术

LING DAO KE XUE YU YI SHU

第 2 版前言

本书第 1 版于 2004 年 8 月问世。据出版社的同志反映,已经十多次印刷,仍有需求扩大的趋势,也早在 2007 年春即向我提出进行修订再版的建议。对此,我虽同此意,并且与其他参编人员进行了认真研讨,但由于我本人一直忙于其他琐事,因而未能及时完成整个修订工作。

直到 2008 年春,我才得以闲暇并开始着手本书的修订。于是再次与参编人员讨论,反复推敲,终于在原有基础上定下修订稿。整个修订工作的主要基础是当前领导活动面临的新情况、领导学科研究的新成果以及在领导科学教学与实践中所反馈的有关信息。做好修订工作是我们共同的目标,也是我们的主观愿望,至于是否能够达到预期目标,当然还有待检验、审议和评价。

第 2 版在保持了第 1 版特色基础上又从以下几个方面进行了丰富和发展。

● 体系编排在保留了每章原有的"学习目标"、"本章小结"、"思考题"、"网上冲浪"、"案例分析"以及"思考与讨论"的基础上,每章正文前都增添了一个简练的"小引例"。小引例中涉及的公司包括 TRS、丰隆集团、天津滨海新区、通用公司、百盛公司和长安集团等。这些小引例旨在破题、增强亲切感,目的是引导读者去更好地领会所在章节的理论知识。

● 章节框架基本不变是此次修订中所遵循的一个基本原则,仅根据逻辑结构的需要对章节框架做了局部调整,主要是将第 1 章中的"领导的特征"部分与"领导与管理的关系"两部分内容在顺序上进行了调整。

● 内容方面有删节,也有补充,修订中的斟酌较多。像关于人格要素模型等理论、领导者的情商以及盈亏平衡分析等决策方法的增补,较为显著。传统领导体制的弊端中将"党政不分情况依然存在"的表述改为"领导职能划分相互混淆",目的是体现领导体制的一般组织属性。

● 案例分析保留了原有的"Electronic-Quik"、"纳什博弈论的原理及应用"、"'传奇英雄'——艾柯卡"和"张瑞敏诠释'市场链流程再造'",这些现实案例仍能较好地帮助读者检验自己所学的理论知识。而"华盛顿不同情眼泪"、"IBM 的战略管理领导体制"、"走向决策智能化的德棉集团"以及"'小詹妮'缘何能经营起'大商店'"等新案例较原来的案例则有更强的说服力。

● 本书对领导的理解依然从科学化和艺术化两个层面入手,科学化层面不仅在于揭示领导活动中的客观规律,更为重要的是让这些科学性的认识能在领导实践中得以应用;艺术化层面不仅在于展示某种领导技能或技巧,更为重要的是强调如何利用这些领导技能或技巧来提升领导效能。

在此,我想特别感谢以不同方式对本版付梓给予支持和鼓励的人们:

感谢我的老师张正河教授,他在百忙中对此次每章新增添小引例的第一稿逐一进行了审阅,并提出了重要的修改建议。

感谢王磊和宗成峰,他们为本书的修订特别是书稿整理做了大量工作。

感谢清华大学出版社的编辑,是他们的支持、鼓励和督促才让本版文稿得以最终完成。

此外,还要感谢那些曾对第 1 版进行评价并提出建设性意见的同仁和读者,他们的积极评价和建设性意见让我们获益匪浅。

苏保忠

2008 年 12 月

领导科学与艺术

LING DAO KE XUE YU YI SHU

第1版前言

本书的基点

每一本书的作者在其动笔之前,均需确定自己的基本着眼点。这些基本着眼点将成为确定本书构成内容的基本依据。本书有以下几个基点。

（1）领导是一个富有挑战性和刺激性的领域

正如斯蒂芬·P.罗宾斯博士所言,即使是一本导论性的教科书所包含的题材,也应当具有内在的刺激性,因为我们谈论的都是现实世界中所发生的事情。例如,为什么艾柯卡能从一位默默无闻的推销员成为世界闻名的超级企业家?张瑞敏为什么还要对海尔集团进行市场链流程再造?为什么超前的决策也会失败?怎么在领导工作中激励下属为组织的目标奋斗?为什么一个决策会引来多方的不满?怎样能够使你所在的部门或组织更有效率和更积极地响应"顾客"的需求等。

（2）领导科学应当从一般组织的角度来研究

领导科学包含了营利组织的领导和非营利组织的领导。领导科学的内容编排应当像关注如何指导政治领导"亲民"那样,关注企业领导如何去赢得"顾客"。同样,并非每一个人都想成为国家的政界名流,也不是每个人都想在企业界崭露头角,那些在非营利组织中工作的读者,也应该能从领导科学中找到适合他们需要的领导概念的阐释。

（3）内容应当适时、贴切

在内容的选取上,作者应当自问,我的这些内容是否符合时代发展的要求,是否必要?因为我们所处的时代是瞬息万变的,而不同时代的读者会对作者有不同的要求。在世界飞速发展、我国改革开放和现代化建设不断前进的今天,像领导科学这一动态领域的教科书必须反映这些要求。

本书的结构与框架

本书从领导活动的科学化和艺术化两个层面,对领导科学的基本理论和主要内容进行了系统的论述。

第1章主要介绍了领导的基本理论,如领导的概念、领导与管理的关系、领导的特征以及现代领导是科学化和艺术化的统一等。

第2章主要阐述了影响领导活动的诸多因素,即领导环境,包括领导环境的概念、特征、分类、构成要素、领导环境与领导活动之间的互动关系等一系列问题。

第3章关注的焦点是理论问题,包括领导理论的历史发展、领导理论的主要流派以及领导哲学。

第4章重点研究了领导体制问题,包括领导体制的含义、内容、分类以及领导体制的历史演进和领导体制改革。

第5章着重探讨的是领导者和被领导者,内容包括领导者的含义、构成、类型、领导者与管理者之间的区别、领导者的职责、权力和责任、领导者的素质及其优化、被领导者的含义、特点、领导者与被领导者之间的关系。

第6章研究的重点是领导决策问题,包括领导决策的含义和特点、领导决策在领导活动中的地位和作用、领导决策理论、领导决策的构成、程序方法与评估、领导决策体系以及领导决策的发展。

第7章将研究的焦点转向了领导的另一个层面——领导艺术,内容包括领导艺术的本质与特征、领导艺术与领导权术的界限划分、领导艺术的地位和作用、领导用权的艺术、用人的艺术、激励的艺术、领导关系处理的艺术、领导开会和运时的艺术等。

第8章重点阐释了领导效能,内容包括领导效能的含义及其分解、封建制领导效能理论、科层制领导效能理论、权变式领导效能理论、领导效能的评估以及提高领导效能的途径等。

第9章研究的重点是领导创新,内容包括领导创新的含义、特征、作用、领导创新的内容、环境因素、领导创新中的领导者以及领导创新的程序等。

本书的独特之处

本书除了在内容上突破了传统教材对领导科学的单一理解,即从领导活动的科学化和艺术化两个层面对其进行系统分析和充分论证外,还在体系编排上有所创新,突破了"正文＋思考题"的传统编排模式。主要表现在:

学习目标　在每一章的开头,我们都列出了本章的学习目标,以便读者在学习的过程中能了解每一章的基本内容和重点。

图表　许多领导理论都是建立在大量研究的基础之上的,有些观点和结论抽象晦涩。为了便于理解和记忆,本书包含了必要的图表,这些图表可以清晰地表达那些重要的观点、不同变量之间的关系等。

小结和思考题　在每一章的结尾都有一个小结,以便读者加强记忆。思考题是一种有效的学习工具,能帮助读者尽快掌握和理解重要的知识点及其相关内容。

网上冲浪 在每一章当中,都有两个以上的网上训练题。其目的是使读者能够在广阔的网络世界中畅游、学习。读者可以根据需要来访问一些与章节内容相关的网站,以便对所学内容进一步拓展。

案例分析 各章最后都有案例供学生对所学知识进行分析或在课堂上进行讨论。其中许多案例是读者有所了解或者是听说过的实际案例,但组织名称、地点和领导者名称已做了改动。这些案例有助于读者提高情景领导的能力和技能。

本书编写人员的具体分工(以姓氏笔画为序)

马雁军:第 2 章(参编)

王海滨:第 3 章(参编)。任副主编,协助主编做统筹、定稿工作

孙其如:第 3 章

李 锋:第 8 章

苏保忠:第 1 章、第 2 章、第 5 章。任主编,负责大纲设计、统筹、定稿工作

姚 峰:第 9 章

范炜烽:第 7 章

章兴鸣:第 4 章、第 6 章

致谢

每一位作者都依赖于他人的指导、帮助和鼓励,我更是从中受益匪浅。

在本书的编写过程中,以各种方式给予我指导、支持和鼓励的有:南京大学的张永桃教授,北京航空航天大学的马建臣教授,美国亚利桑那州立大学的蓝志勇教授,中国社会科学院经济研究所的郭冠清博士后,中国农业大学的王秀清教授、辛贤教授、张正河教授、奉公教授、李建军博士等。

我要感谢中国农业大学网络教育学院的谢咏才女士。

我还要特别感谢清华大学出版社的编辑。

我要感谢的还有我那充满祥和、欢乐和宽容的家庭:我的妻子王妹、我的儿子苏汇丰、我的父亲苏守礼、我的母亲刘海新、我的兄长苏保鹤、苏保庆和我的姐姐刘保荣。

苏保忠

2004 年于博雅西园

领导科学与艺术

LING DAO KE XUE YU YI SHU

第1章　领导概述 ··· 1

　1.1　领导的概念与特征 ··· 2

　1.2　领导科学的产生与发展 ···································· 12

　1.3　领导科学的研究对象、方法与意义 ························ 18

　■ 本章小结 ·· 21

　■ 思考题 ·· 22

　■ 网上冲浪 ·· 22

　■ 案例分析 ·· 23

　■ 思考与讨论 ·· 24

第2章　领导环境 ··· 25

　2.1　领导环境概述 ·· 26

　2.2　领导环境的构成变量 ······································ 32

　2.3　领导环境与领导活动的相互作用 ···························· 38

　■ 本章小结 ·· 41

　■ 思考题 ·· 42

　■ 网上冲浪 ·· 42

　■ 案例分析 ·· 43

　■ 思考与讨论 ·· 44

第3章　领导理论 ··· 45

　3.1　领导理论的发展历史 ······································ 46

3.2 领导理论的主要流派 ⋯⋯⋯⋯⋯⋯⋯⋯⋯⋯⋯⋯⋯⋯⋯⋯⋯⋯⋯ 49

3.3 领导理论与领导哲学 ⋯⋯⋯⋯⋯⋯⋯⋯⋯⋯⋯⋯⋯⋯⋯⋯⋯⋯⋯ 72

■ 本章小结 ⋯⋯⋯⋯⋯⋯⋯⋯⋯⋯⋯⋯⋯⋯⋯⋯⋯⋯⋯⋯⋯⋯⋯⋯⋯ 76

■ 思考题 ⋯⋯⋯⋯⋯⋯⋯⋯⋯⋯⋯⋯⋯⋯⋯⋯⋯⋯⋯⋯⋯⋯⋯⋯⋯⋯⋯ 77

■ 网上冲浪 ⋯⋯⋯⋯⋯⋯⋯⋯⋯⋯⋯⋯⋯⋯⋯⋯⋯⋯⋯⋯⋯⋯⋯⋯⋯⋯ 77

■ 案例分析 ⋯⋯⋯⋯⋯⋯⋯⋯⋯⋯⋯⋯⋯⋯⋯⋯⋯⋯⋯⋯⋯⋯⋯⋯⋯⋯ 77

■ 思考与讨论 ⋯⋯⋯⋯⋯⋯⋯⋯⋯⋯⋯⋯⋯⋯⋯⋯⋯⋯⋯⋯⋯⋯⋯⋯ 82

第4章 领导体制 ⋯⋯⋯⋯⋯⋯⋯⋯⋯⋯⋯⋯⋯⋯⋯⋯⋯⋯⋯⋯⋯⋯⋯ 83

4.1 领导体制概述 ⋯⋯⋯⋯⋯⋯⋯⋯⋯⋯⋯⋯⋯⋯⋯⋯⋯⋯⋯⋯⋯⋯ 84

4.2 领导体制的类型 ⋯⋯⋯⋯⋯⋯⋯⋯⋯⋯⋯⋯⋯⋯⋯⋯⋯⋯⋯⋯⋯ 90

4.3 领导体制的演进 ⋯⋯⋯⋯⋯⋯⋯⋯⋯⋯⋯⋯⋯⋯⋯⋯⋯⋯⋯⋯⋯ 95

4.4 领导体制的改革 ⋯⋯⋯⋯⋯⋯⋯⋯⋯⋯⋯⋯⋯⋯⋯⋯⋯⋯⋯⋯⋯ 100

■ 本章小结 ⋯⋯⋯⋯⋯⋯⋯⋯⋯⋯⋯⋯⋯⋯⋯⋯⋯⋯⋯⋯⋯⋯⋯⋯ 106

■ 思考题 ⋯⋯⋯⋯⋯⋯⋯⋯⋯⋯⋯⋯⋯⋯⋯⋯⋯⋯⋯⋯⋯⋯⋯⋯⋯⋯ 106

■ 网上冲浪 ⋯⋯⋯⋯⋯⋯⋯⋯⋯⋯⋯⋯⋯⋯⋯⋯⋯⋯⋯⋯⋯⋯⋯⋯⋯ 106

■ 案例分析 ⋯⋯⋯⋯⋯⋯⋯⋯⋯⋯⋯⋯⋯⋯⋯⋯⋯⋯⋯⋯⋯⋯⋯⋯ 107

■ 思考与讨论 ⋯⋯⋯⋯⋯⋯⋯⋯⋯⋯⋯⋯⋯⋯⋯⋯⋯⋯⋯⋯⋯⋯⋯ 111

第5章 领导者与被领导者 ⋯⋯⋯⋯⋯⋯⋯⋯⋯⋯⋯⋯⋯⋯⋯⋯⋯⋯ 112

5.1 领导者概述 ⋯⋯⋯⋯⋯⋯⋯⋯⋯⋯⋯⋯⋯⋯⋯⋯⋯⋯⋯⋯⋯⋯ 113

5.2 领导者的职位、权力与责任 ⋯⋯⋯⋯⋯⋯⋯⋯⋯⋯⋯⋯⋯⋯⋯ 120

5.3 领导者的素质 ⋯⋯⋯⋯⋯⋯⋯⋯⋯⋯⋯⋯⋯⋯⋯⋯⋯⋯⋯⋯⋯ 127

5.4 被领导者 ⋯⋯⋯⋯⋯⋯⋯⋯⋯⋯⋯⋯⋯⋯⋯⋯⋯⋯⋯⋯⋯⋯⋯ 136

5.5 领导者与被领导者间的互动关系 ⋯⋯⋯⋯⋯⋯⋯⋯⋯⋯⋯⋯ 138

■ 本章小结 ⋯⋯⋯⋯⋯⋯⋯⋯⋯⋯⋯⋯⋯⋯⋯⋯⋯⋯⋯⋯⋯⋯⋯⋯ 140

■ 思考题 ⋯⋯⋯⋯⋯⋯⋯⋯⋯⋯⋯⋯⋯⋯⋯⋯⋯⋯⋯⋯⋯⋯⋯⋯⋯⋯ 141

■ 网上冲浪 ⋯⋯⋯⋯⋯⋯⋯⋯⋯⋯⋯⋯⋯⋯⋯⋯⋯⋯⋯⋯⋯⋯⋯⋯⋯ 141

■ 案例分析 ⋯⋯⋯⋯⋯⋯⋯⋯⋯⋯⋯⋯⋯⋯⋯⋯⋯⋯⋯⋯⋯⋯⋯⋯ 142

■ 思考与讨论 ⋯⋯⋯⋯⋯⋯⋯⋯⋯⋯⋯⋯⋯⋯⋯⋯⋯⋯⋯⋯⋯⋯⋯ 146

第 6 章　领导决策 ……………………………………………………………… 147

　6.1　领导决策概述 ………………………………………………………… 148

　6.2　决策体系 ……………………………………………………………… 165

　6.3　领导决策的发展 ……………………………………………………… 169

　■ 本章小结 ………………………………………………………………… 176

　■ 思考题 …………………………………………………………………… 177

　■ 网上冲浪 ………………………………………………………………… 177

　■ 案例分析 ………………………………………………………………… 178

　■ 思考与讨论 ……………………………………………………………… 179

第 7 章　领导艺术 ……………………………………………………………… 180

　7.1　领导艺术概述 ………………………………………………………… 181

　7.2　领导用权的艺术 ……………………………………………………… 185

　7.3　领导用人的艺术 ……………………………………………………… 191

　7.4　领导激励的艺术 ……………………………………………………… 196

　7.5　领导关系的处理艺术 ………………………………………………… 201

　7.6　领导运时与开会的艺术 ……………………………………………… 205

　■ 本章小结 ………………………………………………………………… 207

　■ 思考题 …………………………………………………………………… 208

　■ 网上冲浪 ………………………………………………………………… 208

　■ 案例分析 ………………………………………………………………… 209

　■ 思考与讨论 ……………………………………………………………… 210

第 8 章　领导效能 ……………………………………………………………… 211

　8.1　领导效能的概述 ……………………………………………………… 212

　8.2　领导效能的理论 ……………………………………………………… 215

　8.3　领导效能的评估 ……………………………………………………… 220

　8.4　领导效能的提升 ……………………………………………………… 227

　■ 本章小结 ………………………………………………………………… 230

　■ 思考题 …………………………………………………………………… 231

- ■ 网上冲浪 ·· 231
- ■ 案例分析 ·· 232
- ■ 思考与讨论 ·· 233

第 9 章　领导创新 ·· 234

9.1　领导创新概述 ·· 235

9.2　领导创新的内容和环境因素 ························· 239

9.3　领导创新的程序 ·· 250

- ■ 本章小结 ·· 257
- ■ 思考题 ·· 258
- ■ 网上冲浪 ·· 258
- ■ 案例分析 ·· 259
- ■ 思考与讨论 ·· 262

参考文献 ·· 263

领导概述

■ **学习目标**

通过本章的学习,你应当能够:

- 界定"领导"的概念并解释其对组织的重要性;
- 描述领导的特征并说明它与管理的联系与区别;
- 了解领导科学产生的历史背景;
- 阐述领导科学在西方的发展过程;
- 列举三个学习和研究领导科学的途径和方法;
- 明确领导科学的研究对象;
- 理解领导科学产生的两个标志;
- 比较中外领导科学的发展趋势。

美国运通公司是国际上最大的旅游服务及综合性财务、金融投资及信息处理的环球公司之一。1979 年,该公司旅游相关服务分部(TRS)正面临着美国运通创建 130 年来最严峻的挑战。当时,有数以百计的银行正在或计划发行与美国运通卡相竞争的维萨卡和万事达卡,同时,还有数十家金融服务公司即将开展旅行支票业务。为此,同年《财富》杂志一篇文章评论指出,美国运通公司"会发现愈加难以保持其世人瞩目的利润增长"。

面对这一挑战,刚刚出任美国运通公司总裁的郭士纳(Lou Gerstner)和他的团队围绕"顾客需求"、"竞争地位"以及"经济手段"等基本问题,召开几十次战略会议,确定了公司的"充满生机,不断发展,面对激烈竞争,依然经济繁荣"远景目标。为达到目标,他们制定了多重战略。总的来说,要将注意力尽力集中到全球市场,尤其应注重公司传统顾客,进一步争取新客户,然后大力开发深受每一顾客群体喜欢的产品或服务推向市场,同时强调进行明智投资,以不断增加生产力(从而降低成本)。所以,要向市场提供尽可能的最佳顾客服务,且一定要优于维萨卡和万事达卡。为实现这一切,郭士纳和他的团队进一步发展了企业的文化氛围,聘用、培训了一群富有献身精神的出色人员,让他们在这种企业文化中茁壮成长,并清楚地向他们传达企业总的发展方向。最后,越来越多的人加入进来,大家群情激昂,相信并力求实现这一理想,美国运通公司的企业文化更为浓厚。

起初是郭士纳,然后其他高级经理人员,他们尽力鼓励甘冒明智风险的行为,并尽一切力量取得风险回报。到1988年,在美国运通公司发展的十年间,纯收入增长了500%,年均为18%。公司的发展超过了许多所谓的高科技或高增长企业,使美国运通一跃成为美国第五大直邮商。

资料来源:《HARVARD BUSINESS REVIEW ON LEADERSHIP》摘译

以上引例讲述的是郭士纳带领他的团队战胜自美国运通公司创建130年来最严峻的挑战,最终实现公司远景目标的过程。这一过程不仅涉及本书要讨论的许多与领导有关的主题,还为我们全方位、多层次了解和学习领导科学提供了很好的例证。在本章中,我们首先将解释什么是领导,它对组织绩效的影响是什么,以及它与管理之间的关系如何。然后考察领导科学是如何发展的,其研究对象是什么,以及学习领导科学有何意义。本章的最后,主要阐述运用什么方法来学习领导科学。

1.1 领导的概念与特征

1.1.1 人类的领导活动

虽然把领导作为一门学科进行系统研究,是从 20 世纪 30 年代才开始的。但是,领导活动却同人类社会的历史一样悠久,至少可以追溯到几千年以前。当人类还处于母系氏族社会时期,氏族的首领——氏族长就已经开始负责统领本氏族的生产和管理生活以及对外联络事务,氏族首领没有特权,遇有重大事件时还要召开氏族议事会集体讨论决定。这应该说是人类历史上最早的领导活动了。在尧、舜、禹时期,"百官能治、臣下乐职,恩流群生,润泽草木。昔者虞舜左禹,右皋陶,不下堂而治,此使能之效也。"(《说苑》第一册,第一卷,中华书局),这表明国家治理得好,并不是由于舜帝本人的能耐有多大,事无巨细事必躬亲,而是因为他的统帅能力强,大禹、皋陶等左膀右臂和文武百官"乐职"——愿意为其尽忠尽力,才使得他不用走下厅堂就能治理好天下。两千多年前的春秋战国时期是列国争雄的时代,稍有作为的统治者都纷纷礼贤下士,招纳八方人才,为其出谋划策。《孙子兵法》中"是故百战百胜,非善之善者也;不战而屈人之兵,善之善者也"的论述,也是领导谋略思想的体现。这也可以说是人类历史上第一次把谋略的地位和作用提高到如此之高的程度。开创"贞观之治"的唐太宗李世民提出了"见人之善若己有之""中华夷狄""爱之如一"以及"贤与不肖各得其所"等"为政在人"的领导思想,体现了他敢于重用比自己强的人,能用人之长、团结各民族、化消极因素为积极因素的用人之道。

不管人们所处的文化背景有何不同,领导活动这一特殊现象总是存在于任何群体之中。世界上的许多国家也同我国一样,都对自己国家的社会生产活动进行了有效的领导,实现了许多在今天看来仍具有划时代意义的成就。许多人民正义战争的胜利、西方工业革命的成功都可以证明,早在很久以前,前人就能统率和引领数万乃至数十万人从事多样的社会革命与生产劳动,其领导才能不能不令人折服。

1.1.2　领导的必要性

领导活动的历史虽然悠久,但在过去几千年中,领导始终只是一些零散的经验和某种闪光的思想。到了 19 世纪中叶,在资本主义工业革命已经过去了半个多世纪后,随着社会化大生产的迅速发展和现代科学技术的广泛应用,整个社会的联系广泛而复杂,信息量大且瞬息万变,领导活动才得到了系统的研究和广泛的重视。但由于对领导的地位和作用认识还不够,世界性的领导发展热潮并未形成。当历史的车轮走过非凡的 20 世纪,并开始新的世纪征程时,回首人类在经济、政治以及军事等领域所取得的辉煌成就,我们就不能不对领导的必要性体会得更深了。

　　1. 领导的存在是由社会组织的复杂性决定的

社会组织是一个庞大的复杂的社会系统,在这个系统中,有许多人共同进行着不同的社会生产活动。要达到社会组织的生产目的,生产活动的协调统一就显得非常必要了。正如马克思所说:"一切规模较大的直接社会劳动或共同劳动,都或多或少地需要指挥,以协调个人的行动,并执行生产总体的运动——不同于这一总体的独立器官运动——所产生的各种一般职能。一个单独的提琴手是自己指挥自己,而一个乐队就需要一个乐队指挥。"要保证社会生产活动的协调统一,就必须使所有组织成员的意志服从于一个人或一个集体的意志,即必须有统一的意志和领导。随着社会的不断进步和科学技术的不断发展,社会生产劳动的范围将会更宽,劳动的分工将会更细,不同的组织成员之间的关系将会更加复杂,特别是在人类社会已步入 21 世纪的今天,社会组织面临的新情况将会更多、更复杂,面临的新挑战将会更大、更频繁,统领和引导组织协调发展的领导就显得更加重要了。

2. 有效的领导是社会组织实现其目标的要求

可以说,任何一个社会组织都是为了一定的使命或目标而存在的。但是,能否达成既定的目标,关键在于组织的资源能否有效地整合和利用。一般来讲,组织资源不仅包括人力资源,还包括物质资源、信息资源以及技术资源等。显然,这些不同资源之间的合理配置不会自发实现。我们知道,人力资源是由许多不同的单个成员组成的,而且不同成员在性格、喜好、价值观念、个人素质等方面都会有所不同,因此,如何在社会组织成员之间建立和维系一种健全的关系,以使他们能够很好地在一起为共同的目标工作,必须依靠领导。如果没有领导,社会组织中的单个成员就很难形成方向一致的合力。组织的物质、信息、技术等资源的有效整合和利用,也必须依靠领导。如果领导不力,组织资源的整合和利用就很难有效地转化为效率、创新或服务等结果,即组织希望达成的目标。

3. 有力的领导是一个社会组织生存和发展的必然需求

任何组织的生存和发展都有赖于一定的内外环境。那么,如何才能驾驭组织的内部环境、提高组织对外部的分析与预测能力和决策能力呢?必须靠有力的领导。英国邓洛普公司总裁雷伊·杰第斯曾经说过:"由数百年来的战争史中,我们发现,将领的才能对战役的输赢有着极大的影响力,即使在武器进步的现代战争中亦然。竞争激烈的商业战场正如战场,领导者正如战场上的将军!"可见,一个组织要想生存并发展下去,必须要有杰出的领导来为组织把握方向,引导组织创新,做出战略抉择。即使领导对将来的预测无法做到完全正确,但其对提高组织的环境应变能力却有着至关重要的作用。

4. 领导是社会组织必不可少的一面旗帜

对于任何一个组织来说,组织目标的实现与否,不仅取决于领导者的正确决策,还有赖于被领导者——组织成员的通力配合。那么,如何才能保证全体组织成员的行动同组织目标保持一致呢?换句话说,组织要实现其目标,其原动力在哪里?关键在于组织的领导。领导活动能够根据组织发展的需要以及组织的环境状况确立组织目标,并通过宣传、沟通、让有关成员参与决策等措施,使全体组织成员认同和接受组织目标,从而塑造起组织价值,为组织目标的实现发掘原动力。没有领导的宣传与沟通,组织的目标就不可能被全体组织成员认同和接受。没有领导对组织价值的提炼和塑造,组织成员就可能认为自己所从事的工作没有什么意义,工作起来就不会有激情,组织的目标也就难以实现。

1.1.3 领导的概念

承认领导的重要性和必要性,并不等于我们真正理解了领导的含义。那么,什么是领导呢?最近几十年来,不同的专家和学者从不同的角度对领导的概念做出了解释。兹列举数例如下。

1. 领导是对一个组织起来的集体为确立目标和实现目标所进行的活动施加影响的过程

这一表述由以下三个要素组成。

(1) 领导的最主要功能是影响;

(2) 领导是一种影响他人的过程;

(3) 领导是为了一定的目标。

2. 领导作为一种活动,是一种行为过程,是在一定组织或团体内,统御和指导人们实现一定目标的高层次的社会管理活动

这一观点包含如下四点内容。

(1) 领导是一种行为过程;

(2) 领导是一种高层次的社会管理活动;

(3) 领导是通过其他人的活动来收到工作效果;

(4) 领导的方式是统御和指导。

3. 领导是一种能将其想做的事或其发展设想成一种远见,并能使其他人理解、采纳这种远见,以推动这种远见成为现实的人

这一表述有以下三个意思。

(1) 领导者是能够确立和实现目标的人或集体;

(2) 领导者是通过他人实现自己目标的人或集体;

(3) 领导者通过他人实现自己目标的前提是要使其他人接受和认同其目标。

4. 领导是影响和支持他人为了达到目标而富有热情地工作的过程

这一表述包含如下三个部分。

(1) 领导是一种影响他人的过程;

(2) 领导者应根据人的行为规律去激发他人的积极性;

(3) 在同一组织的人们,具有共同的目标。领导者的任务就是凝结组织的价值,赋予组织的其他成员以工作意义,从而激发起他们的工作热情。

5. 领导是指为了完成目标而影响他人的能力

这一表述包括以下四个要素。

(1) 为完成某种目标;

（2）是影响他人的能力；

（3）领导者通过影响他人来完成目标；

（4）领导者必须同其他人共同努力来达成目标。

6．领导是一种统治形式，其属下或多或少地愿意接受另一个人的指挥或控制

这一表述包含的思想如下。

（1）领导的主要功能是实现统治；

（2）其他人对领导者的指挥或控制能够认可和接受；

（3）其他人对领导者的认可和接受是鉴于领导者的权力或威望。

7．领导乃是领导者在各种环境中系统地影响组织成员行为以达到组织目标的过程，也就是说，领导是与组织成员之间相互影响关系的确立过程

这一表述包含的意思主要有以下三点。

（1）领导是领导者与被领导者之间的一种互动过程；

（2）这一过程是在特定的环境下进行的；

（3）领导者的任务是建立和维系这种互动关系。

以上这些关于领导概念的观点可谓是仁者见仁，智者见智。它们从各个不同的角度描绘了领导的全貌。

综合前人的研究，我们认为，领导是指在社会组织中，领导者通过影响其属下行为以达成组织目标的过程。

这一表述包含了以下几个方面的内容。

（1）领导的目的是为了实现组织的目标。世界上既不存在无目标的领导，也不可能实现无领导的目标。

（2）领导的本质是领导者对被领导者的一种影响过程。影响就是为了使属下的努力与领导所确立的组织目标保持一致。领导的每一个职能、每一个领导环节都包含着影响，所采取的每一种手段、每一种措施都是为了影响其他人。

（3）领导必定产生于一定的社会组织当中，单个的人不可能形成领导。正是基于整个社会组织的生存与发展，领导的存在才显得尤为必要。

（4）领导是一种人的活动，是人与人之间的一种互动。领导活动既需要领导者的发起与组织，也需要被领导者的积极配合与执行，领导者与被领导者共同构成了领导活动的主体。

（5）领导的方法是多样的，既需要定性的理论和经验，也需要定量的专门技术。这也构成了领导科学研究的重要内容。

1.1.4 领导的特征

领导作为人类社会的一种活动,同其他社会活动相比,有其自己独有的特征。概括地讲,领导的特征主要表现在以下几个方面。

1. 权威性

无论是从领导过程看,还是从领导结果讲,权威性都可以说是领导的首要特性,因为领导权威是领导者得以开展活动的前提和基础。领导权威是一种理性权威,因为领导活动是以理性为基础,以法律法规为依据。在现代社会,领导权威主要来自两个方面:一是合法性的确认,即按照法律法规的规定产生的领导,其权力也由法律法规配置;二是领导人格等凝聚性要素的同力化,即被领导者对领导者的追随是由于领导者的能力、学识、品德以及魅力等凝聚性要素对他们的影响。可见,权力并不等于权威,一个拥有权力的人不一定能够拥有足够大的权威,人们接受一个领导者的领导,并非是因为对其手中的权力的害怕或恐惧,而是基于对其权威的认可和接受。在此意义上讲,权威是以服从或认可为前提的,正如美国政治学者罗伯特·R.A. 达尔在其《现代政治分析》一书中所指出的那样:"如果说 Y 承认 X 控制 Y 的合法性,X 就对 Y 有权威;或者,如果 Y 承认有义务服从 X,X 对 Y 也有权威。"

2. 服务性

领导的本质就是服务,服务性是领导活动的价值取向和精神归宿。在领导活动中,领导者虽然也可以运用强制性的权力来展示其威严,但如果以此来推断出其拥有的权力是私有的,那么他就从根本上违背了领导的本质属性。现代社会普遍认为,领导者的权力是由人民授予的,领导者不是权力的所有者,而是民意——公权力的代理者,其承担的是一种公共使命。因此,作为居于特定职位上的民意的代言人和代理人的领导者,就必须要为全体组织成员的利益服务,为全体社会成员的利益服务。领导者也只有把自己的身心投放到公共使命当中,才可能不断地加强和巩固领导的权威。

3. 综合性

领导的综合性是指领导内容和领导者的素质具有综合性。从领导内容来讲,领导所进行的指挥和协调等活动具有极强的综合性。从现代社会分工的层次上讲,领导活动涉及的范围广,领域宽,因此,担当统领和引导职能的领导活动的综合性程度也越来越高。从社会利益多元化的角度上说,领导活动面临着多方利益表达所带来的较大压力,因此,综合社会中各个群体的利益就构成了领导活动的一个重要内容。从领导者的素质来说,它必须是政治素养、知识素养、能力素养、心理素养、身体素质等方面的综合。不仅如此,在这些素养的每一个方面也都具有综合性,例如,单在知识素养方面,领导者需要的知识素养就包括专业知识、综合性知识以及必要的法律基础知识。而且,在这些方面只有理论知识还不够,一个有效的领导者还必须要有丰富的实践经验。

4. 超前性与战略性

在发展迅猛而多变的现代社会,领导者只有具备远见卓识,才能够准确判断未来可能发生的变化,正确把握组织未来的发展方向。因此,超前的思维方式是一个有效领导者的必备素养。领导的这种超前性不仅有利于组织把握成长和发展的机会,还有利于组织识别威胁。组织还可以根据预测及时做出战略决策和战略规划,预先对内部做出调整,从而增强组织对外部环境变化的适应能力。领导的战略性是指领导活动是以未来为导向的,领导者的眼光是前瞻性的,领导者通过战略决策和战略规划来实现组织的愿景和目标。可见,领导的超前性同其战略性是一致的,是连为一体的。

5. 超脱性与全局性

超脱性与全局性是领导的重要特性。在现代社会,领导活动要求领导者能够超越于各种利益群体之上,从全局利益入手,对各种事务进行整体性的统领和协调,动员和激励下属实现组织的目标。领导者只有超脱于繁杂的具体事务之上,才有可能从根本上、宏观上把握领导活动的全过程。因此,它是领导者进行战略规划和引领组织变革的前提,是全局性的基础,即领导者只有在保持自身超脱的前提下,才有可能从战略上把握组织的方向,从整体上有效配置组织的资源,从而最终实现组织的整体目标。领导的超脱性和全局性不仅有利于领导者在各种纷繁复杂的矛盾中保持清醒的头脑,还有利于不断提高领导的效能。

1.1.5 领导与管理的关系

领导(leadership)与管理(management)是一对既有联系又有区别的概念。弄清两者之间的关系有助于我们更好地把握和理解领导的实质。

1. 领导与管理的联系

在现实生活中,领导活动与管理活动在诸多方面存在着相融性和关联性。管理学大师彼得·德鲁克甚至常把管理同领导混用,视管理为领导的同义语。这也是至今仍有许多管理学的教材还把领导作为管理的一个方面的原因所在。具体地讲,领导同管理之间的联系主要体现在以下两个方面。

1) 领导是从管理中分化出来的

如前所述,领导活动的历史悠久。但在资本主义早期以前,领导同管理并没有分离,生产资料的占有者同时就是生产的决策者、执行者和监督者,也是生产的领导者和管理者。也就是说,决策权、执行权与监督权没有分工,而是三权集中,领导者与管理者没有分离,而是两位一体。到了资本主义工业革命以后的半个多世纪,社会化大生产的规模迅速增大,科学技术的发展日新月异,社会联系的程度越来越复杂,生产资料的占有者如果还像以前那样,既做领导者又做管理者,一切由个人说了算,已经难以为继了。1841 年 10 月 5 日,美国西部铁路线上两辆客车迎头相撞,一时舆论大哗。以此为契机,在议会的干预下,铁路公司被迫进行了领导体制改革,实行了三权分离。领导者也不再负责公司的日常管理事务,而是交给懂技术的内行、专家——经理负责管理。这种经理制的实施是社会的进步,也是领导与管理相分离时代的开端。

2) 领导活动与管理活动在现实的生活中,具有较强的复合性和相容性

在现实的生活中,我们常常可以听到这样的话:

"这件事是领导决定的。"

"领导要我们在本月底提交项目报告。"

"我们领导不仅能力强,而且还特风趣、幽默。"

从这些话中我们可以知道,这里所说的领导就是他们的上司。那么,为什么我们都称自己的上司为领导呢?理由就是因为领导与管理之间的区别是相对的。只要一个人在承担管理工作,那他必然同时也承担领导工作。举一个例子:一个中层的管理者在执行上级领导决策的同时,还需要根据自己部门的实际情况进行再决策,然后向自己的属下传达、解释自己决策的内容,以使下属能够接受并很好地贯彻执行。显然,对于他的下属来说,中层管理者就是他们的领导。

综上所述,可以看出,领导同管理的关系是相辅相成的,主要表现在以下两个方面。

(1) 领导离不开管理,否则,领导目标的实现就会成为一句空话。不仅如此,有管理但管理不足也不行。领导有力而管理不足会导致如下后果。

① 重视长期远景目标,轻视近期规划与预算;

② 产生一个强大群体文化,不分专业,缺乏体系和规则;

③ 容易使那些不愿意运用体制和原则办事的人集结在一起,从而导致情况难以控制,甚至引起混乱。

(2) 管理也离不开领导,否则,管理的行动方向就会迷失。不仅如此,有领导但领导不力也易出现问题。管理有力但领导不够会导致以下情形。

① 更多强调眼前而忽视长远,过分注重细节问题而很少注意宏观战略;

② 更多注重专业化的选择,而很少注重整体和团队精神;

③ 过分侧重于抑制、控制,但对扩展、授权和激励强调得不够。

2. 领导与管理的区别

领导与管理是两个不同的概念,具有不同的内涵。对于两者之间的区别,不同的专家和学者有着不同的观点。

1) 法约尔的观点

管理学的创始人法约尔在论及领导与管理的区别时指出,领导就是寻求从企业拥有的所有资源中获得尽可能大的利益,引导企业达到它的目标,就是保证技术职能、商业职能、财务职能、安全职能、会计职能和管理职能的顺利完成。很明显,法约尔认为,无论是在层次上还是在意境上,领导都高于管理。

2) 约翰·科特的观点

美国哈佛大学商学院教授约翰·科特在其《变革的力量——领导与管理的差异》一书中指出,领导与管理之间显然有许多相似之处,但两者之间的相似性并不能掩盖两者之间存在的差异。他认为两者的区别如下。

(1) 管理的计划与预算过程趋向于注重几个月到几年的时间范围,强调的是微观方面,着重风险的排除以及合理性;而领导则注重经营方向的拟定,着重于更长的时间范围,注重于宏观的、战略的规划以及个人的价值观念。

(2) 具有管理行为的企业组织的人员配备越来越注重专业化,并注重挑选或培训合适的人担任各项工作,要求服从安排;而联合群众的领导行为则注重于整体性,使整个群体朝着正确方向前进,并且投入进去,实现所确定的目标。

(3) 管理行为的控制和管理问题的解决常常侧重于抑制、控制和预见性;而领导的激励和鼓舞则侧重于授权和扩展,并不时创造出惊喜来调动成员的积极性。

(4) 领导与管理的根本区别是在于它们各自的功用不同。领导能带来有用的变革,而管理则是为了维持秩序。

约翰·科特的观点旨在说明,管理主要是处理复杂的问题,优秀的管理者通过制定正式计划、设计规范的组织结构以及监督计划实施的结果而达到有序一致的状态。相反,领导主要是处理动态的问题。领导者通过开发未来前景而确定前进的方向,然后把这种前景与组织中的其他成员进行交流,并激励他们克服障碍达到这一目标。约翰·科特还进一步指出,要达到组织的最佳效果,领导与管理具有同等的重要性,两者缺一不可。但是,大多数组织总是过分强调管理而忽视了领导的重要性,因此,应该注重开发组织中的领导作用。

总结上述两位学者的观点,领导与管理的区别可以归纳为以下三个方面。

第一,领导具有前瞻性,管理具有当前性。领导活动致力于组织发展愿景的创造,领导通过结合组织成员的不同需要,确立组织期望达成的未来景况,并使其发展成为一种可行的构想。这种愿景和构想主要体现在决策和目标的制定上。而管理活动则侧重于当前工作的落实以及现实问题的解决。

第二,领导具有整体性,管理具有局部性。换句话说,领导注重的是整体效益,而管理更注重局部效率。领导活动中的计划、协调和控制等环节多是以组织各个组织部分的有效整合为目的,而管理活动的计划、协调和控制等环节多是以提高组织某一项的工作效率为目的。

第三,领导具有超脱性,管理具有操作性。领导的超脱性是指领导活动多注重驾驭全局,从宏观上把握过程,强调从根本上解决问题。管理的操作性是指管理多注重微观细节问题,注重组织资源的合理配置和具体性事务的科学安排。

1.1.6　现代领导是科学化与艺术化的统一

领导活动虽然自古有之,但领导者在领导活动中能真正做到依照其客观规律行事,实施科学化决策,还是现代的事。客观地说,领导活动一开始并未上升到科学的高度,随着社会实践的不断发展,一些领导者开始注意积累经验,以丰富自己的知识,提高自己的领导技能。这种在一定经验和知识基础上的领导技能就是领导艺术。

领导艺术具有经验性、非模式化和实践性等特征。也就是说,领导艺术是领导者的经历、学识、个性、能力等因素相互作用所构成的聚合状态。不过这种状态会因时、因地、因人而异,并没有统一的模式。而且,由于领导艺术的许多内容尚处于"只可身教,不可言传"的经验形态,所以,领导艺术还具有很强的实践性。领导艺术源于实践,也只有回到领导实践中才能不断得到检验和发展。

领导艺术的这些特征,使得它对于实现组织目标,提高领导效能有了举足轻重的作用。但是,在现代领导工作中,单凭个人的经验和技能,领导者是不可能做好现代领导工作的。在我们面对世界经济全球化挑战的今天,在我们面对诸如贫困、疾病、环境、吸毒、人口等重大社会、政治、经济、文化等问题挑战的今天,领导者再单凭个人意志"拍板定案"的传统做法已经不灵了。领导者要实现组织的目标,就必须在制定决策和实施决策过程中,能够运用现代科学技术进步所带来的先进方式、方法和手段,并加以程序化、规范化,这就是现代领导的科学化。

现代领导的科学化旨在使领导能够成为科学规律所支配的特殊活动,并使失误减少到最低限度。但是,领导科学化并不一定能解决所有问题。换句话说,现代领导仅仅依靠科学的程序和原则是不可能最终达到组织的目标的。因此,领导者要想达到这一目标,就必须辅之以各种行之有效的激励机制,将组织的目标转化为个人的目标,使其为实现组织的目标而努力,这就是领导的艺术化。

现代领导是科学化和艺术化的统一。一方面,领导的艺术化为其科学化提供了基础。领导经验和技能是有用的,抛开领导经验和技能,去搞所谓的程序化、规范化,那是空中楼阁,是不切实际。另一方面,领导的科学化又促进了其艺术化的发展。领导不仅是高层次的活动,而且涉及面广,问题复杂,这就不仅需要定量的数学方法,还需要有丰富的领导经验和高明的领导技能。有了领导科学化对领导艺术化更高的要求,就会使领导艺术化的发展更进一步。因此,我们说领导的科学化和艺术化既有区别,又有联系,二者是一种辩证的统一。

需要指出的是,领导的科学化与艺术化是一个统一体的两个不同侧面,没有高下之分,只有规范化和非规范化之别。

1.2 领导科学的产生与发展

1.2.1 领导科学产生的历史背景

作为一门独立的学科,领导科学产生于 20 世纪 30 年代。领导科学的产生不是偶然的,而是具有特定的时代背景。

(1) 政治领域中的分权制已经形成并得以发展。早在 1688 年,英国资产阶级的"光荣革命"颁布了《权利法案》。这一法案的颁布实施,冲破了传统的集一切权力于一身的政治专制主义——政治领域中的家长制,国王的无限权力受到了限制,资产阶级开始控制制定国家决策、掌握立法大权的议会,分权制由此而生。此后,美国的独立战争和法国的大革命也都确认并发展了分权制,并把立法、行政、司法三权分立的制度以法律的形式固定下来。分权制的形成与发展为领导科学的产生提供了思想基础。

(2) 军事领域中参谋部的设立带来了积极影响。1806 年,法国的拿破仑为了适应大规模战争的需要,在其统率部之外设立了单独的参谋部,其职责除了协助司令部制定决策之外,主要负责执行司令部的决策。这一举措给拿破仑带来了军事上的胜利,后为美国、英国等其他国家所效法。军事领域中的领导实践不仅丰富了军事科学的内容,也为领导科学的产生提供了有益的经验材料。

(3) 传统家长制的管理方式在经济、科技等领域中难以为继。19 世纪末 20 世纪初,受资产阶级产业革命的影响,西方主要国家的社会化大生产发展迅速,大规模的工厂取代了小规模的手工工场生产,众多工人的集中劳动取代了少量劳动者的分散作业。科技领域也是如此。在第二次世界大战期间,美国制造原子弹的"曼哈顿工程"集中的科研工作人员多达15 万人,研究单位几百个。在这种情况下,社会联系变得广泛而复杂,类似 1841 年美国西部铁路线上两列客车相撞的事件不断增多,统揽一切的家长制管理方式再也难以为继了。在此情况下,实行经营权和管理权的分离,把决策同执行分开,提高社会生产效能,已经成为当时人们一种不可置疑的选择。

随着人类文明的长足发展和科学技术的不断进步,经济生活在人类生活中的地位越来越重要。为了更好地关注和研究经济领域中领导者和领导活动,领导学逐渐从管理学中独立出来。到了 20 世纪 30 年代,以经济领域的领导活动为主要研究对象,同时兼顾政治、军事等其他领域领导活动的新兴学科——领导学,开始走进人类科学研究的殿堂。

1.2.2　领导科学产生的标志

作为一门从管理科学中分化出来的新兴学科,领导科学的产生有如下两个标志。

1. 决策工作的专门化

决策工作的专门化是指决策从日常的生产、管理中独立出来,或者说是决策与执行的相互分离。美国的赫伯特·西蒙在论及这一现象时认为,决策、计划等职能从日常的生产、管理活动中分离出来,即"决策工作的专门化"的结果就是直接导致了领导学的产生。20 世纪20 年代,美国通用汽车公司总裁斯隆在经理制的基础上提出了"集中政策,分散管理"的事业部制,即让公司的最高层——董事会或总经理负责企业的经营决策,而日常的具体的管理工作交由各事业部负责。其实质就是经营权同管理权的分开,即决策与执行的分开,领导同管理的分离。这一新的领导体制不仅使通用汽车公司超过当时最大的福特汽车公司而跃居汽车工业的榜首,而且世界各国的大公司几乎都采用了这种决策与执行分离的领导体制,斯隆也因此被誉为带来组织革命的"现代组织之父"。并不精通钢铁生产知识和技能的卡内基,凭着自己卓越的领导才能和领导艺术成为美国著名的"钢铁大王";并非是一流物理学家和技术专家的总指挥奥本海默以其非凡的组织领导能力使得美国制造原子弹的"曼哈顿工程"一举成功,他也因此被世人称为善于领导组织的军事科技帅才。可见,一切领域的领导(包括政治领域、经济领域、科技领域、军事领域等),都是专门从事决策,而不是决策的执行者或操作者。

2. 咨询工作专业化

咨询工作的专业化,即咨询从决策中独立出来。20 世纪 40 年代,大科学、大工程、大企业的兴起使得决策工作日益繁重、复杂,单一的领导者或某一领导集团无论是在知识结构、人员素质、技术水平等方面都难以适应决策工作的要求。在此情况下,咨询业开始从决策中分化出来,逐渐成为一门专业性工作。决策从繁重的、技术化的论证过程中"解脱"出来,是领导学产生的标志。自此,领导者在决策过程中的作用主要体现为抉择,而智囊团的作用则主要致力于对被选方案的提供和论证。

1.2.3 领导科学在西方的发展

1. 西方领导科学的发展过程

领导科学诞生于 20 世纪 30 年代的西方,从其产生到现在,西方领导科学的发展大致经历了三个阶段。

1) 初创阶段

领导学是随着管理学的发展,特别是随着行为科学的出现逐步形成自己的体系的。在其形成初期,领导学的研究和发展,主要是源于经济管理科学发展的启示,领导科学的发展也因此同经济管理科学相辅相成,存在诸多相似之处。早期的领导学界的专家和学者们对泰勒的科学管理理论和方法积极地评价和吸收,相互促进,形成了一些共同的领导理论原则。如系统化原则——要求领导组织系统化;计划化原则——要求领导过程有符合实际、周详的规划;协调化原则——要求科学地分工合作,完成整体使命;效率化原则——要求以最经济的手段获取最大的效果。这些原则对于改进领导工作、提高效率、建立和发展领导学起了积极作用。同经济管理科学相比,行政管理科学的发展对领导科学的发展所起的作用似乎不太明显,但政治与行政学界的学者们所提出的有关行政领导活动的一些基本原则和方法已经构成了领导科学的重要内容。可以说,美国总统威尔逊、美国政治学者古德诺、怀特以及美国总统罗斯福等人在提高行政领导效能和效率、把传统领导经验系统化和理论化以及加强领导控制和协调方面的阐述和实践,也都使领导科学得到了丰富和发展。但这一阶段的领导理论也存在突出的缺陷,主要是过分地注重提高工作效率,忽视人的因素特别是领导者与被领导者之间的关系;过分注重物质资源的控制和作用,忽视了领导者与被领导者行为的心理和社会层面。这反映出领导科学在这一阶段还远未成熟。

2) 成长阶段

也就是在领导科学产生的同一时代,西方主要国家遭遇了前所未有的经济大萧条,工人运动此起彼伏。这使得领导工作、领导理论受到了很大冲击。这时,一些从事管理学和领导学研究的学者,开始运用心理学、社会学、人类学等领域的最新成果来关注管理和领导活动中的人的行为问题,从而为领导科学的发展增添了新的活力。例如,美国哈佛大学教授梅奥等人的“霍桑试验”结论、巴纳德关于非正式组织作用的阐述、马斯洛的需求层次理论以及麻省理工学院的麦格雷戈教授的 X 理论和 Y 理论等都从不同侧面表明,在领导活动中实行民主领导、积极沟通、满足需求、适当授权、发挥潜能等措施能起到积极的重要的作用。在领导科学的研究中关注领导行为、领导者与被领导者之间的关系以及影响人们行为的因素和规律,标志着领导科学的发展进入了一个新的阶段。这一阶段的领导理论实现了以下飞跃。

(1) 从只重视静态组织结构、制度、规则等,到同时重视组织中的人际关系的沟通、个人欲望的满足、非正式组织的作用;

（2）从只重视监督控制到重视激发组织成员的积极性；

（3）从专断决策到民主式决策；

（4）从"重事"到"重人"。这表明人们对于领导活动规律的认识进一步深化了。但是，由于这一时期的领导理论过分注重了人的行为因素，因此忽视了组织结构、法规的作用，忽视了环境对领导活动的影响等。

3）科学化阶段

随着时代的发展，科学技术的进步以及领导经验的总结积累，领导科学理论又有了新的突破，进入了科学化阶段。这个阶段的主要特点是广泛运用自然科学、社会科学以及管理科学的成就来研究领导活动，特别是运用系统论、信息论、控制论以及计算机科学等来研究领导活动的科学化问题。系统管理理论认为，领导活动是一个由许多相互连接、相互依存的不同要素所构成的具有一定功能的整体，其各个部分彼此独立，相互制约，因此，在领导活动中既要看到与外界环境之间的关系，又要看到本系统内在各部分之间的关系；既要强调组织结构、工作程序等静态方面，又要强调人的因素。当前，西方领导科学的发展很快，研究的领域不断拓宽，研究的内容也不断加深，现代西方领导科学已经成为一门体系严密的学科。

2. 西方领导科学的发展趋势

国内外的学者普遍认为，领导科学是一门发展中的学科，是一门逐渐成熟的学科。概括地说，当前西方领导科学的发展趋势主要体现在三个转移上。

1）从过去重视管理规律的探寻转移到重视对领导过程的研究

过去，学者们常常把领导科学作为管理科学的一部分，因此，有关领导的研究也被作为管理规律研究的一部分。美国著名的经济学家赫伯特·西蒙就是把领导作为管理的一部分的观点的代表。美国当代著名的管理大师彼得·德鲁克也没有把"领导"与"管理"加以区分，而是相互混用。但细心的人们已经发现，其所著的《有效的管理者》一书，通篇都是讲高层管理者追求有效性就是正确决策，并通过影响他人去实施决策。其实就是一本领导学著作。领导科学已经从管理学中独立出来，并且有其自己独立的研究对象，这是当代西方领导科学从重视管理到重视领导的转移的根本原因。

2）从重视个人能力的研究转移到重视整体能力的研究

由于组织中单个成员的能力大小对实现组织的目标有着重要影响，因此，早期的领导科学关注较多的也是对成员个人能力培养的研究。但是，现代社会的变革已经向传统的研究方式提出了挑战，一个组织活动的成败不再单纯地依赖组织中某个人的力量，还要看这一组织的团体力量如何，也就是说，单纯地研究个人能力已经不能全面反映整个领导系统的运作过程了。领导活动受外部诸多因素的影响，因此我们必须更多地关注领导活动同领导环境之间的关系。领导者的决策是依靠被领导者执行的，因此，不研究领导者与被领导者之间的关系，我们就很难把握决定领导活动成败的决定性力量。重视领导活动同领导环境之间的关系和领导者与被领导者之间关系的研究,有助于我们全面把握整个领导过程,凝聚领导系统的整体力量。

3) 由重视方法和艺术的研究转移到重视领导者的素质和魅力的研究

领导科学既是一门科学,又是一门艺术。掌握领导方法,有助于改善领导工作,熟悉领导艺术,有助于提升领导意境,这是人们重视领导方法和领导艺术的研究的重要原因。但是,学者们已经意识到,领导方法能否运用得当,领导艺术能否把握娴熟,关键还要看领导者的素质如何。不仅如此,领导者的魅力对于领导者开展领导工作也具有至关重要的作用。一个具有魅力的领导者就像是具有远见的老船长,能够在狂风暴雨中赢得水手们的信赖、敬仰与服从,带领大家渡过难关,开创新的局面。因此,更多地关注领导者的素质和魅力的研究,有助于认识和把握领导活动规律,提高领导效能。

1.2.4 领导科学在中国的发展

1. 我国领导科学的发展历程

领导科学在我国是从 20 世纪 80 年代才兴起的一门新兴学科,经过 20 多年的发展,领导科学现已进入一个新的发展阶段。我国领导科学的发展历程大致可以划分为以下三个阶段。[①]

1) 酝酿阶段

20 世纪 30 年代,现代意义上的领导科学从其在西方国家产生以后,就开始对我国产生影响。早在 1948 年,毛泽东在《对晋绥日报及编辑人员的讲话》中,就正式提出了"马克思列宁主义的领导艺术"的科学概念,并对它的具体内容作了精辟的阐述。但是,我国把领导科学作为一门独立的学科开始研究,确切地说,还是在党的十一届三中全会以后。我们要建设有中国特色的社会主义,要搞改革开放,没有一大批思想解放、观念更新的领导干部是不行的。因此,以邓小平同志为核心的新一代领导集体非常重视领导干部的培养和选拔,并把选贤任能,配备好领导班子作为一项重要的工作来抓。1980 年,在全国首届未来学学术讨论会上,"领导科学"的名称被正式确定下来,领导科学的概念也在会后发表的第一篇全面论述领导科学与领导艺术的论文中做了界定。

2) 初创阶段

学习和掌握领导理论,提高领导干部素质,是在十一届三中全会上党中央向全党以及各级领导干部提出的一个重要课题。因此,"领导科学"一经提出,就得到了党中央和国务院的充分肯定。1982 年 10 月,中共中央、国务院发出的《关于中央党政机关干部教育工作的决

---

① 李恒灵. 关于我国领导科学发展的分期. 理论探索,2000,4:57

定》把领导科学列为党政干部必须学习的共同业务基础课之一。受上述决定的鼓舞,1982
年到 1985 年期间,从中央到地方举办了各式各样的领导科学研讨班、讲座、培训班和讲习
班,《领导与科学丛书》也得以出版,成为出版最早的比较系统的领导科学教材。紧接着,夏
禹龙等四位教授编辑出版了《领导科学基础》,王景耀、陈鸿苏、孙钱章等专家也编辑出版了
《领导科学概论》。这些著作的出版为我国领导科学理论体系的建立做出了重大贡献。与此
同时,各种学术组织机构和学术传播载体也纷纷成立。1985 年 4 月,河南省社会科学联合会
主办了全国第一家公开发行的《领导科学》杂志。此后,由《领导科学》杂志社、河南省领导科
学研究会联合发起的全国首届领导科学学术讨论会在河南洛阳召开,并成为这一时期的重
要标志。1986 年,江泽民同志在上海"领导科学系列讲座"开讲典礼上作了题为《各级领导
干部都要研究领导科学》的重要讲话。关于领导科学,他指出,领导科学就是指领导工作中
合乎规律性的东西。关于领导科学这门学科,江泽民认为,领导科学是一门高度综合的学
科,它要解决的问题是现代化建设中的综合问题,要解决这样复杂的问题,就要做到领导决
策的科学化,不研究掌握科学的规律是不行的。

3) 发展阶段

从 1986 年开始,我国的领导科学进入了一个全新的发展时期。据统计,到 1990 年,全
国已创办领导科学专业报纸杂志 11 家,领导科学研究所 9 个,13 个省、市、自治区建立了领
导科学研究会,全国领导科学研究会正在筹建之中。各省、市、区委党校和 100 多所高等院
校相继开设了领导科学课程。领导科学著作图书的出版,也由 1990 年的大约 200 本上升到
1996 年的 500 本。这一时期的研究成果可概括为如下几个方面。

(1) 基础理论研究,主要包括领导规律的研究、领导体制的研究、学科建设问题、基本概
念、学科的逻辑起点以及学科体系等问题的研究;

(2) 部门领导理论研究;

(3) 分支领导理论研究;

(4) 古代领导思想、经验研究;

(5) 当代伟人领导思想专题研究;

(6) 领导宏观决策研究;

(7) 微观领导方法研究。

2. 我国领导科学的发展趋势

近年来,我国一些从事领导科学研究的学者把领导科学的发展趋势作了以下概括。[①]

1) 分化趋势

即领导科学的研究将由综合性、整体性研究逐步走向分支研究、专题研究。在今后,有

---

① 白爱鸿. 未来领导科学发展展望. 甘肃农业,2001,9:57

关各专业领域的领导科学的研究将得到不断增强。各专业领域的领导科学主要有：行政领导学、企业领导学、商业领导学、教育领导学、科研领导学、军事领导学等；分支科学有：领导战略学、领导决策学、领导组织学、领导协调学、领导方法与艺术、领导心理学、领导素养学、领导效能学、领导思想史等。

2）应用化趋势

领导科学是一门实践性很强的学科，领导科学形成与发展的动力源于丰富多彩的领导实践，其理论研究的成果也必然要应用到领导实践当中去。因此，要发展有中国特色的领导科学，必须立足于我国的基本国情，把领导活动的实践经验加以认真总结，使其服务于实践，并在实践中接受检验和发展。这是领导科学研究不可动摇的方向。

3）规范化趋势

随着现代社会的不断发展以及科学技术的不断进步，领导活动的构成要素越来越复杂多变，干部队伍的结构也在不断调整，这就对领导活动的精确性和规范化的要求愈来愈高。因此，运用现代科学方法，把定量分析引入领导活动当中，实行定性分析与定量分析相结合，将是领导科学发展的必然趋势。

4）交叉趋势

学科之间相互交叉是现代科学发展的一个重要趋势，领导科学也是如此。领导科学是研究领导活动、领导行为一般规律的科学，它在很大程度上属于社会科学的研究领域，但领导活动也涉及生产力的组织协调和对客观环境的分析、控制等，显然，这又是自然科学的研究领域。因此，领导科学是一门社会科学和自然科学相互交叉的综合性学科，而且，这种交叉性将会随着领导活动的不断深入而显得更加明显。

1.3　领导科学的研究对象、方法与意义

1.3.1　领导科学的研究对象

任何一种理论或一门学科都是通过对客观世界某一事物、现象或过程进行分析和提炼，来认识其本质联系或规律性的，进而形成学科的概念、范畴、原理和方法的理论体系。领导活动是一种客观的社会活动及过程，它构成领导科学的研究对象。领导活动是指为了达成一定的组织目标，领导者采取一系列的手段和方式影响其属下，以使其实现这一目标的过

程。因此,领导科学要研究领导者与被领导者之间内在的、本质的、必然的联系;要研究领导组织同领导环境之间联系的特点和规律;要研究领导者在领导活动中的功能、地位和作用;要研究领导者通过何种手段和方法来实现组织目标和提高领导效能。

因此,领导科学是一门研究领导活动的规律、原则和方法的学科,我们可以把它界定为一门综合运用多种学科和方法来研究领导活动及其规律性的学科,它的目标是通过提高领导者的素质和能力,促进社会组织的全面发展。

领导科学是一门边缘交叉性学科,它涉及管理学、政治学、经济学、社会学、人才学、心理学、教育学、行为科学等,因此,具有很强的综合性。领导科学也是一门集理论与实践于一身的应用学科,具有很强的针对性和可操作性。在现代社会领导活动越来越趋于复杂的环境下,更好地把领导科学的原理和方法应用于具体的领导实践当中将具有积极的时代意义。总之,领导科学有其独立的研究领域和研究对象,有其特定的研究方法和社会功能,这些特殊性构成其存在的理由,使其成为一门独立的学科。

1.3.2　学习和研究领导科学的意义

领导科学是一门研究领导活动的规律、原则和方法的科学,它在人类社会生活中扮演着越来越重要的角色。学习和研究领导科学,无论是对于社会组织中的领导者,还是被领导者来说,都具有积极的意义。

1. 学习和研究领导科学,有助于认识和把握领导活动的规律,培养科学的领导观念

在 21 世纪,人类社会的不断发展和科学技术的不断进步给传统的领导方式提出了诸多新的挑战,这就要求新世纪的领导者们必须提高领导水平,更新领导观念,更好地为人民服务。首先,要提升理论水平,就必须拓展理论视野,加强理论思维。为此,领导者必须学习和研究现代领导科学理论,正确把握领导工作的基本原理、原则、方法和技术,用理论指导实践,从而实现领导工作民主化、科学化。其次,要更新领导观念,就必须完善知识结构,丰富知识内涵,这也要求领导者学习和研究领导科学,以实事求是的科学态度和与时俱进的时代精神来认识领导工作,培养正确的领导观念。最后,在当今社会,领导者不仅要具有市场意识、平等意识,而且还需要民主精神。要实现领导工作的民主化,用科学的领导理论作指导也是必不可少的。

2. 学习和研究领导科学,有助于总结实践经验,提高实践能力

较强的实践能力是做好领导工作的重要前提和基础。但是,领导的实践能力不是凭空就有的,而是源于实践经验(包括个人经验、他人经验和历史经验)的总结。因此,一个领导者,只有善于总结实践经验,不断提高领导能力,才能不断地改进领导工作。"一名领导干部

不善于从总结历史中吸取营养,不可能成为高明的领导者;一个政党不善于从历史中认识和把握社会发展的规律,不可能成为顺应历史潮流的自觉的政党;一个民族不善于从历史中继承和发展本民族与世界其他民族创造的优秀文明成果,就不可能屹立于世界民族之林。"①领导科学就是人们对于领导工作中存有的一些符合科学的理论、方法和手段的总结。因此,学习和研究领导科学,也就是以另外一种方式在不断地丰富自己的实践经验,不断地提高自己的实践能力。在总结实践经验时,我们既要积极借鉴国外优秀的领导经验,特别是近现代以来西方发展起来的领导科学,又要积极总结我们自己在领导工作中的成功经验。

3. 学习和研究领导科学,有助于感悟领导艺术,提升领导意境

领导科学既是一门科学,又是一门艺术。领导艺术也是领导者的领导方法,但它不是一般的领导方法。领导艺术是指领导者在认识领导活动规律的基础上,灵活地处理模糊性、随机性问题的能力和技巧。它主要是处理那些无章可循的非规范问题,因此较复杂、困难,但领导艺术并不神秘。领导艺术来自经验,却又高于经验。学习和研究领导科学,有助于我们感悟领导艺术,提升领导意境。

1.3.3 领导科学的研究方法

学习和研究领导科学的方式、方法很多,而且从不同的角度,采取不同的方法,学者们都曾取得积极的成果。我们认为,学习和研究领导科学,应根据其学科特征采取科学的有效的方法。领导科学是一门集理论性和实践性于一身的学科,具有很强的综合性和应用性,因此,学习和研究领导科学,必须根据其学科特征,采取积极有效的方法。领导科学的基本研究方法主要有以下三种。

1. 系统分析法

系统分析法是社会科学研究经常采用的一种方法。就其本质而言,它是根据客观事物所具有的系统特征,从事物的整体出发,着眼于整体与部分、整体与层次、整体与结构、整体与功能、整体与环境等相互联系和相互作用,求得优化整体目标的现代科学方法。领导科学使用系统分析方法的目的,是要帮助人们理解领导系统及其与领导环境之间的关系;鼓励对领导系统的各个组成部分、领导活动的环节进行同时的研究;引导人们注重这一系统中的结构、层次与功能;促使人们从不同的角度提出问题,开拓新的知识领域。系统分析方法的内容包括整体分析、环境分析、结构分析、层次分析、相关分析等。

---

① 江泽民.在省部级主要领导干部金融研究班上的讲话,1999 年 1 月

2. 案例分析法

案例分析法是对特定的问题从实证的角度进行分析和评价,然后再根据所归纳的结果确定处理这类问题的可行性方案。其要点是通过对已经发生的领导事件,尽可能地从客观公正的观察者的立场加以描写或叙述,以脚本等形式说明与一个事件有关的情况,力图再现与事件有关的当事人的观点以及当时的环境,以供读者分析评判。案例分析法强调人际关系、政治、经济、科技等因素对领导过程的影响,而不是抽象的推理或单纯的细节描述,因此,它比较适合领导科学的学习和研究。但案例分析法的不足是易就事论事,以偏概全,因此,运用时要注意分析问题的个性以及所选案例的代表性。

3. 比较研究法

有比较才能有鉴别,有鉴别才能有发展。比较分析法就是通过对不同事物或同一事物在不同历史时期的情况等进行比较,从中找出共同点或其他规律性的东西。领导科学中的比较分析法要求学习和研究者对不同国家、不同地区、不同领域或不同历史时期的领导系统及其过程(或某一侧面)加以比较,以研究和探索领导活动中的普遍理论和最优方案的一种研究方法。

■ 本章小结

1. 领导是指在社会组织中,领导者通过影响其属下行为以达成组织目标的过程。领导的特征主要有:权威性、服务性、综合性、超前性与战略性、超脱性与全局性等。

2. 领导之所以有必要存在,主要有四个原因:一是社会组织的复杂性决定了领导的必要性;二是社会组织要实现其目标要求有效的领导;三是有力的领导是一个社会组织生存与发展的必然需求;四是领导是社会组织必不可少的一面旗帜。

3. 领导与管理之间既有区别,又有联系。说其有区别,主要是因为:领导具有前瞻性、整体性、超脱性,而管理具有当前性、局部性、操作性;说其有联系,主要是因为:领导是从管理中分化出来的,并且在现实的生活中,领导活动与管理活动具有较强的复合性和相容性。

4. 现代意义上的领导科学之所以能在西方产生,是因为它具有特殊的时代背景:首先,政治领域中的分权制已经形成并得以发展;其次,军事领域中参谋部的设立带来了积极影响;最后,传统家长制的管理方式在经济、科技等领域中难以为继。

5. 领导科学产生的标志有两个方面:一是决策工作的专门化;二是咨询工作的专业化。

6. 领导科学在西方的发展经历了初创、发展和科学化三个阶段,其发展趋势主要包括:从过去重视管理规律的探寻,转移到重视对领导过程的研究;从重视个人能力的研究,转移到重视整体能力的研究;由重视方法和艺术的研究,转移到重视领导者的素质和魅力的研究。

　　7. 领导科学在我国的发展经历了酝酿、初创和发展阶段,其发展趋势主要包括:分化趋势、应用化趋势、规范化趋势、交叉趋势等。

　　8. 领导科学是一门研究领导活动的规律、原则和方法的科学。学习和研究领导科学具有非常重要的意义:它有助于认识和把握领导活动的规律,培养科学的领导观念;有助于总结实践经验,提高实践能力;有助于感悟领导艺术,提升领导意境。而学习和研究领导科学要运用科学有效的方法,例如系统分析法、案例分析法、比较研究法等。

■ 思考题

　　1. 你如何理解领导? 领导与管理有何不同?

　　2. 简述领导在社会组织中的作用。

　　3. 领导科学产生的标志是什么?

　　4. 领导科学在我国的发展趋势如何?

　　5. 请描述一位你喜欢的领导者,并解释一下为什么把他所从事的活动称之为领导?

■ 网上冲浪

　　1. **冲浪技能** 为了帮助读者通过本书获得更多的网上冲浪练习,请浏览下面清单中所列的网址。如果以前从未用过互联网,列出你学到的有助于自己开发冲浪技能的三件事情,如果你已经是非常熟练的冲浪者,列出你所学到的有助于提高自己熟练程度的三条信息。

　　http://www. leadership. org. cn/

　　http://review. zdnet. com/

　　http://www. nwlink. com/～donclark/leader/leader. html

　　2. **领导技能** 利用搜索引擎或尝试下列网址寻找过去或现在的成功的领导者的信息,如:沃尔玛公司(Wal-Mart)的创建者和前首席执行官 Sam Walton 以及 Wendy Restaurants 总裁 Dave Thomas,西南航空公司首席执行官 HerbKelleher 和通用电气首席执行官杰克·韦尔奇。

　　www. wal-mart. com/corporate/wm-story. shtml

　　http://www. theartofbusinessbook. com/articles/herbkelleher. html

　　http://www. businessweek. com/1998/23/b3581001. htm

■ 案例分析

Electra-Quik

Electra-Quik 是一家创建 80 多年的公众持股公司,曾经是电子产品的领先制造商和零售商。Barbara Russell 是这家公司负责制造业务的副总裁。她轻轻地走进公司会议室,脸上充满着很长一段时间未曾有过的"希望之光"。该公司新任的、富有活力的首席执行官即将宣布该公司新的授权时代的到来。近年来,该公司经历了许多问题:市场份额面临国外和国内竞争的不断加剧而趋于缩小,很少产生新产品概念,制造部门和销售部门等部门的员工缺乏交流,员工士气处于较低的状态,不少员工私下里正寻找其他的工作。可以说,公司的所有员工都需要看到某种"希望"。

Martin Griffin 受聘于该公司,并担负着重振企业的重任。他精力充沛地召开了"挑战会议",他说:"当我们面临激烈的竞争时,我们需要新思想、新能量、新精神,以把公司转变为成功的大公司。"然后,他继续解释道,在新的授权环境下,员工可以获得更多的有关公司经营状况的信息,可以以新的方式和富有创造力的方法与同事一起工作。Martin Griffin 宣布了 Electra-Quik 新的信任与合作时代的到来。Barbara Russell 觉得 Martin Griffin 的决策激起了自己内心深处的兴奋,但当她回顾整个会议室时,她发现,包括她的朋友 Harry 在内的许多其他员工都转动着自己的眼睛。Harry 后来说:"又是一次废话,一会儿尝试缩小规模,一会儿尝试再造工程,然后有可能涉足重组。现在,Martin Griffin 想要实施授权,但是授权这类没用的措施并不能代替辛勤的工作和 Electra-Quik 员工心目中多年来存在的一点点信心。我们曾经把自己的公司经营得如日中天,我们仍可以这样做。改变我们以前的方法吧。"Harry 已经在 Electra-Quik 担任制造工程师 20 多年了,Barbara Russell 知道他对公司极其忠诚,但他和许多其他员工一样,都将成为这次授权努力的障碍。

高层领导者挑选了几位经理,由他们负责组建几个问题解决团队,制定实施授权活动的方案。Barbara Russell 喜欢自己做制造团队的领导工作,努力构思改进方法,力争使零售商在需要的时候得到公司的产品。她领导的团队取得了巨大的成功,团队成员之间的信任感逐渐高涨起来。他们甚至利用晚上或周末的时间撰写报告,为自己所构思的想法而感到自豪,认为这些想法不仅具有创新性,而且也很容易付诸实施。具体做法是,让每个管理者全面负责一种产品的全过程,从产品设计到销售,再到顾客的手中,允许销售人员当场退回价值不超过 500 美元的商品,使销售人员能够获得有关未来产品的信息,对销售人员和制造人员实施短期的岗位轮换,以便使他们了解彼此的工作。

当团队向部门主管提交报告的时候,Martin Griffin 非常兴奋。但不久,Martin Griffin 就不得不因为对一家主要的五金器具店延迟交货而召开"致歉会议"。在 Martin Griffin 不在的情况下,部门主管很快就形成了一股抵抗力量。人力资源部主管抱怨道:"人事变动的思想可能会破坏认真设计的、业已完成的工作类型。"财务部门主管抱怨:"允许销售人员有权当场退回不超过 500 美元的商品,可能会为没有道德的顾客和销售员提供更大的活动空间。"法律部门警告说:"向销售人员提供未来产品的信息可能会造就商业间谍。"

团队成员遭到了挫折。当 Barbara Russell 仔细分析最近一次发生的事件时,她觉得有必要认真思考自己的选择:要么保持沉默,抓住机会向 Martin Griffin 表明自己在推动授权活动中的忠诚态度,缓慢推进这一过程,并设法得到其他团队的支持;要么寻找其他的工作并离开自己钟爱的公司。她觉得要做此类决策实在太困难了。

资料来源:[美]理查德·L.达夫特.管理学.北京:机械工业出版社,2003,30

■ 思考与讨论

1. 为了把 Electra-Quik 转化为学习型组织,高层领导者应该做些什么事情、采取哪些措施?为了使授权过程重新回到正轨,该公司现在需要怎样做?

2. 在与各部门主管会面时,Barbara Russell 及其领导的团队遇到了许多问题,你认为她应采取哪些措施来避免这种情况?

3. 如果你是 Barbara Russell,你现在会怎样做?为什么?

第2章 领导环境

■ **学习目标**

通过本章的学习,你应当能够:

- 界定领导环境的含义;
- 归纳构成领导环境的变量;
- 阐释领导环境对领导活动的影响;
- 理解领导环境与领导活动之间的互动关系。

　　为了开辟属于自己的一片天地,郭芳枫,一个从福建漂洋过海到南洋的打工仔,在其30岁那年靠自己的一点积蓄,发起联合了先后来到新加坡的三个兄弟,创办了经营建材、五金、船具、油漆、采胶器材的丰隆公司。在几个兄弟的精心管理下,公司业务逐步扩大,颇有势头。不料一场战争却使他们陷入困境——新加坡被日军占领后,经济一片萧条,郭芳枫经营的五金建材更无用武之地。

　　然而,战后重建步伐的日益加快,使得五金建材市场很快又火了起来。早已看出战后五金建材将十分紧俏甚至会出现货源不足的郭芳枫就和兄弟商议,在战争一结束就马上廉价购入战争剩余物资,包括废钢铁、弹壳、弃置的废机器,甚至还有军装、旧鞋等。随着战后重建建材的需求量暴涨,郭芳枫收购的废钢铁便派上了用场,成为钢铁公司竞相购买的抢手货。低价买进,高价卖出,所赚得的巨额利润立即使丰隆公司崛起,为其后来的发展奠定了财力基础。

　　这笔生意成功后,新加坡的经济建设热潮也随之到来。为了满足经济建设的需求,郭芳枫又联合了两家公司共同创立了新加坡水泥生产企业。投产后,正值新加坡房地产业发展最旺盛的时期,因而产品供不应求,利润也像源源不断产出的水泥一样,不断地流进丰隆的银行账户。郭芳枫的丰隆集团也由此闻名世界。

资料来源:摘编自 http://www.tianya.cn/publicforum/Content/enterprise/1/73514.html

从上述引例中可以看出,环境对于郭芳枫的丰隆公司的发展有着重要而明显的影响。这表明:领导者的领导活动都是在一定的环境中展开的,领导环境是领导活动不可或缺的基本要素,领导环境的方方面面都在不同程度上影响着领导活动的效果。领导者必须正确认识和适应环境,积极利用和改造环境,才能促使领导工作的顺利进行。本章首先将讨论领导环境的概念、特点及其研究意义;其次,将考察领导环境的各个构成变量;最后,我们还会考察领导活动同其所处的领导环境之间的互动关系。

2.1 领导环境概述

2.1.1 领导环境的概念

环境最初的含义是指空间范围的大小,因此它是有明确空间界限环绕而成的区域。《元史》中就有"环境筑堡寨,选精甲外悍,而耕稼其中"的说法。随着社会的进化,"环境"一词又被赋予了关于社会、人文的新意义。现在所称的"环境"一般都包括了自然环境和社会环境。

领导环境的含义有广义和狭义之分。从狭义上讲,领导环境是指与领导行为直接相互作用的组织内部的小环境。然而,除了领导者自身的风格以外,社会政治、经济、文化和自然要素以及被领导者的特点、组织性质、组织文化等因素也会对领导活动产生影响。因此,从广义上讲,领导环境是指制约或推动领导活动展开的各种自然要素和社会要素的组合,是影响领导行为模式的政治、经济、文化、法律、科学技术、自然要素等组织内、外氛围和条件的总称。本章所论述的领导环境就是基于广义上的领导环境而言的。

正确理解领导环境的含义应注意以下几点。

(1) 领导环境并不是包含领导系统之外的全部外界客观情况,而是指与领导系统有密切联系并直接或间接作用与影响领导系统的外界诸因素的总和;

(2) 领导环境既包括影响或作用于领导主体的外界诸因素,也包括影响或作用于领导客体等领导活动构成部分的外界诸因素;

(3) 领导环境是由诸多因素构成的复杂的系统,如政治、经济、文化、科技、自然状况、民族等因素的总和。

2.1.2　领导环境的特点

领导环境问题是领导科学研究中不可忽视的重要问题,其种种特点也应当引起足够的重视。实践证明,充分认识领导环境的含义及其特点,有助于领导者全面、准确地把握整个领导过程和发展方向。领导环境的特点主要有以下四点。

1. 客观性

领导环境是客观存在的。因此,无论领导者和被领导者能否认识和把握它,它都照样发挥作用。领导环境的这种客观性要求领导者认识到除了人们的意识之外,还必须充分认识和把握外在于人而独立存在的领导环境。在领导过程中,领导决策方案的选择、领导行为方式的转变以及领导过程中的控制与调整等,都必须顺应领导环境要求。否则,领导目标的实现就难以达成。领导者要善于把自己与环境联系起来,并做物我分离的认识,自觉地培养自己的领导环境意识。只有这样,领导者才能较好地开展工作,不断地提高领导效能,最终实现组织的目标。

2. 动态性

恩格斯曾经指出:"没有运动的物质和没有物质的运动是同样不可想象的。"领导环境作为物质性的存在,当然也处于永恒的变化之中。领导环境因素随时间、空间以及其他因素的变化而变动。成熟领导者的高明之处在于,他们不仅注意领导环境的现实,而且注意现实环境发展的趋势,特别是趋势中的转变(包括良性转变和恶性转变);不仅注意领导环境的变化,而且注意感观对环境变化的随时报告,并相信人们能够用概念等形式理解、描述这种环境的变化。

3. 复合性与相关性

领导环境是由无限复杂的具体环境所构成,因此,它是一种复合存在。列宁指出:"要真正地认识事物,就必须把握、研究它的一切方面、一切联系和'中介'。我们绝不会完全做到这一点,但是,全面性的要求可以使我们防止错误和防止僵化。"领导环境诸因素是相互联系、相互制约的,领导环境中某一因素的变化常会引起一系列环境因素的变化。所以,领导者必须尽一切可能去全面搜集影响领导活动的所有因素,研究它们之间的关系结构和现实状况,探寻其运动过程中的规律。

4. 能动性

领导环境的客观性、动态性和复合性,并不意味着领导者只能消极地适应环境而不能对它有所作为。相反,在受领导环境影响的过程中,领导者可以按照其固有的规律,通过增加或减少其构成因素、强化或弱化其某些因素及其关系的作用等手段来改造环境,使其能为我所用,以促进领导活动的顺利开展。

认清领导环境的这些特点,对于领导者利用和改造环境有着重要作用。因此,领导者要想塑造一种有益于领导活动推进的环境,就必须认真分析所处环境的特点并探索其发展规律,以便使自己能应付各种环境状况,做好领导工作。

2.1.3 领导环境的分类

领导环境由多重要素组成,有政治、经济、文化等方面,有内部、外部范围,这些要素以不同的标准分类,就构成了一个个领导环境子系统,这些子系统共同作用形成了整个领导环境系统。按照不同的标准,领导环境可以分为以下几种类型:①按环境的性质分,有自然环境、经济环境、政治环境、社会文化环境、科技环境等;②按组织范围来划分,又可分为内部环境和外部环境;③按对领导活动产生的作用分,存在有利环境和不利环境;④按领导者对环境的可控程度分,可划分为可控环境、部分可控环境、不可控环境。

从对领导环境的分类,我们可看出构成领导环境的内容非常丰富。这里我们将重点对领导的内、外部环境进行讨论。

1. 领导的内部环境

领导的内部环境是指组织内部各种对领导活动产生制约或推动作用的因素的总和。这些因素主要包括以下六种。

1) 组织的性质和类别

身处不同性质和类别的组织中的领导者所使用的领导方式必定有一定的差异。在知识分子云集的高等院校和等级森严、令行禁止的军队或以牟取利润为目标的企业中,领导者的领导行为之迥异不言而喻。虽然领导理论将领导行为归结为几种模式,但在不同的组织中的落实过程具有各自的独特之处。

2) 组织文化

每个组织在自己的发展过程中都会形成自身特有的组织文化。这种组织文化决定着每个组织成员的价值观、行为方式和人际关系模式等。但凡是组织中的一个成员(无论他是领导者还是被领导者),他在领导活动中的价值观念、行为方式以及人际关系模式都会不同程度地受到该组织文化的影响。因此,不同的组织文化氛围会形成不同的领导观念和领导风格。

3) 工作规范化程度

组织的工作规范化程度同领导者的工作效能有着密切的联系。组织的工作规范化程度越高,就越有利于组织成员开展工作,领导活动的目标就越容易实现;反之,工作规范化程度越低,组织成员在工作中越会感到无所适从,工作效率就会越低,这样,领导的决策以及组织的目标就会难以得到较好的落实和实现。

4）组织的物质基础

"巧妇难为无米之炊"，任何组织活动都离不开一定的物质基础，领导活动亦然。组织的物质基础不同，其行事方式也必然不同，并且这种行事方式还会对该组织的领导者的行为方式产生很大影响。组织的物质基础较好，就会为其领导者在开展研究开发、吸引人才、组织变革等方面提供有力的支持；组织的物质基础不好，领导者在开展这些工作时就会受到束缚。

5）被领导者的状况

领导活动的目标是否能实现依赖于被领导者能否领会并有效执行领导决策。被领导者的知识技能与积极性在很大程度上影响着领导决策是否被有效地执行。如果被领导者有经验、受过专业培训或独立性强，领导活动就能很轻易地被接受。此外，不同性格的被领导者的行事方式也是不一样的。孟子曾根据人格将下属区分为"盛德的下属"、"行道的下属"、"安定的下属"和"容悦的下属"。

6）领导者的特质

领导者不同于非领导者的特质在于进取心、领导愿望、正直与诚实、自信、智慧和工作相关知识等。领导者身处组织内部，其自身的特质也是构成组织内部环境的一个重要方面。领导者不仅是在领导一个组织，同时更是在领导自身。所以，西方学者认为，一个优秀的领导者必须学会领导自己，因为领导者如何将自身的特质和组织特征有效地结合，在很大程度上取决于领导者领导自身的有效性。若领导者有很强的环境适应能力，能根据环境的要求及时调整自己的状态以满足领导环境对自身素质的要求，从而将自身特质与组织特征有效结合起来，就能获得比较满意的领导效果。

2．领导的外部环境

领导的外部环境是指推动或限制领导活动展开的各种自然要素和社会要素的组合，是政治、经济、文化、法律、科学技术以及自然要素影响领导行为模式的外部氛围和条件。这些要素主要包括如下四种。

1）政治权利要素

组织内部的领导活动、领导体制变革往往受到国家政治环境的影响，关系到国家命脉的企业的经营决策更是被宏观政治丝丝牵动。任何组织内的领导体制、领导方式、领导活动都不能超过国家政治所允许的范围，一旦超出就会难以生存。在全球化的今天，许多公司建立了海外分公司，那么，开展领导活动时就必须要先预测当地的政治变化及可能带来的影响。

2）社会文化要素

任何组织领导活动的有效性都受制于所在社会的文化心理沉淀的影响。例如，某项举措触犯了当地的宗教信仰，很可能会遭到极力反对。这些文化沉淀在人们的心中建立了一个评判领导活动的指标体系,只有被这些文化接受的领导活动才能得到有效地开展。

3)外来文化要素

这是一个开放的时代,全球化已是不可抵挡的趋势。不管开放程度如何,任何国家、民族多多少少受到了外来文化的影响。无视外来文化影响的力量或者不具备洞察不同文化之间差异的敏感性的领导者都不是一个成功的领导者。

4)科学技术要素

邓小平说"科技是第一生产力",科技的发展对经济发展有巨大的促进作用,同时也对组织发展有强大的影响力。日本的电子手表工业严重威胁了瑞士传统的机械手表产业。网络在中国的普及使得人们利用电子邮件等先进快捷的方式与他人联系,这给依赖于网络的企业带来了无限商机,同时却给传统的邮政业带来了巨大的冲击。高新技术不断地改造传统产业,加速了新型产业的发展。企业的转型必定影响领导活动的方式,并给组织领导提出了更高的要求。

劳伦斯和洛斯奇通过研究确定了环境的性质、类型及其对组织的影响,详见表 2-1。

表 2-1　外部环境的类型、性质及其对组织的影响

稳定的环境:变化不大,有一定的规律和较大的确定性	该环境中的组织有规范的操作和严格正规的结构
中性环境:不太稳定,也不太动荡	该环境中的组织要面临稳定的环境,也要面临变化。组织结构不严格,也不正规
动荡的环境:不断变化,高度的不稳定,结构也不正规	该环境中的组织要面对环境的不断变化,并且要适应这些变化

3. 内部环境和外部环境的关系

我们知道,任何组织都不是一个完全封闭的组织,而是一个相对开放的系统。组织的内部环境与外部环境总是处于一个动态的相互作用的过程之中。内外环境的相互作用在很大程度上决定了组织发展和领导有效性。内外环境之间的关系是领导者在其开展领导过程中不容忽视的。通常情况下,内外环境之间的关系主要体现在以下两个方面。

1)外部环境对内部环境产生压力

丹尼尔·A. 雷恩在《管理思想的演变》一书中有这样一段话:"经济环境能带来新的机遇,也能增大竞争压力;政治环境可以带来自由,但也能限制个人与组织的权限;而开发系统中的社会环境会给恰当的行为造成更多或者说是不同的预期。"一个组织谋求变革常常是源于外部环境的压力。政府的倡导与管制、市场竞争的加剧、外来文化的冲击都会是导致组织内部的领导体制和领导方式变革的重要因素。能否应对外部环境的压力,是衡量组织内部领导有效性的一个重要指标。

2）内部环境对外部环境具有适应和改变的双重性

一方面,由于种种原因,组织的内部环境不可能与外部环境的变化总是保持一致。所以,组织内部环境不可避免地要受到外部环境的影响。在这种情况下,组织要想较好地生存和发展下去,组织的领导者就必须根据外部环境的变化对组织的内部环境进行适当的调整。另一方面,组织的领导者为了实现该组织的使命或宗旨,还必须在保护组织的既得利益、保持组织的原有特色的同时,去能动地改变外部环境,以给组织的发展带来更为有利的影响。

2.1.4 研究领导环境的意义

任何领导活动都离不开一定的环境条件。领导者所进行的决策和经营管理活动都是在由经济、社会、政治、法律及技术等要素组成的开放系统中进行的。脱离社会环境的领导活动是不切实际的,领导者在任何时候都要考虑所处的客观环境对领导活动可能造成的影响和制约,因为超越环境、与环境过分抵触的领导行为必定是无效的。此外领导者还要努力改变环境使之利于领导决策活动。这说明环境和领导者、被领导者一样是构成领导活动不可或缺的要素。环境是领导活动的客观基础,研究领导环境对于提高领导效能,进而实现组织目标具有十分重要的意义。

1. 有助于提高领导效能

领导环境是独立于领导者的客观存在,有其自身发展规律,不以任何人的主观意志为转移。它为领导者开展领导活动提供了舞台和客观条件。从前边的内容可知,任何一个组织都是一个开放的系统,在这个开放的系统中,领导活动不仅要受到内部环境的制约,还要受到外部环境的影响。这就是领导科学研究跨文化领导活动、探寻领导环境与领导有效性之间关系的原因。有利的领导环境能促进领导效能的提高,而不利的领导环境则会阻碍领导活动的开展,并最终影响领导活动的效能。因此,认真研究领导环境,认清和把握领导者、被领导者同领导环境之间的关系,有助于领导效能的提高。

2. 有助于领导生态科学的不断发展

传统的观点认为组织是一个封闭系统,而现代理论则认为组织是开放的系统。认为组织不是个人的全部世界,它不是个社会。并且每天人们带着社会的影响进入组织。认识到任何组织都不是独立存在的,都会受到外部环境的冲击,这是系统方法对管理的主要贡献。开放系统理论把领导环境吸纳了进来。运用生态学的理论与方法对领导活动进行研究,认为领导活动本身构成了一个生态系统,其基本组成要素是领导者、被领导者及领导活动所依赖的环境,这就是领导环境突显出来的显著标志。这便产生了一门新的领导学分支学科——领导生态学。我们研究领导环境,就是要正确地认识和掌握领导系统赖以生存的生态环境,特别是认清和把握领导者、被领导者同领导环境之间的关系及其规律,这对于领导生态学的丰富和发展,无疑会起到积极的促进作用。

3. 有助于认清环境形势,为创造良性的领导环境奠定基础

在人类社会发展的过程中,人们不仅要认识环境,而且还要去改变环境。领导系统同社会系统是相互影响、相互制约的,它们两者之间有着输入—转换—输出的相互作用关系。一方面,领导环境是领导系统生存和发展必不可少的条件,另一方面,领导系统反过来影响和推进社会的发展。可以说,人们认识和改造自然环境的过程也是自我能动地选择的过程。只有正确认识领导环境对领导活动的影响,分清领导环境的优与劣,才能正确地选择改造自然、改造社会的途径和方法。

2.2 领导环境的构成变量

环境是一个极其复杂的系统,其具体内涵十分广泛。可以说,从自然、社会到历史、文化,都是环境的构成变量。领导环境是环境中的一种特殊系统,它并不是同所有的环境因素都发生关系。虽然确定领导环境的边界并非易事,但可以肯定地说,影响领导活动的环境因素是有边界、有范围、有层次的。关于领导系统环境边界的确定,根据学界的主流观点,应该以领导系统为中心。换句话说,只有那些直接作用或间接作用于领导系统的环境因素,才能属于领导环境的范畴。综合考察整个社会环境,我们认为,对整个领导活动的影响较大的因素主要包括以下几个方面。

2.2.1 自然因素

自然环境对领导活动究竟具有什么影响,这在领导学以往的研究成果中并没有得出结论。但在政治学、地理学等学科上,关于自然对主体影响方面的研究成果呈现出多姿多彩的局面。亚里士多德认为政治制度导源于人的德性,但是环境是政体是否优良的条件之一。孟德斯鸠的环境决定论最具代表性,把自然环境对政治的影响推向了极致。他在《论法的精

神》这本书中分析了气候和土壤是如何影响政治制度的,提出了"气候决定人生"的观点。魏特夫的《东方专制主义》从自然环境角度研究了中国古代政治制度的成因。这种试图从自然环境中寻找解释政治和社会的方法虽然很荒谬,但提示我们自然因素的影响不能视而不见。自然因素对领导的影响虽没有处于决定性的地位,但忽视了它就有可能无法准确、客观地解释领导活动。

具体地讲,对领导环境起重要作用的自然因素主要包括以下三点。

1. 地理位置

地理位置对领导环境的影响十分明显。我们知道,不同的地理位置会有着不同的政治、经济、文化、军事等传统条件,这些不同的传统条件就构成了不同的领导环境。例如,在东南沿海、西北内陆、华北平原、西南地区等不同的地域环境中,就会有着不同的领导环境。在这些不同的领导环境中,会成长出一大批精通工商业管理、农业管理、林业管理等不同类型的领导人才。

2. 人口

人口对领导环境的影响主要表现在两个方面:一方面是人口数量;另一方面是人口分布。人口数量的多少和人口密度的高低对领导工作有着直接的影响。人口数量过多,人口密度过大,领导者的工作重心就会偏离组织的发展方向。譬如,在以经济为中心的发展过程中,领导者不仅要对人口增长的速度进行控制,还要去解决由于人口数量过多、人口密度过高所派生出来的诸如吃饭、住房、交通、犯罪等一系列问题。人口数量过少和人口密度过低也会影响生态平衡,领导者想要实现的可持续发展的目标就会难以实现。

3. 人工生态系统

所谓人工生态系统,是指在人类社会发展的过程中,通过对自然生态系统改造而建立起来的能够满足自己需求的新的生态系统,诸如城市、乡村等都属于人工生态系统范畴。以我国的乡村为例,我们可以发现,乡村情况对于领导活动的目标、行为方式、效能等有着极大的影响。乡村治理是领导活动中的一项重要内容,它同整个领导活动的战略规划联系密切,并会对领导战略规划产生有利的或不利的影响。相对于城市而言,乡村的环境污染程度要比城市好得多,但在交通、教育、卫生保健、计生等方面存在的问题,乡村要比大城市严重得多。可见,在人工生态系统中,有许多的因素会对领导系统产生影响。

2.2.2　政治因素

政治因素涉及一个国家的政治制度、政党制度、阶级状况、政治文化、法律制度、政府的政策倾向以及公众的政治倾向等,它对于领导活动有着极其重要的影响。任何领导活动并不是一种自然人的行为,它总是与一个国家的政治传统、政治体制和政治权力结构联系在一起的。国家政治法律决定和制约着领导活动,是实现有效领导的前提条件。任何组织所采取的领导体制及其倡导的领导文化观念无不受到宏观政治的影响。组织内部的领导活动及变革必须在政治权力所允许的限度之内。对于一个工商组织,其所在的国家的总体稳定性及政治首脑对工商企业的作用所持的具体态度对企业组织内部的领导管理显得尤为重要。西方国家强调生产经济是法制经济,他们通过健全的法律体系将所有组织的行为纳入法律的调整范围,其法律制度包括竞争的促进、种族歧视的消除、环境的控制、消费者保护、工会与管理当局的关系以及某些行业的管制。而在一些不发达国家中,政治对企业的影响更大。我们会发现在政府干预程度不同的国家中,企业组织、教育组织和群众组织的领导活动也具有迥然不同的特点。例如,20 世纪 80 年代以前的中国采取计划经济,企业运作尤其是国有企业的运作很大程度上受国家政治决策影响,领导者跟着中央精神走。领导者是否有足够的自主性和规范性是衡量政治法律环境影响领导行为的重要指标。

概括地说,现代社会中对领导环境产生作用的政治因素主要有以下几点。

1. 政体的类型

一个国家的政体决定了国家管理的基本体制。例如,在实行联邦制的美国实行的是分权管理,政策法规也灵活多样,而在实行中央集权的国家如苏联其政策也就比较集中统一。假如某一跨国公司在上述两个国家分别开有分公司,那么这两个分公司的组织领导者所面临的领导环境就会大不相同。

2. 国际关系的现状与发展趋势

国际关系的现状及其发展趋势同领导环境关系密切。众所周知,在和平时代,各个国家所采取的政策都侧重于发展,而在备战状态或战争状态中,国家将会把更多的人力、物力和财力投入到国防建设中,这样当然会影响到各个组织的领导环境,影响到组织对人力、物力和财力的分配,影响原材料的供应以及组织的战略发展方向等。

3. 政府对市场与企业调控的政策与手段

政府有关对经济干预的政策和手段是政治因素中的重要组成部分。政府对市场与企业如果采用宏观调控手段以及宽松的经济政策,市场与企业的发展环境也就会宽松;如果政府对市场和企业采取管制措施或过多的微观干预,那么,市场与企业就会被政府管得死死的,领导者所面临的领导环境也就非常糟糕。

4. 党和国家的方针政策导向和体制改革方向

党和国家的方针政策导向和体制改革方向也与领导环境有着直接的关系。当这些方针政策导向和政治体制改革的方向同社会发展的趋势相一致时,组织的领导者所面临的领导环境就相对有利;如果这些方针政策导向以及政治体制改革方向同社会发展的趋势相悖时,组织的领导者所面临的领导环境就会非常不利。这些方针政策的导向与政治体制改革的方向的改变和调整将会直接影响组织的领导环境。

5. 法律对企业生产经营的限制条件

国家的法律是用以规范一切组织和个人在国家各项活动中的权利和义务,是组织领导者决策的重要依据。不同的国家、法律会给组织的领导者带来不同的领导环境。例如,美国公司主管人可以在其权限内合理解雇员工,而且不会为此招致太多麻烦,也不会花费太多代价。但相同的做法在日本却行不通。

2.2.3 经济因素

经济环境是由社会生产力和生产关系的状况决定的,具体说就是社会生产力的性质、发展水平、生产资料的所有制形式、性质和成熟程度等。不同的国家,甚至一个国家内不同的地区之间都存在着生产力水平的差异,其经济环境也就不同。经济基础决定上层建筑,经济环境对领导活动有决定性的影响。领导活动不可能超越所处的经济条件。经济条件好的组织,其领导往往敢于大刀阔斧地进行改革,而资金紧缺的组织,其领导做每一个决策都要再三衡量组织的经济实力,不敢冒险。

通常情况下,经济环境主要包括以下几个方面。

1. 经济制度

经济制度,即一个国家的生产资料所有制形式,是整个经济环境的基础条件。生产资料所有制不同,会直接影响组织的管理方式和目标。例如,在私有制企业中,组织的领导者必须根据出资的多少来分配管理企业的权力,而在以公有制为主导的企业,组织的领导者在其行使管理权时则必须实行真正的民主管理。

2. 经济发展水平

我们知道,不同的经济制度会对领导活动产生不同的影响,但这并不表明同一经济制度下的不同领导者的领导行为方式或手段都完全相同。除了经济制度这一根本因素之外,经济发展水平对领导活动也有着重要影响。在经济发展水平较高的地方,组织的领导者所赖以凭借的物质技术基础就强,因此,领导者在领导工作过程中的空间会更广,领导者的工作效能就会更高。反之,领导者的效能就会较低。

3. 经济政策

财政、税收和金融等经济政策是国家宏观管理的手段。财政政策通过加强资金监管、控制资金投向等措施来降低组织成本以及最大限度地实现社会公平;税收政策通过调节国家、企业、个人三者之间的收益比例来影响组织的受益;金融政策可以通过控制信贷来影响和引导一个组织的发展方向。这些经济政策都会形成一定的经济压力和吸引力,并最终影响组织的发展。

2.2.4 教育因素

法默尔和里奇曼认为:"组织机构的品质与效率在很大程度上取决于组织机构成员的整体素质,因此一个国家教育的性质与质量是决定其管理者业绩水平的关键因素。在两个管理者中,如果一个管理者只能从文盲和未接受过任何训练的农夫中挑选组织成员,而另一个却可以在熟练工人和大学毕业生中挑选组织成员,那么两者组建的组织机构是完全不同的。"如果一个国家的教育水平太低,那么整个国家的生产组织都会滑坡。有一种观点认为,领导者的受教育程度对领导行为的影响是巨大的。受过高等教育、参加过研究工作并接受过系统培训的领导者和管理者比没受过高等教育与系统培训的领导者和管理者往往更见多识广、高瞻远瞩,在挑选、评价下级时更具目的性。他们也往往比较信任下级,敢于授权给下级。在引进辅助决策或提高生产的现代技术时,他们也更善于宏观部署。

2.2.5 社会文化因素

社会文化主要是指一个国家、地区的民族特征、价值观念、生活方式、风俗习惯、宗教信仰、伦理道德、教育水平、语言文字等的总和。通常情况下,社会文化对社会大系统中的其他系统如领导系统有着非常重要的影响,许多超越了社会文化所能容纳限度的决策都以失败而告终。但这并不是说,所有的社会文化对领导活动都会产生影响。社会文化对领导活动的影响是多层次、全方位、渗透性的,只有那些同领导活动直接或间接相关的社会文化才能对领导活动产生影响。

关于不同文化背景中的决策活动和领导活动方式是否不同的疑问引起了领导学学者的关注,他们对跨文化领导进行了广泛而深入的研究。斯道戈迪尔说,我们必须思考独特的或一般的领导活动与特定环境之间的关系,在这种特定背景下的领导要求对于一般的文化制度进行检验和考察。西方学者通过研究发现,领导方式的跨文化差别确实存在,例如东西方国家被认为是"关心人"的领导在关心组织成员的具体方式上有不小的差别。

另外,处理社会组织中领导者与被领导者之间关系的指导原则,是在社会价值观念、生活态度、社会准则、风俗习惯以及期望值等因素的综合影响下确立的。比方说,在一些信仰伊斯兰教的国家,女性地位很低,在管理职位上的妇女开展活动的阻力要大得多。还有,在社会经济生活日趋全球化的今天,各国的社会文化都或多或少地受到外来文化的影响和冲击,尤其是对那些处于开放的、转型时期的发展中国家,外来文化已经成为影响领导活动的重要因素。

2.2.6 技术因素

技术因素在现代社会中的作用和影响越来越重要,它不仅改变了传统组织间的关系以及市场竞争规则,而且正在从根本上改变以官僚制为基础的传统组织模式和管理模式。同一般的环境因素相比,技术因素最活跃,变化迅速,其社会影响广泛而深入。技术因素对组织和社会的影响主要表现在以下八个方面。[①]

(1) 人类掌握货运和客运的时间与距离的能力明显提高,具体表现在铁路、汽车、飞机、宇宙飞船(在某种程度上)的发明与运用方面。

(2) 生产、储存、运输与分配能源的能力明显提高,具体表现在电力、核动力、激光等的运用方面。

(3) 设计新材料和改变原有材料性质的能力大有提高,从而使这些材料能更好地为各种需要服务,具体表现在合金钢、合成纤维、塑料等的发明与运用方面。

(4) 体力作业的机械化或自动化。

(5) 某些脑力劳动的机械化或自动化,大大增强了我们储存、处理、选择和供给数据资源的能力。

(6) 人类感觉事物能力的扩大,具体表现为雷达、电子显微镜、夜间观察仪器等的发明与运用方面。

(7) 加深了对个体与群体行为的理解,并懂得如何加以处理,具体表现为激励的心理基础、群体行为方式、已有改进的管理方法等。

(8) 加深了对疾病和疾病治疗的理解等。

除了上述八个方面外,我们还可以列举出更多的对今天组织结构和人的行为方式发生重大影响的技术因素。例如,信息技术和生物工程,它们把人类社会带入了一个新的时代,一个被人们称为"明显区别于工业化时代的信息时代"。在这个信息时代,无论是国家的领导体制、领导结构和领导职能,还是组织的是领导者、被领导者,都要面临新的挑战和选择。信息技术革命也正是领导创新时代的背景之一。

---

① 孔茨,韦里克. 管理学. 第九版. 北京:经济科学出版社,1993,684~685

2.3 领导环境与领导活动的相互作用

领导者、被领导者与领导环境共同构成了领导生态系统。在这个系统中,领导者与被领导者开展的领导活动同其所处的领导环境之间是一种相互影响、相互作用、相互制约的互动关系。

2.3.1 领导环境与领导活动相互作用的基本形式是:输入一转换一输出

根据系统理论可知,外部环境是领导活动得以存在和发展的外部条件,领导环境的稳定性是领导系统发挥正常功能的前提和基础。就像细胞在有机体中的生存一样,为了维持自己在环境中的生存,它必须凭借自己的内部功能,不断地从周围环境中吸取营养——输入,以确定目标和方向,又要不断地向外部环境提供产品——输出。外部环境对领导活动的存在和发展作用更加显著,输入即外部领导环境对领导活动的要求、支持和反对;转换即组织领导者根据外部领导环境输入的信息和能量等,对组织进行内部调整和改变,使之与外部领导环境相协调;输出即领导者通过转换(即对组织内部进行调整和改变)之后,重新向外部领导环境输出各种信息和产品。这种输入和输出,使得领导活动同领导环境构成了一个既对立又统一的整体。它们之间的这种矛盾斗争,推动领导活动不断发展。领导环境是动态的,特别是在现代社会,领导环境的变化是很快的。但领导环境应该是相对稳定、有序的发展,而不是经常处于激烈动荡之中。如果一个国家的社会秩序经常处于动荡不安之中,在这种生存和发展的条件下,领导活动就无法正常进行,领导者的工作效能也就无从谈起。要使领导活动在迅速多变的领导环境中生存和发展,就要使领导系统对领导环境的变化和要求有着较强的适应能力,只有这样,领导活动同领导环境才能在动态中保持平衡。

2.3.2 领导环境对领导活动的制约和影响

领导环境对领导活动的方方面面都有着影响和作用,最基本的内容包括以下四点。

1. 领导环境影响领导的性质和领导体制

在领导环境中,政治环境对一个国家的领导的性质和领导体制影响最大,因为它们同属上层建筑的组成部分,关系密切。一个国家的政治制度、政党制度以及政治体制等环境因素,对领导活动的根本性质、领导体制具有直接的作用。例如在实行联邦制的美国,其权力的划分采用的是三权分立制,这就决定了它们的领导体制也采用分权制,即国家的立法权、司法权和行政权分别由议会、法院和总统负责,三者既相互独立,又相互制约。美国企业组织的领导体制采用的也是分权制,其决策权和经营权分别由董事会和总经理负责。

2. 领导环境影响领导职能的内容和实现程度

领导环境决定了领导活动应该具有什么样的具体职责和任务。领导环境的变化必然会对领导活动提出新的要求和条件,领导活动的职能也必然会随之发生变化。领导职能的实现,也必须适应领导环境的支持条件以及当时的价值观系统。如果领导环境对领导职能提出的新要求,领导主体尤其是领导者不清楚、不作为,或者虽然实施了新的领导职能,但因其产品不能适应领导环境的要求而得不到领导环境的承认,那么领导活动的存在和发展就会受到阻碍甚至威胁。

3. 领导环境影响领导活动的主体的发展

领导活动需要什么样的领导者和被领导者,都需要根据客观领导环境提出的要求来决定。领导环境和领导职能的变化是确定需要什么样的领导活动主体的最根本的依据。例如,在未来社会,环境保护问题、组织的变革、价值观念的转变、科技的迅速发展、全球化以及知识经济的到来等多方面问题都向领导活动的主体——领导者和被领导者提出了挑战。领导者和被领导者只有根据领导环境的变化不断地改变自己,提高自己的适应能力,才能够在未来多变的社会中更好地生存和发展。

4. 领导环境影响领导活动全程和领导方法

领导环境可以影响领导活动的运行,或加快运行或延缓运行甚至使领导活动完全终止。我国西部地区地域辽阔、资源丰富,但交通不便、信息不灵、人口较少。在这种领导环境下,组织的领导活动过程不可能具有我国东南沿海地区组织的领导活动过程。领导决策必须充分考虑环境因素,才可能有正确的决策目标和方案,并有条件加以实施。领导决策在其执行过程中是否顺利,也要受到领导环境对执行活动的支持和参与程度的影响。不同的领导环境,采用的领导方式和手段也各有不同;一个国家在战争时期所采用的领导方式和管理手段与它在和平时期所采用的领导方式和管理手段不可能相同;日本与中国的领导环境不同,日本同中国在组织的领导方式和管理手段也存在明显的差异;改革开放30年来,我国的领导环境发生了很多变化,在此过程中,我国的领导方式和管理手段也发生了很大的变化。

通过上述可知,领导环境对领导活动具有决定意义。因此,领导者开展任何领导活动都必须以组织所处的领导环境为基础。同时,领导者开展领导活动,还必须根据特定的领导环境提出的要求和提供的条件及其变化而进行适当的调整和改革,以便使组织能更好地适应领导环境,从而更有效地开展领导活动。

2.3.3 领导活动对领导环境的反作用

领导环境对领导活动有着明显地制约作用与影响,领导活动必须根据领导环境的变化而进行适当的调整。但这并不表明,领导活动在领导环境面前完全是被动消极的。领导活动之所以能存在并不断地逐步发展,就是因为它具有反作用,能影响领导环境,领导活动可以改变自己的生存土壤和发展空间。我国改革开放30年来所取得的辉煌成果已经表明了这一点。

1. 领导活动对领导环境的作用方向

恩格斯在论述国家权力对于经济发展的反作用时曾做过如下表述:“国家权力对于经济发展的反作用可能有三种:它可沿着同一方向起作用,在这种情况下就会发展得比较快;它可以沿着相反方向起作用,在这种情况下,它现在在每一个大民族中经过一定的时期就都要遭到崩溃;或者是它可以阻碍经济发展沿着某些方向走,而推动它沿着另一种方向走,这第三种情况归结起来为前两种情况中的一种。但是很明显,在第二种和第三种情况下,政治权力能给经济造成巨大的损害,并引起大量的人力和物力的浪费。”[①]恩格斯在这里告诉我们,领导活动对领导环境的反作用有正负两个作用方向。

2. 领导活动对领导环境的利用和改造

既然领导活动对领导环境的反作用有正负两个作用方向,那么我们研究领导活动与领导环境之间的相互关系时,就应当注意激发领导活动发挥其积极作用,限制其消极作用。发挥领导活动的积极作用,需要做好对领导环境的利用和改造工作。具体地讲,主要应从以下三个方面入手。

(1) 要充分认识和把握领导环境的特点及其发展规律,对领导环境的正确认识是领导活动取得成效的前提。要认识领导环境,领导者作为认识主体必须充分发挥其主观能动性,这不仅是领导者成功进行对环境的认识和改造的必要条件,也是领导者对环境成功利用和改造的结果。为此,领导者必须做好以下几个方面的工作。

① 要通过调查,弄清组织内外存在的、与领导活动相关的情况和问题;

② 对掌握的各种情况和问题进行分析,弄清它们之间的相互关系;

① 马克思恩格斯选集(第四卷).北京:人民出版社,1995,483

③ 在系统研究和科学论证的基础上做出某种决策;

④ 通过实施决策来肯定或修正已经形成的认识,把握领导环境的发展变化规律。

(2) 有效利用领导环境变化所带来的机遇和条件。"组织一旦建立起来,它就要设法控制其环境,以达到自己的目的。"[①]为此,领导者必须要做到充分有效地利用领导环境的变化所带来的机遇和有利条件,同时尽量减少或避免不利环境的影响,从而保持组织的活力。例如,西安事变的和平解决就是我们的革命领袖们根据当时领导环境的变化,即国内外时局矛盾的发展所做出的一项伟大决策。有效利用领导环境所带来的机遇和条件,不仅需要领导者在新的环境面前保持清醒的头脑,还需要积极主动,在适应环境的情况下去利用环境,只有这样,组织才能够乘风破浪,不断取得成效。

(3) 能动地改造领导环境。人类活动的本质是一个不断认识世界和改造世界的过程,领导活动亦是如此。改造领导环境是领导活动改造客观世界的一个重要组成部分,它是领导者在其主观能动性方面所表现出来的最高境界。要做到改造领导环境,领导者首先要对改造领导环境的艰巨性和复杂性有充分的估计。一方面,改造领导环境的工程浩大,单纯依靠领导者个人难以实现。因此,领导者必须要善于组织集体力量和智慧解决环境问题,使领导环境得到改造和优化。另一方面,改造领导环境是一个漫长的过程,需要循序渐进,逐步实现。因此,领导者在改造领导环境的过程中,要做到大处着眼,小处着手,先易后难,逐步推进。

上述三点是一个有机联系的整体。充分认识和把握领导环境的特点和发展规律是前提,有效利用领导环境变化所带来的机遇和条件是手段,能动地改造领导环境,实现组织发展的目标,从而促进我国社会主义事业不断向前发展才是最终目的。

■ 本章小结

1. 领导环境是指制约或推动领导活动展开的各种自然要素和社会要素的组合,是影响领导行为模式的政治、经济、文化、法律、科学技术、自然要素等组织内、外氛围和条件的总称。

2. 领导环境具有四大特征:客观性、动态性、复合性与相关性、能动性。

3. 领导环境的内容非常丰富,类型的划分也多种多样。我们以领导活动所处的范围为依据,将领导环境划分为内部环境和外部环境。

4. 领导环境的构成因素很多。我们从考察社会环境出发,提出了领导环境的构成变

[①] F.E. 卡斯特,J.E. 罗森茨韦克.组织与管理.北京:中国社会科学出版社,1985,164

量：自然因素、政治因素、经济因素、教育因素、社会文化因素以及科技因素等。

5. 领导环境与领导活动之间的关系是一种互动关系。领导环境对领导活动的影响主要表现在：领导环境影响领导的性质和领导体制；领导环境影响领导职能的内容和实现程度；领导环境影响领导活动的主体的发展；领导环境影响领导活动全程和领导方法。领导活动对领导环境也具有反作用，主要表现在：领导活动对领导环境的反作用有正负两个作用方向，领导活动可以利用和改变领导环境。

■ 思考题

1. 何谓领导环境？
2. 简述领导环境的特点。
3. 领导内部环境和外部环境包括哪些方面？
4. 简述领导环境同领导活动之间的互动关系。

■ 网上冲浪

1. **环境** 一般外部环境的社会文化要素，人口统计方面的资料可通过下面站点查找。
http://www. census. gov/

如：要了解美国社会和经济状况时可以查询"美国统计摘要"，网址如下。
http://www. census. gov/statab/www/brief. html

2. **竞争对手** 挑选一个行业来研究市场上的领导者和主要的竞争对手，并通过查询下列网址来收集对企业经营有益的信息资料。
www. companysleuuth. com/
www. corporatrinformation. com/
www. businessdirectory. dowjones. com/

3. **文化** David M. Armstrong 为 Armstrong 国际公司的总裁，曾经撰写过三本书来研究本公司的文化，包括为公司员工所共同遵守的核心价值、信仰、共识、准则等。三本书的名字为：Managing by Storying Ariund；How to Turn Your Company's Parables into Profit 和 Once Told，They're Gold. 请到网上阅读这些书目或看一下介绍这些书中小故事的录像带。你可以直接从 Armstrong 公司的网站上下载放映这些故事所需要的放映软件 Quicktime。
www. armintl. com/stories/adbid-bio. html

■ 案例分析

华盛顿不同情眼泪

正如权力和财富的亲密一样,政治和经济从来都是一对孪生兄弟。对于一个大型企业来讲,政治领域的失势,也会导致经济领域的巨大损失。

美国摩根财团靠战争和政治参与起家。但是第二次世界大战后,美国国内的政治气候和国际形势都有所变化,同时也出现了潜在的竞争对手。摩根财团没有能够利用新形势谋求新发展,因而开始衰败。

老摩根出身于金融世家,祖父和父亲都从事银行和保险业,但家底并不十分殷实,也没有惊人的业绩。到了老摩根和他儿子的时候,摩根财团却迅速膨胀起来。据有关文件,1935年摩根财团控制 300 多亿美元,占美国八大财团总资产的 49%,成为主宰华尔街乃至全球的金融霸主。

摩根财团是怎样暴发起来的呢?

第一是利用战争。1861 年,美国发生南北战争,老摩根乘机出售卡宾枪,大捞了一笔钱。在第一次世界大战中,摩根公司包办美国对西欧的金融业务,为英法政府筹措战债 30亿美元,仅此一项的佣金就获利 3 千万美元。在第二次世界大战中,摩根财团是最大的军火承包商。战后继续卖军火,它下属的通用电气公司仅 1967 年就接受了 14 亿美元的订单。

第二是参与政治,通过历届政府得到恩惠。老摩根是克利夫兰总统的主要财政顾问,直接干预白宫经济决策。之后,老摩根又把西奥多·罗斯福捧上总统宝座,罗斯福政府处处尊从摩根财团的指示。伍德罗·威尔逊总统也受摩根财团支配,摩根财团促使这届美国政府参加第一次世界大战。赫伯特·胡佛是摩根财团用钱推上政治舞台,成为摩根财团的傀儡总统。杜鲁门政府中,先后的三个国务卿都与摩根财团有瓜葛。艾森豪威尔政府的三个国防部长都与摩根财团有密切关系。由于摩根财团控制了政府,使它受到种种经济保护和政府订单,从而牟取暴利。

第三是加强对外扩张。摩根财团的主要势力范围在西欧和加拿大,爪子也伸向世界各地。在中国,它曾企图取得广州至汉口的铁路建筑权,后因种种矛盾而放弃此事,却乘机向清朝政府敲诈了 600 多万美元的赔偿。1910 年,它曾向中国贷款 1 千多万美元,获取厚利。它的下属单位在旧上海设立爱迪生灯泡厂、慎晶洋行、钢车公司,大肆掠夺。

第四是集中资本,扩大经营范围。摩根财团利用 1893 年的经济危机,控制了美国铁路的 30%。1901 年,又收买了 13 个钢铁企业,组成了当时世界上最大的钢铁工业垄断组织。到第二次世界大战前,它已经统治了美国的金融业和钢铁、电气、运输、电信等部门,势力发展到顶峰。

盛衰是相对而言。第二次世界大战后，摩根财团已由独家垄断美国的顶峰迅速跌下来。它的劲敌洛克菲勒财团的实力急剧膨胀。1935年，洛克菲勒财团的资产仅为66亿美元，占八大财团资产总额的10％。从1935年到1960年，摩根财团的资产仅仅增长2倍，而洛克菲勒财团却增长了11倍。到1974年，摩根财团的资产是3 018亿美元，而洛克菲勒财团的资产是3 305亿美元。摩根财团已屈居于洛克菲勒之后了。

为什么摩根财团今不如昔了呢？

第一是因为政治领域失势。正如前所述，摩根财团操纵政府的例子都是在20世纪上半叶。从肯尼迪政府开始，摩根财团就不走运了。洛克菲勒在政界发起强大攻势，捧肯尼迪登上宝座，并掠得了国务卿、副国务卿、裁军署署长等重要头衔，而摩根财团的势力受到排挤。从1960年开始，洛克菲勒财团的头面人物纳尔逊·洛克菲勒还直接参与竞选总统，1974年被福特提名为副总统。而摩根财团每况愈下，一直受到白宫的白眼。

第二是在经济竞争中失败。在20世纪30年代的经济危机中，摩根财团的股票直线下降，而洛克菲勒财团乘机瓦解摩根财团，夺走了对大通银行、公平人寿保险公司的控制权，并利用人民的不满情绪，迫使政府立法，解散摩根的联合公司。同时，其他一些财团，如梅隆、波士顿鸯利夫兰，都倒戈并向摩根挑战，使摩根财团元气大伤。

第三是宏观控制失策。具体表现在：(1)摩根财团在银行业务方面，只热衷于搞批发生意，以大企业为顾客，忽视了中产阶级的小额储蓄和抵押消费信贷业务，使金融受到限制。它的金融支柱纽约和国民银行经营不善，不得不把全部股票卖给花旗银行，削弱了摩根的实力；(2)摩根财团有些下属企业经营不佳。如美国钢铁公司，由于管理混乱，利润从1960年的8.2％下降到1972年的2.9％。此外，像通用电气公司这样的企业，已成为其他财团的争夺对象，大量股票落于他人之手；(3)摩根财团在经营领域缺乏积极的拓展精神。虽然它在第二次世界大战后已经注意到对商业、广播事业、消费事业的投资，但成效是有限的。它对石油业不重视，使洛克菲勒财团能以优厚的石油利润为后盾，逐渐击溃摩根财团。

资料来源：http://www.lantianyu.net/pdf49/ts064011_4.htm

■ **思考与讨论**

1. 为什么说对于一个大型企业而言，政治领域的失势，也会导致经济领域的巨大损失？
2. 摩根财团的盛衰史对你有何启示？

领 导 理 论

第 3 章

■ **学习目标**

通过本章的学习,你应当能够:

- 界定领导理论发展的三个阶段;
- 描述领导权变理论阶段的特征;
- 理解德鲁克的"五项主要习惯";
- 阐释领导方格理论;
- 熟知路径－目标理论。

戈尔公司(W. L. Gore)在医学专业人士和从事户外体育的人眼里是一家闻名遐迩的企业,并因生产 GOPR-TEX 面料和其他用于血管和心脏修补人造纤维而誉满四海。这家拥有6 000名员工的公司,年营业收入高达 13.5 亿美元。作为一家以最富有创新精神而名扬世界的全球化企业,戈尔公司不仅增长势头强劲,且在美国最佳雇主公司排行榜上赫然有名。

然而,在戈尔公司却没有明确指定的领导者,所谓的领导者是那些实际履行领导职责,拥有一批愿意服从其领导、渴望随其赴汤蹈火的下属。由于戈尔公司的发起人——戈尔(Vieve Gore)和比尔(Bill)二人都信奉创造性和沟通源自于共同参与和轮流坐庄的理念,因此,他们公司基本不设职务头衔,破除了等级制度,不确定谁是真正的老板,甚至只制定有限的规章制度。在这里,员工们以团队的形式开展工作,在导师或赞助商的指导下完成项目开发。公司提倡人人寻找项目,选择适合自己风格的人组成团队。小型化团队相互间密切协作,为员工们提供所需要的全部资源,并在他们成功或失败时提供支持和鼓励。员工的年度评价取决于团队的评价,评价以该员工过去和现在的业绩,以及未来的发展潜质等为主要依据。

> 戈尔公司践行的这种领导自然化理念不仅使他们名声在外,也极大地激发了全体员工的创造性、责任心和机动性。这也是造就戈尔公司成功的最主要原因。
>
> 资料来源:参见[美]安弗莎妮·纳哈雯蒂.领导学.北京:机械工业出版社,2007,142

领导理论是西方的产物,把领导活动纳入到科学的研究程式中,试图通过实证式的研究和逻辑化的推理,得出一些普遍性的结论,是西方领导理论的一个重要特色。但不可否认的是,在不同时期的领导理论和不同类型的领导理论之间,有许多相互对立的成分。例如,上述引例中戈尔的领导自然化理念就可谓独树一帜。然而,同其他的领导理论一样,戈尔领导自然化理念的最终目的还是为了使领导行为更为有效。现代领导理论认为,没有最好的领导行为,而领导行为有效与否,关键要看领导与领导情境能否在一起组合与相容。在本章中,我们将首先考察领导理论的历史发展,然后介绍领导理论的主要流派,最后将讨论领导理论与领导哲学。

3.1 领导理论的发展历史

西方关于领导思想的论述自古有之,散见于各种史书、传记、论著、故事之中。例如,16世纪初,意大利思想家马基雅维利(Machiavelli,1469—1527)在他写的《君主论》、《谈话录》等著作中,就总结了进行领导的四项原则:①领导必须得到群众的同意;②必须维持组织内部的凝聚力,为此,必须对组织成员给予报偿,并增进上下级之间的相互了解;③领导者必须具备坚强的生成意志,以免被人推翻;④领导者必须具备领导的品德和能力。他写的《君主论》对当时的政治领导行为进行了概括,被称为"共和党人的教科书",对当时的欧洲统治者有很大的影响。但是所有这些论著,主要还是对实践经验的一种归纳。真正用科学的方法对企业领导问题展开研究,还是从20世纪开始的。多数学者认为,领导科学的研究过程主要经历了三个发展阶段。下面我们先从历史的视角来介绍领导理论的发展历程。

3.1.1 特质论阶段

从 20 世纪初开始到 30 年代,有关领导科学的研究主要是从领导者所具有的特质去理解,以领导者为中心,去探讨领导者不同于其他人的特点,例如,研究和关注领导人的性格、素质方面的特征等。这是人们研究领导理论的起点。心理学家们从人们的个性心理特征出发,试图通过观察、调查等方法找出领导人同被领导人在心理特征方面的区别。其主要目的是企图制定出一种有效领导者的标准,以此作为选拔领导人和预测其领导有效性的依据。他们的研究,主要集中在以下三个方面:①身体特征,如领导人的身高、体重、体格、健康程度、个人容貌和仪表等;②个性特征,如领导人的魄力、自信心和感觉力等;③智力特征,如领导人的判断力、沟通才能和聪敏程度等。

但是,经过十多年的研究,学者们并没有在对领导者们不同的才智、个性、身体等特征所进行的评价中取得一致的意见。这一阶段的研究存在着以下缺点:一些用来表述心理特征的概念内涵不清楚,有时在语义上有交叉和相互矛盾。例如,成熟程度、主动性和自信心等概念,其内涵就有交叉,往往区别得不清楚。而且,根据这些性格特征,在实践上还是难以挑选领导者,甚至还难以区别领导者和被领导者。例如,不管是领导者或被领导者,都具有一定的自信心、判断力和主动性。更重要的是,研究人员在研究方法上忽略了领导行为发生作用的环境和条件,孤立的研究企业领导人的性格。例如,忽略了被领导者(成熟程度、激励需求等)和企业管理的环境(领导工作的性质、难易程度和领导人权力的大小等)。因而很难对不同领导者的能力和领导的有效性做出确切的分析和比较。在研究思想上,有意无意地认为领导者的各种性格特征都是天赋的,而研究的任务仅仅是按一定标准挑选出天才来。

正是由于存在上述缺点,使得这一阶段的实验和研究报告虽然很多,但是并没有获得大家公认的普遍原理和准则。

3.1.2 行为论阶段

这个阶段主要是从 20 世纪 40 年代到 60 年代。由于在特质论阶段的研究中,人们未能取得预期的效果,研究人员开始把目光转向领导者的行为上,试图通过对领导者行为的研究找出领导者行为同领导效果之间的关系。领导行为理论是从人际关系和情感因素的角度去研究领导行为,强调通过领导活动对组织成员施加影响、激发员工的工作热情来完成组织的任务。20 世纪 40 年代以来,随着企业规模的扩大、工人运动的发展、工人的组织程度和文化水平日益提高,企业管理思想也相应发生了变化。人的因素、被领导者的因素成了领导理论研究中不可忽视的重要组成部分。这一阶段的研究者开始从领导者的风格和领导者应起的作用入手,把领导者的行为划分为不同的类型,分析各类领导行为的特点以及对领导效果的影响,并进行相互比较。实际上,这一阶段的研究,是从研究领导者应具备的素质、特性,转向研究领导者的领导方式、领导作用和领导方法。概括地说,这一时期关于领导问题研究的主要特点有如下三点。

(1) 各种理论对领导行为的类型划分大同小异。基本上把领导行为按两类职能加以划分。例如,有的把它们区分为以工作为中心与以职工为中心;有的划分为主动状态与体谅;有的则归纳为对生产关心与对人的关心。这两方面本来都是作为一名领导者应有的职能。这种用两维度的方法避免了以往领导理论研究中的趋向于极端的方式,要求领导人采取综合的领导方式,将两方面的职能有机地结合起来。

(2) 在指导思想上有很大变化。从天赋论转向后天的培养论,认为领导者的素质绝大多数是可以通过后天培养而获得和改进。与此相适应,许多学者发展了很多对企业领导者进行培训的方法,如组织发展、敏感性训练等。

(3) 推动了领导问题的定量研究。为了测定某一领导者的领导行为类型,大量问卷式的量表设计出来,并在实际中应用。

3.1.3 权变论阶段

权变论阶段约从 20 世纪 70 年代开始,迄今为止。受特质论阶段和行为论阶段的研究成果和研究方法的影响,人们在领导理论的研究思路得到进一步拓展,领导理论的研究得到了很大发展。研究人员开始领导权变理论即从组织所处的环境去研究如何使领导行为与环境相互适应,以达到最佳的领导效果。但是,这终究还是一种静态的研究。20 世纪 60 年代末 70 年代初,以菲德尔(Fred E. Fiedler)的领导理论提出为标志,产生了权变领导理论。这是一种对领导理论的动态研究。该阶段的领导理论研究的主要特点如下。

认为一种领导行为的效果好不好,不仅取决于领导者本人的素质和能力,还取决于许多客观因素,如被领导者的特点、领导的环境等。领导行为好不好,是一个很多因素的函数。它们是诸多因素起作用并且相互影响的过程。这一观点可用下述公式来表示:

领导 = f(领导者、被领导者、环境)

因此,没有一种"最好"的领导行为。一切要以时间、地点、条件为转移。例如,专制式的领导方式在一定条件下也可能是一种好的、有效的方式。当企业里组织设备事故紧急抢修时,这种命令式指挥就很有必要。

因此,领导者的任务在于学会各种领导方式,以便"一把钥匙开一把锁",针对不同的被领导者、不同的环境而采取相应的领导方式,对症下药。而学会运用各种方式的关键在于提高领导者的判断能力,用以判定领导者面临的情况。

应当指出,上述领导理论发展的三个阶段的划分,不是绝对的。各个阶段的理论观点也不是相互绝对排斥的,而是相互交叉、前后继承的。例如,研究领导者的素质和特性,这是第一阶段理论研究的特征,但是,这并不排斥进入第三阶段仍然对这方面的问题作深入的研究。不过,这时对领导者特性的研究是在权变理论的指导下来进行,从而已经纳入权变领导理论的范畴。又如第二阶段对领导行为的研究,主要还是一种静态的研究,但是,这种研究仍然是必要的。对领导行为类型的研究,仍然是权变领导理论的基础。动态的权变理论研究,是对第二阶段领导行为研究的进一步深入和发展。

3.2 领导理论的主要流派

从前述内容我们知道,在领导理论的研究过程中,主要经历了特质论、行为论和权变论三个发展阶段。应该说,领导理论发展的每一个阶段不仅有其自身的特点,而且还有其各自的主要理论流派。下面我们就分别对这三个阶段的具有代表性的理论流派逐一进行介绍。

3.2.1 特质论阶段的主要流派

由于不同的领导者在领导活动中显现出不同的特质,一些领导行为的研究者们希望通过对领导们的特质勘察,总结出具有规律性的并具有普遍性的领导者的一般特征,这就产生了领导特质理论。然而,经过十多年的调查研究,研究人员却难以在领导者们所具有的不同才智、个性、身体等特征的评价中取得一致意见,一些不同的研究结论逐渐发展成不同的理论流派。在诸多不同的理论流派中,比较具有代表性的有:美国德鲁克(P. F. Drucker)的"五项主要习惯",韦伯首次提出的人格要素模型,法国亨利·法约尔提出的大企业高级领导应具备的素质,以及日本企业界提出的领导应具备的十项品德和十项能力等。

1. 德鲁克的"五项主要习惯"

德鲁克指出,有效的管理者具有不同的类型。缺少有效性的管理者也同样有不同类型。因此,有效的管理者与无效的管理者之间,在类型方面、性格方面及才智方面,是很难加以区别的。有效性是一种后天的习惯,既然是一种习惯,便可以学会,而且必须靠学习才能获得。他认为一个优秀的管理者必须具备以下五项主要习惯。

1)善于利用有限的时间

德鲁克认为,时间是最稀有的资源,丝毫没有弹性,无法调节、无法贮存、无法替代。时间一去不复返,因而永远是最短缺的。而任何工作又都要耗费时间。因此,一个有效的管理者最显著的特点就在于珍惜并善于利用有限的时间。这包括四个步骤:记录自己的时间,管理自己的时间,集中自己的时间,减少非生产性工作所占用的时间。这是管理的有效性的基础。

2)注重贡献和工作绩效

重视贡献是有效性的关键。"贡献"是指对外界、社会和服务对象的贡献。一个组织,无论是工商企业、政府部门,还是医疗卫生单位,只有重视贡献,才会凡事想到顾客、想到服务对象、想到病人,其所作所为都考虑是否为服务对象尽了最大的努力。有效的管理者重视组织成员的贡献,并以取得整体的绩效为己任。每一个组织都必须有三个主要方面的绩效:直接成果、价值的实现和未来的人才开发。企业的直接成果是销售额和利润,医院的直接成果是治好病人;价值的实现指的是社会效益,如企业应为社会提供最好的商品和服务;未来的人才开发可以保证企业后继有人。一个组织如果仅能维持今天的成就,而忽视明天,那它必将丧失其适应能力,不能在变动的明天生存。

3)善于发挥人之所长

德鲁克认为,有效的管理者应注重用人之长处,而不介意其缺点。对人从来不问"他能跟我合得来吗?"而问"他贡献了些什么?"也不问"他不能做什么?"而问"他能做些什么?"有效的管理者择人任事和升迁,都以一个人能做些什么为基础。

4)集中精力于少数主要领域,建立有效的工作次序

德鲁克认为,有效性的秘诀在于"专心",有效的管理者做事必"先其所当先",而且"专一不二"。因为要做的事很多,而时间毕竟有限,而且总有许多时间非本人所能控制。因此,有效的管理者要善于设计有效的工作次序,为自己设计优先次序,并集中精力坚持这种次序。

5)有效的决策

德鲁克认为,管理者的任务繁多,"决策"是管理者特有的任务。有效的管理者,做的是有效的决策。决策是一套系统化的程序,有明确的要素和一定的步骤。一项有效的决策必然是在"议论纷纷"的基础上做成的,而不是在"众口一词"的基础上做成的。有效的管理者并不做太多的决策,而做出的决策都是重大的决策。

2. 人格要素模型

人格要素模型是由韦伯在 1915 年首次提出的,其后由瑟斯顿进行独立检验。这些年来,大量研究者使用多种样本和测评工具也都得出了相类似的结论。人格要素模型是一个分类模型,假如用其来描述领导者的人格品质,那么领导者都可以被可靠地归到五要素维度中的一类。对这一模型的描述见表 3-1。

表 3-1　人格要素模型

五要素维度	特　　质	行为/项目
外倾性	支配欲 社交能力	我喜欢承担对他人的责任 我有一大群朋友
随和性	移情能力 友善	我是个富有同情心的人 我通常都是心情愉快的
可靠性	组织能力 可信度 合规性 成就导向	我通常都会列出"待完成事项"的单子 我言行一致 我很少陷于麻烦之中 我是个高成就者
情绪稳定性	恒定性 自我接受度	我在压力情境下保持镇静 我能很好地接受个人批评
知性方面的兴趣		我喜欢到国外旅游

资料来源:[美]理查德·哈格斯,罗伯特·吉纳特,戈登·柯菲. 领导学(第四版). 北京:清华大学出版社,2004,159

人格要素模型为领导的研究者和实践者提供了有力的工具。例如,人格特质对领导者和追随者随时间推移仍保持着稳定的行为倾向进行了一定的解释。这有助于我们了解为什么一些领导者很有支配欲,另一些则倾向于顺从;一些人总是坦率直言,另一些人则沉默寡言;一些人很有计划,另一些人则行事冲动;一些人很热情,另一些人则相当冷淡等等。同样值得注意的是,人格特质的行为往往自动自发地表现出来,无需多少有意识的思考。如:外倾性很强的人往往不假思索的运用某种手段,来影响或领导他们所在的团队。人格要素模型的一大优点在于,它似乎普遍适用于不同的文化。来自亚洲、西欧、中东、东欧或南美文化的人,似乎都用同样的五要素维度归类、简述或刻画他人。

3. 亨利·法约尔提出的高级领导者应具备的素质

法国的法约尔从更高的角度,以大企业的整体为研究对象,阐述了经营与管理的内容、管理人员的素质和管理的原则。他的代表作是 1916 年发表的《工业管理和一般管理》。

1)管理活动的要素

法约尔认为,管理活动包含五种要素,即计划、组织、指挥、协调和控制。

计划。就是预测未来、制订行动方案。一个计划应该有统一性,既有一个全面的计划,又有每一项活动的专门计划;连续性,既有短期计划,又有长远计划;灵活性,即能灵活地适应意外事件;精确性,即尽可能做到准确而排除臆测性。

组织。就是形成事业的物质和社会的双重结构,它包含有组织机构、活动和相互关系的规章制度,职工的招募和训练,以及确定完成任务所需要的机器、物质和人力的恰当结合。而且不论是领导者还是下属都应具备一定的素质。

指挥。要全面考虑,使每一个人都能履行自己的职责,从而使整个组织运转起来,作为负责指挥的管理人员必须具备一定的统筹能力。

协调。就是调节各部门和各个职工的活动,把一切活动和努力统一起来,引导他们走向一个共同的目标。

控制。检验每一件事情是否同所拟订的计划、发出的批示和确立的原则相符合,以便及时发现问题、采取措施、纠正偏差,以保证实际活动与计划始终一致。

2)管理人员应具备的素质和能力

法约尔认为管理人员应具备的素质和能力包括:体力、智力、品德、文化、专业知识和经验。

体力。身体健康、精力充沛、反应灵敏。

智力。有理解能力、判断能力、善于学习、思想开阔、适应性强。

品德。坚定、有干劲、愿意承担责任、有主动性、有首创精神、忠诚、机智、自尊。

文化。对于不属于所执行职能方面的事务有一般了解。

专业知识。对于所担任的技术、营业、财务管理等职务方面的知识有深入的了解。

经验。具有从工作本身产生的知识、经验、教训。

3)管理的原则

法约尔归纳的十四条管理原则,即分工、权限与责任、纪律、命令的统一性、指挥统一性、个别利益服从整体利益、报酬、集权、等级系列、秩序、公平、保持人员稳定、首创精神、集体精神。

分工。分工可以提高效率,分工原则有普遍的意义,不仅适用于技术工作,而且也适用于管理工作,适用于职能的专业化和权限的划分。

权限与责任。权力是指发布命令和要求别人服从的权力和力量。法约尔认为权力有职权和个人权力之分,职权是由管理人员的职务或地位决定的,个人权力是由管理人员的经验、道德品质、智力、领导能力、资历构成的。权力与责任应当对等,有了责任就必须给予权力,让一个人对某项工作负责,如果不给相应的权力,这项工作就难以顺利完成,达不到负责的目的。

纪律。纪律的实质是遵守企业各方达成的协议。没有纪律,企业就难以发展,纪律松弛是领导不力的结果,严明的纪律产生于良好的领导。企业与职工之间的协议要尽可能明确和公正。

命令的统一性。为达到同一个目的,各种活动只能在一位领导和一项计划下进行,它是保证行动的统一、力量协调和集中努力方向的关键。下属只执行来自一个上级的权力和决策,并只和这个上级联系。

指挥统一性。一个组织的基本原则之一,每一个职工在任何活动中只能接受一个上级的指挥,这与泰罗的职能工长制正好相反,如果是双重或多重指挥,纪律就无法保证,秩序会混乱,权力和纪律也将受到威胁。

个别利益服从整体利益。这项原则是说,在一个企业里一个人或一个部门的利益不能置于整个企业的利益之上,因为整体利益大于它的局部利益之和。为了实现这项原则,就要克服无知、野心、自私、懒惰、软弱和一切企图把个人或小集团利益置于组织整体利益之上而导致冲突的个人情绪。

报酬。报酬必须公正,对有贡献的职工应进行奖励。报酬的方式取决于许多因素,其目的都是为了激发职工的热情。

集权。集权就像社会分工一样,是一种必然规律的现象,集权的目的是尽可能地使用所有人员的才能。企业的集权和分权不是固定不变的,要根据企业的规模、条件、管理的习惯、管理人员的素质、领导者个人的性格、品德等因素来决定。

等级系列。从最高层领导到基层之间存在着一条等级链,它是执行权力的路线和信息传递的渠道。但如果大企业特别是行政机构等级系列太长,即管理层次多,从上到下和从下到上层层命令、层层传递信息往往容易延误事情,缺乏横向联系。法约尔为了克服这一缺点设计出一种"联系板"以加强横向联系。

秩序。在企业管理中,人和物都要有自己的位置,即人在其位,物在其地,职位要适合于职工的才能水平,使每个人都在能够发挥出自己最大能力的岗位上有秩序地活动和排列。

公平。法约尔把公平解释为态度亲切、友好、处事公正。用这种态度对待职工,可以激励职工热忱地履行他们的职责。

保持人员稳定。成功的企业,其管理人员是相对稳定的,如果人事不断变动,不利于工作的完成,领导人要有秩序地安排人员,并补充人力资源。

首创精神。法约尔指出,企业职工的主动性和创造性是企业力量的源泉,必须鼓励职工发挥主动性和创造性。

集体精神。法约尔指出,"团结就是力量。企业的领导人员,必须好好地想想这句话。……使敌人分裂以削弱其力量是聪明的,但使自己的队伍分裂则是对企业的严重犯罪。"所以他十分强调团结,努力保持职工队伍的融洽与和谐。

法约尔还十分重视教育工作,认为可以通过教育使人们学会管理,提高管理水平。

4. 日本企业界对领导者品德和能力的要求

日本企业界要求领导者应具有十项品德和十项能力,详见表3-2。

表3-2　日本企业界要求领导者应有的十项品德和十项能力

十 项 品 德	十 项 能 力
责任感:敢于承担工作中的责任,充分发挥作用	思维决策能力
使命感:无论遇到何种困难,都要有完成任务的坚强信念	规划能力
信赖感:同事、上下级之间互相信任与支持	判断能力
积极性:在任何工作中都积极主动,以主人翁的态度去完成	创造能力
忠诚老实:上下级之间和同事关系中都真心实意,以诚相待	洞察能力
忍耐性:具有高度的忍耐力,不能随意在同事和下属面前发脾气	劝说能力
公平:对人对事都要秉公处理,不徇私情	对人理解的能力
热情:对工作认真负责,对同事与下级热情体贴	解决问题的能力
勇气:对于危险的工作能亲自动手,有向困难挑战的勇气	培养下级的能力
进取心:在事业上积极上进,不满足现状,保持勇往直前的精神	调动积极性的能力

有的研究者认为,特质仅仅是领导者应具备的前提条件。领导者与被领导者的区别主要表现在五个方面,即动力、领导的渴望、诚实与正直、自信力、商业知识。此外,个体是否是高自我监控者,即在调节自己行为以适应不同环境方面具有很高的灵活性,也是一项重要因素,高自我监控者与低自我监控者相比更易成为群体中的领导者。总之,大半个世纪以来的大量研究使我们得出这样的结论:具备某些特质确实能提高领导者成功的可能性,但没有一种特质是成功的保证。

5. 十二点难以胜任领导者的品质

美国管理学家彼特把难以胜任领导者的品质归结为以下十二点。

(1) 对别人麻木不仁、吹毛求疵、举止凶狠狂妄;

(2) 冷漠、孤僻、骄傲自大;

(3) 背信弃义;

(4) 野心过大,玩弄权术;

(5) 管头管脚,独断专行;

(6) 缺乏建立一支同心协力的队伍的能力;

(7) 心胸狭窄,挑选无能之辈来作为自己的下属;

(8) 犟头犟脑,无法适应不同的上司;

(9) 目光短浅,缺乏战略眼光;

(10) 偏听偏信,过分依赖一个顾问;

（11）懦弱无能，不敢行动；

（12）犹豫不决，缺乏决断力。

3.2.2　行为论阶段的主要理论流派

由于在特质论的研究中未能取得预期的效果，于是研究者们开始把目光转向领导者表现出来的行为上。他们希望通过对领导者行为的研究找出领导者行为与领导效果之间的关系。在领导行为的研究中，主要途径是按照领导行为的基本倾向加以划分，从而提出了不同的理论模式。在这一阶段提出的有关领导的理论中比较具有代表性的主要包括：麦格雷戈（McGregor）提出的"X 理论"和"Y 理论"；威廉·大内提出的"Z 理论"；由美国俄亥俄州立大学的斯托格尔（Ralph M. Stogdill）和沙特尔（Carroll L. Shartle）提出的"二元理论"；勒温提出的领导作风理论；由布莱克（Robert R. Blake）和穆顿（Jane S. Mouton）提出的"管理方格理论"；由美国密西根大学的利克特（Rensis Likert）及其同事们提出来的"支持关系理论"等。

1. 麦格雷戈的"X 理论"和"Y 理论"

"X 理论"与"Y 理论"是美国行为学家麦格雷戈在对企业中人的特性进行了深入研究以后提出的理论，他把传统的管理观点叫做"X 理论"，在此基础上提出了新的"Y 理论"。无论是"X 理论"还是"Y 理论"，都是在人性假设的基础上提出的。

1）X 理论

这种理论是建立在"人性本恶"的基础上，其特点如下。

（1）企业管理当局为了达到经济目的，有责任把生产性企业的要素——金钱、材料、设备、人员组织起来。

（2）相对于组织成员来讲，这是一个指挥他们的工作、激励他们、控制他们的行动、修正他们的行为，以适应组织需要的过程。

（3）如果企业管理当局不做这种积极的干预，人们对组织的需要可能采取消极的，甚至对抗的态度。因此，必须指挥他们的活动。这是企业管理当局的任务。人们通常把它概括为：管理就是通过别人来使事情办成。

（4）一般人的本性是懒惰的，他尽可能地少做工作。

（5）有些人缺乏进取心，不愿承担责任，情愿受人领导。

（6）有些人天生以自我为中心，对组织需要不关心。

（7）有些人本性反对变革。

（8）有些人轻信，不大聪明，易于受骗子和政客的煽动。

麦格雷戈指出,当时企业中对人的工作以及传统的组织结构、管理政策、实践和规划都是以这种"X理论"为依据的。所以,管理人员在完成其任务时,或者用"强硬的"管理方法,包括强迫和威胁(通常采取隐蔽的形式)、严密的监督,以及对职工行为的严格控制;或者用"松弛的"管理方法,包括对职工采取随和态度、顺应职工的要求,以及一团和气等。从21世纪初以来,从最强硬的到最松弛的各种办法都使用过了,但结果证明效果都不太理想。采用强硬的办法引起了各种反抗的行为,如职工的磨洋工、敌对行动、组织好斗的工会以及对管理者的目标进行巧妙而有效的破坏。这种强硬办法在职工充分就业、劳动力供应短缺期间就更难实行了。采用松弛的办法也产生了许多问题。它经常使得管理人员放弃管理,大家保持一团和气,在工作上马马虎虎。人们对这种温和的管理方法钻空子,提出愈来愈多的要求,而做出的贡献却愈来愈少。于是,较为普遍的倾向是,试图吸取软硬两种办法的优点,推行一种"严格而合理"的管理方法。正如有的人讲的,"温和地讲话,但手中拿着大棒"。可是,这种管理方法同上面两种管理方法一样,指导思想也是"X理论"。

2)Y理论

麦格雷戈认为,传统理论对人性"恶"的假设是不对的,因而需要一种新的、建立在对人的行为动机更为恰当的认识基础的新理论,于是他提出了"Y理论"。其特点有如下几种。

(1)企业管理当局应当负责把生产企业的各项要素(资金、材料、设备、人员)组织起来,以实现企业的经济目标。

(2)人们并非天生就对组织的要求采取消极或抵制态度的。他们之所以会如此,是由于他们在组织内的经历和遭遇所造成的。

(3)人们并不是天生就厌恶工作的。应用体力和脑力来从事工作,对人们来讲正如游乐和休息一样,是自然的。

(4)外来的控制和惩罚的威胁并不是促使人们为实现组织的目标而努力的唯一方法。人们对自己所参与制定的目标,能够实行自我指挥和自我控制。

(5)对目标制定的参与同报酬的获得直接相关,这些报酬中最重要的是自我意识和自我实现需要的满足,它们能促使人们为实现组织的目标而努力。

(6)在适当的条件下,人们不但能接受、而且能主动承担责任。

(7)不是少数人、而是大多数人都具有相当高度的用以解决组织上问题的想象力、独创性和创造力。但在现代工业社会的条件下,一般人的智慧潜能只是部分地得到了发挥。

(8)企业管理的基本任务是,安排好组织工作方面的条件和作业的方法,使人们的智慧潜能充分发挥出来,更好地为实现组织的目标和自己具体的个人目标而努力。这个过程主要是一个创造机会、挖掘潜力、排除障碍、鼓励发展的帮助引导的过程。

麦格雷戈把"Y理论"叫做"个人目标和组织目标的结合",认为它能使组织的成员在努力实现组织目标的同时,最好地实现自己的个人目标。所以,他认为关键不是在采用"强硬的"方法或"温和的"方法之间进行选择,而在于要在管理的指导思想上变"X 理论"为"Y 理论"。这两种理论的区别在于,是把人们当作小孩看待,还是把他们当作成熟的成年人看待。但是,由于"X 理论"已经流传很久,所以不可能指望在短期内就使所有的企业都转而采用"Y 理论"。

由于"Y 理论"与"X 理论"相反,充分肯定作为组织生产主体的人,认为组织职工积极性方面占主导地位,他们乐意工作,勇于承担责任并且多数人都具有解决问题的想象力、独创性和创造力,而关键是在于领导方面如何把职工的这种潜能和积极性充分发挥出来。这就为领导理论的发展开拓了新的思路,也为如何从精神上、行为上进一步对职工加以引导和规范提出了可能性。

2. 威廉·大内的"Z 理论"

"Z 理论"是研究人与企业、人与工作之间关系的理论,是由日裔美国管理学者威廉·大内经过调查比较日美两国管理的经验提出的。大内认为一切企业的成功都离不开信任、敏感和亲密,因此主张以坦白、开放、沟通作为基本原则来实行"民主管理"。大内把由领导者个人决策、员工处于被动服从地位的企业称为 A 型组织。这种组织对员工实行短期雇佣和快速提拔,要求员工专职专能,不利于诱发员工的聪明才智和创造精神,易于造成决策失误。他把日本的企业组织叫做 J 型组织。他认为美国的企业必须学习日本的企业而实行革新,建立民主的组织,即 Z 型组织。这种组织有以下六方面的特点。

(1) 实行长期或终身雇佣制度,使员工与企业同甘苦、共命运。

(2) 对员工实行长期考核和逐步提升制度。

(3) 培养适应各种工作环境的多才多能的人才。

(4) 管理过程既要运用统计报表、数字信息等清晰鲜明的控制手段,又要注重对人的经验和潜能进行细致而积极的启发诱导。

(5) 采取集体研究与个人负责相结合的决策方式,即吸收有关人员共同讨论、协商,集思广益,最后由领导者作决策并承担责任。

(6) 树立牢固的整体观念,员工之间平等相待,每个人对事物均可做出判断,并能独立工作,以自我指挥代替等级指挥。

"Z 理论"指出,企业由 A 型转变为 Z 型,一般有 13 个步骤。

(1) 参与变革的人员学习领会"Z 理论"基本原理;

(2) 分析企业原有的管理指导思想和经营方针;

(3) 企业的领导者和各级管理人员共同研讨制定新的管理策略;

(4) 设置高效合作、协调管理的组织机构;

(5) 培养管理人员掌握弹性的人际关系技巧;

（6）检查每个人对将要执行的 Z 型管理思想是否充分理解；

（7）让工会参加变革；

（8）确立稳定的雇佣制度；

（9）制定长期合理的考核和提升制度；

（10）经常轮换工作，以培养员工的多种才能，促使企业成为有机的合作系统；

（11）认真做好第一线人员的发动工作，使改革能在基层顺利进行；

（12）实行参与管理；

（13）建立员工个人和组织的全面整体关系。

3. 斯托格尔和沙特尔的"二元理论"

"二元理论"也叫"领导四分图理论"，是美国俄亥俄州立大学斯托格尔和沙特尔在大量调查研究的基础上，于 1945 年提出的一种最终归结为对人的关心——体谅和对组织效率的关心——主动状态两大类，即"抓组织"和"关心人"两大类。"抓组织"以工作为中心，指领导为了实现工作目标，规定自己和下属的任务，包括组织设计、制订计划和程序、明确责任关系、建立信息途径、确立工作目标。"关心人"以人际关系为中心，包括建立互相信任的气氛，尊重下级意见，注意下属感情和问题等。按照这两类内容，他们设计了"领导行为描述问卷"，每类列出 15 个问题。调查结果发现，用此两种因素分析一个领导，有的人集中于一个方面，在某一方面占有很高分量，但在另一方面则很低；有的人两方面都较高。因此，他们认为领导行为是这两种行为的具体组合，领导者的行为可用两度空间的"四分图"（如图 3-1 所示）来表示。

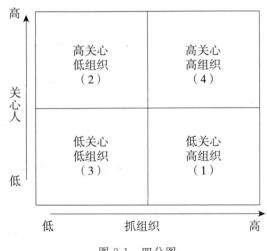

图 3-1　四分图

从这种方法可看出：

(1) 属于低关心人而高关心组织的领导人，最关心的是工作，领导对组织的效率、工作任务和目标的完成都非常重视，但忽视人的情感和需要，是以工作任务为中心的领导方式。

(2) 高关心人而低关心组织的领导人，大多数关心领导者与下级之间的合作，重视互相信任和尊重的气氛。领导对人十分关切，对组织效率却缺乏关心，是以人为中心的领导方式。

(3) 低关心人又低关心组织的领导人，既不关心人，又不重视组织效率，是最无能的领导方式。

(4) 高关心人又高关心组织的领导人，对工作和人都比较关心，领导把对人的关心和对组织效率的关心放在同等重要的地位，既能保证任务的完成，又能充分满足人的需要，是最为理想的领导方式。

四分图为研究领导行为指出了一个途径，但究竟哪种领导方式好，此理论作者认为不能一概而论，应视情况而定。

4. 领导作风理论

勒温提出的领导作风理论是研究领导者工作作风类型，以及工作作风对员工的影响，以期寻求最佳的领导作风。该理论以权力定位为基本变量，把领导者在领导过程中表现出来的极端行为分为三种类型。

第一种类型称为专制式的领导作风，权力定位于领导者个人手中，领导者只从工作和技术方面来考虑管理，认为权力来自于他们所处的位置，认为人类的本性是天生懒惰，不可信赖，必须加以鞭策。

第二种类型称为民主式的领导作风，权力定位于群体，领导者从人际关系方面考虑管理，认为领导者的权力是由他领导的群体赋予的，被领导者受到激励后，会自我领导，并富有创造力。

第三种类型称为放任自流的领导作风，权力定位于员工手中，领导者只是从福利方面考虑管理，认为权力来自于被领导者的信赖。

在实际工作中，这三种极端的领导作风并不常见。勒温认为，大多数的领导者所采纳的作风往往是处于两种极端类型之间的混合型。

5. 管理方格理论

管理方格理论是美国行为科学家布莱克和穆顿倡导的用方格图(图 3-2)表示和研究领导方式的一种理论。他们认为，在企业管理的领导工作中往往出现一些极端的方式，或者以生产为中心，或者以人为中心，或者以"X 理论"为依据强调监督，或者以"Y 理论"为依据强调相信人。为避免趋于极端，他们于 1964 年发表《管理方格》一书，就企业中的领导方式问题提出了管理方格法。他们设计了一张纵轴和横轴各九等分的方格图，纵轴和横轴分别表示企业领导者对人和对生产的关心程度。第一格表示关心程度最小，第九格表示关心程度最大。全图总共 81 个小方格，分别表示"对生产的关心"和"对人的关心"这两个基本因素以不同比例结合的领导方式。

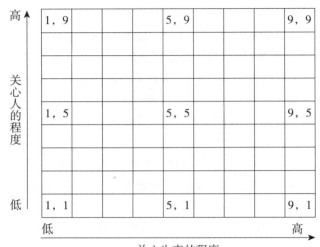

图 3-2　管理方格图

根据管理方格图,评价领导者的工作,就是按其两方面的行为,在图上找出交叉点,这个交叉点便是他的领导类型。布莱克和穆顿在提出领导方格图时,还特别列举了下列九种典型的领导方式。

(1)"1,1"定向型。表示缺乏管理,对生产和人的关心程度都很小,或者表示领导人对生产和人都不关心。这种领导方式的位置是在方格图的左下角,"1,1"定向型的领导人并不感到在生产的需求和人的需求之间存在什么矛盾,他们对这两方面都极少关心。在任何事情上,都想要保持不参与,只求能够完成工作即可。除了必须联系的以外,从不主动与别人来往,他们在感情上感到枯竭。对他们而言,仅仅是为了积累资历而做必须做的最少的工作,并非真的要做出贡献。对组织中的矛盾,他们尽可能不介入,常采取一种旁观和放任自流的领导方法,用寻求中立对矛盾做出反应。

(2)"1,9"定向型。表示所谓俱乐部式管理,重点在于关心人,企业充满轻松友好气氛,不大关心生产任务。在这个小方格中,对生产较少关心是与对人们的较多关心相结合的。这种结合是基于这样一个前提,即生产上的需要是与人们的需要相抵触的。他们认为,人是决定性的因素,不能像对待各种商品那样对待他们,也不能按某种生产尺度,例如某个价值指标器来权衡他们。他们的各种感觉和态度是最基本的。在领导行为上,他们利用各种条件来使个人的和社交的需要在职务中得到满足。他们会用各种间接的方法来领导,希望创建友谊和同事间的忠诚与团结。他们对人们建立满意的相互关系的需求给予认真的关怀,并引入一种舒适的、友好的组织气氛和工作步调。他们坚持的信条是,只要人们之间保持志趣相投的气氛,生产方面的事情可以由生产本身处理。他们会响应别人的首创精神,但自己却往往缺乏主动按自己的意见提出创新思想的勇气。

(3)"9,9"定向型。表示理想型管理,对生产和对人都很关心,两者并没有必然的冲突。企业领导者应该客观地分析企业内外的各种情况,把自己的领导方式改造成"9,9"理想型管理方式,以达到最高的效率。能使组织的目标和个人的需求最理想、最有效地结合起来。这种领导者的领导行为方式可以称之为团队型管理,位于方格图中的右上角。他们把对生产的高度关心同对人的高度关心相结合,认为通过使人们参与决定与工作和成就有关的策略,就有可能把组织目的和人们的需求有效地结合起来。他们试图创建一种共同负责的环境,来代替竞争性的文化,提倡以分开和坦诚的方式来进行讨论。他们信奉"人人为我,我为人人"。他们总是最大限度地利用资源,调动所有成员的积极性,使团队能够为使生产效率更高而工作,从而达成组织的目标。其领导行为特征是对工作成果的关心和对人的关心的彻底一体化,其工作成就来自于献身精神。这种领导方式只有通过那种鼓励组织成员做出非常贡献来充分献身于公司目标的领导才可能实现,这是由建立成员之间的健全和成熟的关系来达到的,这种关系也为完成公司目标所必需。因此,"9,9"定向型的目的是促进合作、参与和为完成组织目标的团队尽可能充分地承担义务。这是最受欢迎的领导形态。

(4)"5,5"定向型。表示中间式或不上不下式管理,既不偏重于关心生产,也不偏重于关心人,完成任务不突出。这样的领导者奉行中间道路,位于方格图的中心,是方格上的各种作风的统计平均数。"5,5"定向型领导者的希望是通过兼顾必须完成的工作和人们有较高的士气来使适当的组织成绩成为可能,他们对生产与对人均施以一种中等程度的关心。解决生产与人的矛盾的方法是采用折中和交易,即用放弃某种东西的一半来换取另一种东西的一半以寻求二者之间的平衡,而不是寻求一种互相结合的结果。他们不仅催促人们为达到中等水平的生产率而努力,并且对执行这个工作的人的态度和感情表示充分的关怀作为回报。他们认为,走极端的主张会激起矛盾,因此应当避免。由于这种折中,以及愿意在某些方面退让以便在其他方面得利,因此他们可以维持中等水平的工作进展。他们所期望的目标是"比去年干得稍微好一点"。

(5)"9,1"定向型。表示任务管理,重点抓生产任务,不大注意人的因素。这种类型位于方格图的右下角。这是一种"权威—服从"型的领导方式。"9,1"定向型领导者高度关心生产而对人的关心不多。他们依据这样一种假定,即组织对各种成果的需求与人们的各种需求之间存在矛盾。因此,为了满足组织的需求,人们的各种需求就要牺牲一些。同时,他们认为,只有当人们按某种方法被控制和被领导的时候,各种生产的目的才能达到,这种方法就是强制人们去完成必要的任务。因此他们总是通过严密的管理来防止这些"人际因素"对圆满地和有效地完成任务的干扰。只有当人们按指示来工作时,才可能获得各种成果。其座右铭可以总结为"不生产就灭亡"。

其他方格的意义分别是:"5,1"定向型方格表示准生产中心型管理,比较关心生产,不大关心人;"1,5"定向型方格表示准人中心型管理,比较关心人,不大关心生产;"9,5"定向型方格表示以生产为中心的准理想型管理,重点抓生产,也比较关心人;"5,9"定向型方格表示以人为中心的准理解型管理,重点在于关心人,也比较关心生产。

6. 利克特的支持关系理论

支持关系理论又称四领导模式理论,是美国密执安大学社会研究中心在利克特的主持下,对企业的领导模式进行了长期研究,提出的一种关于企业领导模式的理论。利克特领导的小组将企业管理的领导方式归结为四种体制。

1) 专权独裁式

这类领导方式是"利用性的命令式"。采用这种方法的领导人极为专制,对下属缺乏信任,主要用恐吓和处分(偶尔也用奖赏)去激励人们,惯于由上而下地传达信息、命令,把决策权集中于最高层。这种领导模式权力集中在最高一级,下属无任何发言权。管理者对下属缺乏信任。决策与组织的目标设置一般都由管理层做出,下属只是执行一系列命令,他们无权参与决策。领导者以命令的方式,甚至以威胁及强制方式进行领导。上下级之间缺乏有效的沟通,彼此之间缺乏信任。下级成员一般被恐惧和不信任所笼罩,缺乏安全感,甚至生理上、安全上的需要亦难以获得满足。组织中的非正式群体通常对正式组织的目标持反对态度。

2) 温和独裁式

这类领导方式是"仁慈的命令式"。采用这种方法的领导人对下属不摆架子,以这种方式来表示对他们的信任;以奖赏为主,但兼带恐吓处罚的办法激励下级;允许下级反映一些意见和要求;允许把某些决策权授予下属,但加以严格的政策控制。这种领导方式权力虽然控制在最高一层,但中下层亦获部分授权。管理者与其下属之间有一种类似"主仆般"的信任,态度较为谦和。尽管决策仍是由高层管理人员制定,但下级在一定程度上也能参与。在这种领导模式下,下属仍有恐惧警戒心理,上下级之间的交往是在一种地位并不平等的氛围下进行的,下级缺乏工作主动性。在这样的组织中,非正式群体虽然也可能反对正式的目标,但有时也可能采取支持的态度。

3) 协商式

这类领导方式是"商议的方式"。采用这种方法的主管人员对下属有相当程度但并不完全的信任;采用酌情接受下属意见、赏罚并用的管理方式。用以赏为主以及让职工参与管理等方式来激励下属;既使上情下达,又注意听取下级意见和建议;由上级主管部门制定主要政策和原则性决策,而由较低一级的部门去做出具体的决定,并采用其他一些方式商量着办事。这种模式下,重要问题的决定权仍在最高一级,次要问题由中下层做出决定。领导者对下属有相当程度的信任。采用奖惩激励办法,也实行让职工某种程度地参与制订计划。组织中的非正式群体有时对正式组织的目标表示支持,但也有可能做出轻微的对抗。

4) 参与式

这类领导方式是"集体性参与方式"。利克特认为这种方式最富于参与性。采用这种方法的领导人对下属在各个方面都完全赋予信赖,总是听取下属的想法和意见,而且酌情采用;让下级参与组织目标的制定和评价工作,并给予物质奖赏;既注意使上下级之间的信息来回畅通,又注意使同级人员之间的信息畅通,鼓励各级组织去做出决定,或者上下结合共同决定。领导者完全信任下属,地位上双方平等。出现矛盾与问题时双方互相民主协商讨论,决策是以各部门广泛参加的形式进行的,但最后的决策是由最高领导做出。在沟通方面,不仅有上下之间的双向沟通,还有平行沟通,信息在组织间的流动比较畅通。在激励方面,让员工参与关于报酬制定、目标设置、方法改进、目标评估等整个活动过程。

利克特认为,第一种类型是传统的领导方式。第二、第三种类型虽然同第一种类型有程度上的差别,但并没有本质上的不同,它们都是属于命令式和权力主义的,可统称为权力主义的领导方式。而第四种则属于参与型领导方式。利克特从其大量的调查研究数据中得出以下结论。

(1) 一个企业的领导方式愈是民主、合理,职工参与管理的程度愈高,则生产率愈高;愈是专权、不合理、采用权力主义的程度愈高,则生产率愈低。

(2) 实行参与式管理从事经营活动的主管人员,一般都是极有成就的领导者。

(3) 实行参与式领导的企业在制定目标和评价目标方面的工作往往富有成效。

总之,利克特认为,只有第四类领导方式,即参与式领导方式才是最有效的。而他把取得这些成效的原因归于这种领导方式贯彻了领导者同被领导者之间以及被领导者之间实行了相互支持的原则。

3.2.3　权变论阶段的主要流派

随着领导特质理论与领导行为理论研究的进一步深入,越来越多的研究者们开始产生疑问,某一具体的领导方式是否会在所有情况下都产生同样的领导效果? 为什么在不同的环境条件下,相同的领导行为会产生截然不同的领导效果。于是,对在不同环境条件下应该采取什么样的领导行为模式的研究应运而生,相应地产生了领导权变理论。权变论阶段的主要理论流派有: 菲德勒的领导权变模式理论、豪斯(R. J. House)的路径—目标领导理论、弗雷姆(V. H. Vroom)和耶顿(P. W. Yetton)的领导者—参与模型、坦南鲍姆(R. Tannebaum)和施米特(W. H. Schmid)的领导连续统一体模型、雷定(W. J. Reddin)的三因素领导理论以及菲德勒与其同事构建的认知资源理论等。

1. 菲德勒的领导权变模式理论

菲德勒提出的"有效领导的权变模式"认为,有效的群体绩效取决于以下两个因素的合理匹配:与下属相互作用的领导者的风格;领导环境对领导者提供的控制和影响结果的程度。在此基础上,菲德勒认为领导者与成员之间的关系、任务结构和职位权力是影响领导效果好坏的三个关键情景因素,以下分别对这三个关键情景因素具体说明。

1) 领导者与被领导者的关系

领导者与职工的关系是最重要的环境因素。它直接影响领导者对下属的影响力和吸引力,反映下属对领导者的信任、喜爱、忠诚和愿意追随的程度。受欢迎的领导在指挥过程中并不需要炫耀身居高位和大权在握,下属都自愿追随他并执行他的命令。衡量领导者与职工之间的关系可以使用"社会心理研究提名"法,即要求群体成员提出群体中最有影响、最有威信的人的名字。也可以用群体中的民主气氛衡量这种关系。这主要是指领导者对其下属的信任、依赖和尊重的程度以及吸引力,以及下属对其领导人的信任、喜爱、忠诚和愿意追随的程度。

2) 工作任务结构

工作任务的结构是第二个重要的环境因素。它主要指下属工作程序化、明确化的程度和工作任务的程序化、明确化的程度。如果工作的目标、方法、步骤都很清楚,那么领导者就可以下达具体的指令,下属的任务只是执行。相反,则无论领导还是下属都不清楚应该做什么和怎样做。结构清楚明确的工作任务对于专制的领导者是有利的,因为他可以很容易地下达程序化的工作指令,并可以按步骤分别检查各阶段工作的成绩。工作任务含混,领导者的控制力就很弱,而这恰好为群体提供了轻松气氛,有利于创造力的发挥。在一般情况下,领导群体完成一个结构化的任务比完成一个非结构化的任务要容易些。

3) 职位权力

领导者所处的地位(职位)的固有权力是最后一个环境因素。它是指与领导职位相关的正式权力,即领导人从上级和整个组织各方面所取得支持的程度,如他是否有雇用和解雇职工的权力以及提升下属的权力。领导者职位权力不是来自他个人(如能力,水平)的权力。职位权力较强的领导者指挥起来更得心应手。这是与领导者相关联的职权以及领导人同上级和整个组织各方面所取得的支持的程度。职权是由领导者对其下属的实有权力所决定的(包括聘用、解雇、指导、晋升、加薪等)。

菲德勒认为,三个环境因素中最重要的是领导者与职工的关系,最不重要的是职位权力。比如在一个结构化的工作群体中,一个低职位的人可以顺利地领导那些比他职位高的人,就像一个低级军官可以指挥刚刚入伍的高级军医接受一些基本军事训练一样。相反,一个资深却不受欢迎的经理主持政策讲座会往往就很吃力。

菲德勒根据以上三种因素对领导者所处的环境从最有利到最不利,共可分成八种类型

(见表 3-3),其中领导者与职工关系好、工作任务的结构化程度高、职权强的环境是对领导者最有利的环境,而三者都缺的是最不利的环境。无论在什么样的环境下,领导者都可以采取与环境类型相适应的领导方式,以便获得有效的领导。

(1) 在不同的环境下,各种领导方式的领导效率也不同。在对领导者的有利性为中间状态时,以人际关系为中心的领导方式的领导效率较高;在对领导者非常有利或非常不利的环境中,则以工作为中心的领导方式的效率较高。因此,不能说某一种领导方式就是绝对地好或不好,而只能说,一种领导方式在某种环境中效率高而换一种环境它就不一定效率高。

(2) 领导效率的高低取决于两方面因素:对领导者是否有利的环境以及个人所采取的领导方式。所以,要提高领导效率,可以通过两种途径:一种是改变领导者的领导方式,以适应特定的领导环境;另一种是改变领导环境,如改善上下级关系、健全责任制等方法,以适应领导人较习惯了的领导方式。而这些正是领导方式训练的目的所在。菲德勒在对1 200个团体进行调查分析的基础上,证明了在最不利和最有利两种情况下,采用以"任务为中心"的指令型领导方式,效果较好;而对处于中间状态的环境,则采用"以人为中心"的宽容型领导方式,效果较好,例如在工作任务有严格明确的规定,但领导者却不受欢迎的情况下,采取"以人为中心"的领导方式可以获得好的成效。

表 3-3 领导环境与领导方式关系表

对领导的有利性	有 利			中 间 状 态				不 利
情 景 类 型	1	2	3	4	5	6	7	8
领导者与下属的相互关系	好	好	好	好	差	差	差	差
工作任务结构	明确	明确	不明确	不明确	明确	明确	不明确	不明确
职位权力	强	弱	强	弱	强	弱	强	弱
与生产率有关的领导方式	指 令 型			宽 容 型		宽容型	指令型	指令型

按照菲德勒的模式,提高领导的有效性,可通过上文提到的两种途径,即或者改变领导者的领导方式,或者改变领导所处的环境。这种改变包括改善领导者与被领导者的关系、工作任务结构和职位权力。菲德勒认为,最高领导人应当学会分析和识别工作环境,然后便可以将部门经理和下层经理分配到适合他的风格的环境里去工作。每种具体环境需要什么样的领导风格,取决于环境对领导者的有利程度,而这种有利程度又由若干环境因素决定。如领导者与职工的关系,群体成员的经历是否明确,领导对下属是否了解等。显然,改变这些环境因素要比调换下级经理和改变他们的作风容易得多。

2. 路径—目标理论

路径—目标理论是近年来在国内外颇受重视的比较新的领导理论,它是在激励期望理论基础上由加拿大多伦多大学戴文斯教授于 1968 年首先提出的,其后,由他的同事豪斯加以扩充和发展,最后形成的一种领导权变模型。这种理论是以期望理论和管理四分图理论作为依据。它的核心在于,领导者的工作是帮助下属达到他们的目标,并提供必要的指导和支持以确保他们各自的目标与群体的总体目标相一致。"路径—目标"的概念来自于这种信念,即有效的领导者通过明确指明实现工作目标的途径来帮助下属,并为下属清理路途中的各种路障和危险,从而使下属的这一"旅行"更顺利。

路径—目标理论认为,领导者的工作是利用结构、支持和报酬,建立有助于员工实现组织目标的工作环境。这里涉及两个因素和建立目标方向:改善通向目标的路径,以保证实现目标。其内容包括以下五个方面。

1) 领导过程

路径—目标的领导过程如下:领导者确认员工的需要,提供合适的目标以后,通过明确期望与工具的关系,将目标实现与报酬联系起来,消除绩效的障碍,并且给予员工一定的指导。该过程的期望结果包括工作满意、认可领导者和更强的动机。这些将在有效的绩效和目标实现中得以反映。领导过程如下:确认需要→建立目标→报酬与目标的联系→支持与帮助→员工接受领导→绩效与满足→双方目标的达成。

2) 目标设置

目标在路径—目标过程中扮演着重要的角色。目标设置是取得成功绩效的标的,包括短期的和长期的。它可以用来检测个体和群体完成绩效标准的情况。目标设置的基本假定是人类行为是以目标为导向的。群体成员需要感觉到他们的目标是有价值的,并且可以在现有资源的领导条件下达到该目标,如果缺乏对目标的共识,则难以产生方向性和激励性的效果。

3) 路径改善

目标设置的步骤代表了路径—目标领导过程的一半。领导者在决定顺利实现目标之前,还需了解一些权变因素和可供选择的领导方案,特别是必须权衡确定对两类支持的需要。领导者可以分为任务支持型和心理支持型两大类。任务支持是指有助于员工组合资源、预算、权力以及其他有助于完成任务的因素。同样重要的是,领导者还可以消除有碍员工绩效的环境限制,表现出向上的影响,并且对有效的努力和绩效及时提供认可。当然,员工也需要心理支持。领导者必须刺激员工乐于从事工作。

4) 领导方式

按照路径—目标理论,领导者的行为被下属接受的程度取决于下属是将这种行为视为获得满足的即时源泉还是作为未来获得满足的手段。领导者行为的激励作用在于,它使下属的需要满足与有效的工作绩效联系在一起,另外,它提供了有效的工作绩效所必需的辅导、指导、支持和奖励。为此,豪斯提出了四种领导方式。

(1) 指导型领导方式。指的是一些领导人让职工了解自己对他们的期望,对职工的工作提出具体的指导性意见、明确岗位责任、安排工作进度、坚持固定的劳动标准、要求职工严格遵守企业的规章制度等等。这些领导人事无巨细,事必躬亲。领导者关注明确的任务安排、成功绩效的标准和工作程序,让下属知道他们期望的是什么,以及完成工作的时间安排,并对如何完成任务进行具体指导,这种领导类型与俄亥俄州立大学的结构维度十分相似。

(2)支持型领导方式。指的是另一种领导人,他们和蔼可亲,平易近人,了解职工的疾苦,关心职工的生活和幸福,理解职工的需要。这些领导人经常通过一些小事情使职工觉得工作很愉快。他们总是平等对待职工,在努力建立舒适的工作环境的同时,表现出对职工健康和需要的关心。领导者十分友善,并表现出对下属需求的关怀,这种领导类型与俄亥俄州立大学的关怀维度十分相似。

(3)参与型领导方式。指的是那些领导人,他们在做出重大决定之前,习惯于走群众路线,征求职工的意见,同大家商量,认真对待和研究职工的建议与要求,使在岗职工产生主人翁感。领导者邀请职工提供有关决策的输入,并且在最终决策中使用他们的建议。即领导者与下属共同磋商,并在决策之前充分考虑下属的建议。

(4)成就取向型领导方式。指的是另一种领导人,他们善于提出富有挑战性的目标,诱导职工最大限度地发挥自己的才能,不断提高工作的完善程度,并对职工表现出一种极大的信任感,相信职工能负起责任、做出努力、达成目标。这一类领导人始终强调不断探索工作的高标准,善于激励职工的自豪感和责任心。领导者为职工设立较高的期望,职工在实现挑战性目标时,与职工对能力的自信进行沟通并且努力塑造意愿行为,即领导者设置有挑战性的目标,并期望下属发挥自己的最佳水平。

5)权变因素

路径—目标理论提出了两类情境或权变变量作为领导行为与结果之间关系的中间变量,它们是下属控制范围之外的环境(任务结构,正式权力系统以及工作群体),以及下属个性特点中的一部分(控制点、经验和感知到的能力)。要想使下属的产出最多,环境因素决定了作为补充所表示的领导类型,而下属的个性特点决定了对环境和领导者行为做出何种解释。在工作环境中,领导者必须确认职工的任务是否已经结构化了,正式权力系统是否满足了职工的社会需要。路径—目标理论证明,当领导者弥补了职工和工作环境的不足,就会对职工的绩效和满意度起到积极作用。

3. 领导者—参与模型

1973 年弗雷姆和耶顿提出了领导者—参与模型,该模型将领导行为与参与决策联系在一起。由于常规活动和非常规活动对任务结构的要求各不相同,因此领导者的行为必须加以调整以适应这些任务结构。弗雷姆和耶顿提出了以下三种参与决策的方法。

1)五种程度不同的参与决策方式

(1)独裁专制型领导方式之一。领导者运用手头现有资料,自行解决问题,做出决策。

（2）独裁专制型领导方式之二。领导者向下级取得必要的资料，然后自行决定解决问题的方法。向下级索要资料时，可以说明情况，也可以不说明。在决策过程中，下级只向领导提供必要的资料，并不提供或评价解决问题的方案。

（3）协商型领导方式之一。以个别接触的方式让有关下属知道问题，听取他的意见或建议，随后由领导者做出决策，决策可以反映下属的意见，也可以不反映。

（4）协商型领导方式之二。让下属集体了解问题，并听取集体提出的意见和建议，随后由领导者做出决策，决策可以反映下属的意见，也可以不反映。

（5）群众决策型领导方式。让下属集体了解问题，并且与领导者共同提出和评价选择的决策方案，努力就决策方案的选择取得一致。讨论过程中，领导者仅作为组织者而不用自己的思想去影响群体，并愿意接受和落实任何一个集体支持的方案。

2）对情境的诊断

即对待解决问题的诊断，选择参与决策的方法应以具体情境为依据。根据弗雷姆和耶顿的观点，对情境的诊断必须注意以下几个方面。

（1）决策质量的重要性；

（2）领导者拥有信息的充分程度和做出高质量决策所能掌握资料和技能的程度；

（3）问题的明确程度；

（4）下属接受决策对贯彻执行决策的关系大小程度；

（5）领导者的独裁为下属接受的可能性；

（6）下属对叙述的问题中所明确的组织目标所表现的积极程度；

（7）下属间对将提出的解决方案可能发生矛盾的程度。

3）七条选择规则

（1）信息规则；

（2）目标一致规则；

（3）"不明确问题"规则；

（4）接受规则；

（5）冲突规则；

（6）公平规则；

（7）接受优先规则。

4. 坦南鲍姆和施米特的领导连续统一体模型

坦南鲍姆和施米特提出领导连续统一体理论，他们设计了领导连续统一体模型（如图3-3所示），按照领导者运用职权的程度和下属享有自主权的程度把领导模型看作一个连续变化的分布带，以高度专权、严密控制为左端，以高度放手、间接控制为右端。当然，这两个极端也都不是绝对的，二者都有一定的限度。即使专权的领导，也不能不让下属保持一点自由度。

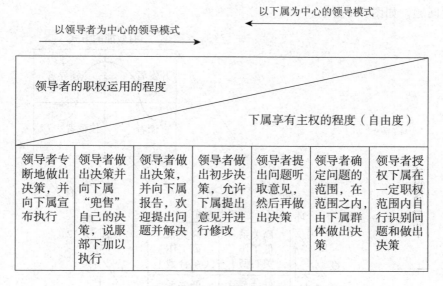

图 3-3　领导连续统一体模型

坦南鲍姆认为,管理人员选择领导方式,取决于三方面的因素:一是管理人员本身的因素,如管理人员的价值观念的思想体系、对下属的信任、性格癖好和在不确定环境中的安全感;二是下属方面的因素,如下属的期望;三是环境的因素,如组织的类型、问题的性质和时间的压力。在已知这些因素的情况下,就可以沿着一条从"以领导为中心"到"以下属为中心"的连续流,来仔细观察领导行为。

从"以领导为中心"开始向"以下属为中心"连续观察,我们能看到如下各种领导方式。

(1)管理人员做出决策并予以宣布;

(2)管理人员"说服别人接受"决策;

(3)管理人员提出设想,欢迎提问;

(4)管理人员提出可以改动的暂定决策;

(5)管理人员提出问题;

(6)管理人员规定范围,请求集体做出决策;

(7)管理人员允许集体在规定范围内做出决策。

5. 雷定的三因素领导理论

三因素领导者效能模式是雷定在"领导行为四分图"与"管理方格图"的基础上,于1967年提出的一种领导效能模式。其基本点是:各种不同的领导方式的有效或无效,是由环境决定的。当领导方式适应于某一情景时,它是有效的,反之无效。在此模式中,效能以一连续直线表示,在某一特定情况下,任何领导方式都可能落在这条线的某一点上。因此效能是一种程度问题。如图 3-4 所示。

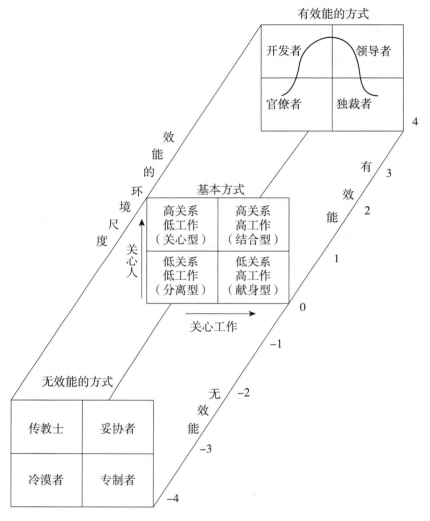

图 3-4　三度空间领导效能模式图

　　图 3-4 表示了四种基本领导型态：①"献身工作型"，领导对工作关心程度高而对人的关心不够；②"结合型"，对人和工作都很关心；③"关心型"，对下属关心程度高而对工作关心不够；④"分离型"，对工作、下属均关心不足。

　　如果领导行为能适应环境，就能有效地进行领导，如图上方格所示。这时对应的基本领导型态变为：①"仁慈独裁型"，对工作十分自信，指挥命令，说服别人，达到自己的目的并设法避免下属不满；②"领导型"，对工作和下属皆关心，善于承认每个人不同的情况，兼顾各方面利益,从而做出决策;③"开发型",善于努力开发下属才智,满足下属的要求,寄予信任;④"官僚型",对工作和下属皆不关心,但按照章程办事。

图中下面方格表示无效能领导方式,此时的领导型态有:①"专制型",对下属不关心,用压制手段进行工作;②"妥协型",虽然对下属、工作均关心,但偏重眼前利益,妥协迁就,决策不当;③"传教士型",单纯注重人际关系;④"冷漠型",对人事皆不关心,处事效率低下。

此模式给我们的启示是:没有适用于一切情况的理想领导方式,成功的领导者在于改变其领导方式去适应环境,影响环境,取得成绩和效果。

6. 认知资源理论

认知资源理论是由菲德勒和他的同事构建起来的,该理论是在菲德勒本人的权变理论基础上提出的,它解释了当考虑人们的压力水平时,一个领导者的智力和经验是如何影响绩效的。认知资源理论的总体要点在于压力在决定领导者的智力与团队绩效间的关系中起关键作用。

认知资源理论考虑两个领导者特征:领导者智力与经验。智力被定义为一种可以用标准智力测验进行检测的全部能力;经验包括,已经学到的行为模式和在执行各种任务的过程中获取的技能。这两种领导者特征依据压力的程度,对领导者绩效和群体绩效产生不同的影响,菲德勒把这种压力定义为人际关系冲突和对绩效的关注。如果领导高度关注绩效或面临着与上司之间的人际关系冲突,他们可能正经受着一定的压力。其他的压力情境包括组织正处于一种变革或剧变期,比如正处于一种兼并或重组期等等。

认知资源论认为领导者智力、经验和情境压力都是重要的,该理论提出了如下假设。

首先,领导者属于指导型,在群体执行一个复杂任务时,领导智力与群体绩效显著相关;

其次,如果处于一种无压力的情境,领导的智力是一种"资产",而处于一种高压环境时,智力可能发生转移或对群体绩效不产生影响;

再次,在一种高压环境下,领导的经验与绩效呈现正面关系,而在一个没有压力的环境中却不是这样。

在面对一种高压环境时,有经验的领导者可能凭借他们已拥有的可靠方法,因而可以帮助群体提高绩效;然而同样一个经验丰富的领导者,在一个没有压力的环境中可能对经验有太多的依赖,但在一个压力较小的环境中,对领导有用的是智力而非经验。菲德勒认为:"智力和经验之间表现的是一种相互作用的关系。"

认知资源论是一种相对较新的理论,其用处在于,它强调了智力、经验和压力如何影响领导者和团队的绩效。然而,这个理论也忽视了在低压力和高压力情境中有经验的且高智力领导的结合作用。事实上,同时拥有智力和经验的领导者会在大多数情境中表现最好。

3.3 领导理论与领导哲学

3.3.1 关于领导哲学的不同理解

领导哲学是同领导理论关系密切的概念。关于领导哲学的内涵,不同学派的学者从不同的角度出发,对其有着不同的理解。

1. 心理学的理解

这种理解主要表现为从心理学的角度来说明领导哲学,或者通过心理学方式显现其哲学色彩。这种理解方式,可以美国心理学家马斯洛于 1943 年发表的《人类动机的理论》中提出的"需要层次论"为代表。该理论认为,需要是人类内在的、天生的、下意识存在的,而且是按先后顺序发展的,满足了的需要不再是激励因素等。马斯洛把在领导中影响人们行为的需要划分为从低到高的五个层次:①生理需要,包括衣、食、住、行等个人生存的基本需要;②安全需要,包括心理上和物质上的各种保障安全的需要;③社交需要,包括友谊、同情、互助和赞许以及群体的归属感等;④尊重需要,包括受到别人尊重的需要和自尊心满足的需要;⑤自我实现需要,指通过自己的努力,实现对生活的期望,感到生活和工作的意义。这种从低到高的需要对人们行为的影响存在着这样的机制,即当某一级的需要得到最低限度的满足后,人们才会追求高一级的需要,如此递进,成为推动人们在领导中继续努力的内在动力。但是,现实生活中,人们对于马斯洛的需要层次理论有着许多争议。奥尔德弗于 1969年发表的《人类需要新理论的经验测试》中,对于马斯洛的观点提出了修正。奥尔德弗的需要理论认为,需要不完全是天生的;需要不只是体现为"满足—上升"的,也可能是"挫折—倒退"的;需要的"级序"不一定是十分严格的,而是可以"越级"的,或同时有一个以上的需要。总而言之,无论是马斯洛还是奥尔德弗,都侧重从心理学的角度提出了领导哲学的观点。

2. 社会学的理解

这种理解主要表现为从社会学的角度来说明领导哲学,或者通过社会学方式显现其哲学色彩。这种理解方式,可以美国社会心理学家麦格雷戈于 1957 年发表的《企业的人性方面》中第一次提出领导的"X 理论—Y 理论的假设"为代表。他的理论围绕"人的本性"来论述人类行为规律及其对领导的影响,因而具有哲学的色彩。麦格雷戈认为,传统的领导理论所以对人的行为存在着许多不合适的地方,根本的原因在于对人的看法不正确,对人的本性做了错误的假设。这种传统领导理论赖以建立的错误假设,被他称之为"X 理论",这个理论以下列的人性假设为基本前提:人类倾向怠惰而不愿多做工作;人类缺乏雄心,遇事总想依赖他人而不想承担责任;人类喜欢以自我为中心而忽视组织目标;人类习惯于抵抗改变而倾向保守;人类易受欺骗,常有盲从举动。于是,"为适合时代需要",他提出领导哲学的新观念,即著名的"Y 理论",其内容如下。

(1) 领导者应有效地协调生产因素,如人工、财物与设备等,以达成组织的目标。

(2) 人类天性并不对组织的目标产生抵制,时常由于组织或领导的逼迫使然。

(3) 人们愿意工作并有承担责任的能力,同时还会为组织目标而努力,领导者应充分发挥个人自动自发精神,而避免过度强迫人们行为。

(4) 领导者的最大责任,在于如何协调良好的组织,并利用有效的方法,以使人们在为组织目标而努力的同时也能获取的个人需要满足。如日裔领导学学者威廉·大内提出的"Z 理论",美国莫尔斯和洛希提出的"超 Y 理论"等,也侧重从社会学的角度对领导哲学提出了不同的理解。

3. 价值观的理解

这种理解主要表现为从领导对人们的价值关系的角度来说明领导哲学,或者通过价值观念显现其哲学色彩。这种理解方式可以哈佛管理丛书《企业管理百科全书》对"管理哲学"所下的定义及有关评述为代表。该书给领导哲学下的定义是:所谓"管理哲学",是指事业最高主管为人处世之基本信仰、观念及价值偏好等。该书对领导哲学还做了进一步阐述:从广义抽象层面来说,它是激发企业家的"信仰"、"观念"、"原则"、"价值"的动力;就狭义实务层面来说,它是选择行为典型的成本,促进效益评估的决策体系。在领导行为上,哲学的基础决定着人的行为趋向。……哲学是科学之母,领导哲学与企业经营的因果关系,就像火车头与火车厢一样,前者在企业经营中所占的比例虽不多,却是推动这列火车前进的动力,后者虽是整个中心,却要由一般动力来推动或牵引。领导哲学自有人类社会组织的最早时期便已开始,积数千年的经验和教训,加之各民族文化的交流,互相观摩学习,检讨改进,逐次化为行动。时至今日,人们从实际的经验中体验到改进企业经营绩效的途径,高阶层应有领导哲学素养,中阶层应研究领导科学的方法,低阶层应具备企业经营技术,使知识传播积累所形成的领导哲学,并最终成为企业高层的决策。这些阐述的科学性如何,另当别论,但这种概念,的确发现了领导哲学活动的重要意义,从价值观的角度比较完整地提出了对领导哲学的理解。

此外,西方领导哲学界对于领导哲学概念还有行为方式的理解、文化背景与历史传统的理解、系统观点与技术学的理解等。

上述关于领导哲学的各种理解,都从不同角度和一定程度上提出了领导中的哲学问题,意识到现代领导活动和现代领导理论的发展必须有哲学的帮助,实现哲学的升华,其中不少观点还具有科学价值。这一切,对于我们探讨领导哲学的基本范畴和理论体系,不仅具有一定的可取性,而且在许多方面还具有重要的启发性。但是,从根本上来看,上述各种理解毕竟还只是关于领导哲学的一些片断的、零星的观念,散见于各派现代领导理论的著作之中,并没有形成完整的、相对独立的领导哲学的理论体系;不仅众说纷纭、歧义丛生、零碎不成系统,往往只捕捉到一些现象而没有真正揭示事物的本质,而且一般都缺乏宏观的考察,不能从领导活动和领导理论发展的全部总和、整个过程科学地揭示现代领导的本质和规律。这一切,则是上述各种理解所固有的局限性。

3.3.2 领导哲学与领导价值

既然领导贯穿于管理—经营的全部过程,并且最具特色的管理行动是决策,那么由此得出的结论是:现实的领导哲学必须研究价值问题。换言之,人类行为的情感力量与情感的无处不在表明,哲学家使得领导哲学的价值部分优先于其他的领导哲学部分。这就是要区分在管理与组织理论讨论中使用的概念(它们本身是评价的),如果用这种方法能够阐明和排列好这些概念的话,那就可以使它们和产生可试验的、预言假设的模型结合起来。用这种方法,哲学能够推动理论的发展,但是在领导实践中,掌握价值逻辑或许可以填补目前的实证科学与空洞理论所留下的空白的情感分析,甚至更为重要。

对领导活动进行价值思考的基本支点在于价值并不存在于世界之中。价值完全是主观的、现象的东西,是内在的和个人体验的事实,最终只受个人头脑的影响,甚至是更深层次的神秘的意识以及思维——大脑的相互作用的影响。现实的世界是既定的,价值的世界是人造的。于是,领导或管理的艺术性、神秘性也许是因为价值的创造力对事实的紧张状态的克服而形成的。领导作为最古老的社会活动之一,尽管在其诞生之初被赋予了过多的神秘主义的内容,但是领导活动的绵延和凸显,却在不断地证明着这样一种信条:领导是依靠价值的力量为人们创造理想并使之付诸现实的高尚活动。正是因为领导活动中包含着价值的显现和理想的光芒,才使领导哲学成为领导学的根基和领导者的生命所在。

领导是存在于所有组织的一种社会现象,换言之,领导渗透于各个等级之中,就像人们不可能逃脱管理—经营过程一样,并且在现实生活中,领导与管理往往交织在一起,共同构成了组织动作和组织发展的发动力量。因此,领导可以被理解为一种借助于集体组织行动以显现一种崇高价值的行动。

　　领导学自第二次世界大战结束以来,获得了长足的发展。在这一过程中,人们对领导学的研究主要是在心理学的指导下进行,我们可以将此称为领导学的心理学化。因此,我们与其说领导理论是哲学的一个分支,还不如说是心理学的一个分支。关于领导现象的理论将蒙在领导者身上的那层神秘的面纱剥掉了,它被世俗化、经验化、民主化和心理化了。但是,一个不容否认的问题是,领导技术逐渐替代了领导哲学,贯穿于领导活动之中的价值观念、伦理观念和道德观念逐渐游离于人们的研究视野之外,甚至被视为是与领导活动毫不相干的东西。领导特质理论在其后期逐渐发生了实证化转向,领导行为理论和领导权变理论都在借助一种实证主义的研究方法,对领导活动进行科学化的解读。尤其是菲德勒的领导权变模型,代表着对领导活动进行技术化研究的尝试。但是,领导哲学不仅要求组织行为逻辑和技术,而且还要求把握领导精神影响力。

　　领导哲学的精髓可以很简洁地表达出来。哲学在它植根于人的价值之中并且改变人的生活之前,只不过是一些写在纸上的符号或空气中的振动。正是由于独一无二的领导奇迹,一个人生活中的变化才具有改变他人生活的潜力,这种力量是惊人的。领导哲学的核心就在于,必须把价值问题置于首要地位。对价值的研究可以弥补实证研究中的情感分析。情感、动机、态度、信仰、价值、伦理、道德、意志、偏爱、规范、期待、责任——这些都是领导哲学本身所关心的,对于学者们的研究是首要的,因为领导的真实性质就是实践哲学的真实性质,也就是行动哲学。在这种意义上说,领导实质上就是一种评价。逻辑也许确定了价值领域的界限以及价值行动领域内的参数,但是价值现象决定了这个领域中所发生的事。它们的确是行动领域的基本要素,所有这些要素意味着领导者的任务基本上是个性化和价值化的。如果不是这样的话,那么领导行为就可能常规化并最终程序化。由于领导是显现一种价值的实践,一种个性化的活动,一种意在赢得积极评价的活动,所以领导活动从本质上来说,不可能程序化、常规化,它以不同于自然科学的方式,展现着一种包含智慧和价值的创造性活动。领导哲学不仅为领导者本人提供了价值的支撑,而且还为一个组织、一个国家缔造一种传统,成为组织和国家陷入危机时的拯救力量。当一名士兵与同伴失去联系的时候,当人们对某一领导者产生怀疑而使组织陷于瘫痪的时候,当一个组织或一个国家迷失方向的时候,领导哲学所缔造的传统,就成为最为深厚的拯救力量,人们恰恰是在这一哲学中获取智慧发展的勇气。由此,一个没有领导哲学的领导者不过是附在体制上的机器零件,他除了履行既定的规则和命令之外,不可能为一个组织或一个国家提供变革的力量。当领导学突破了传统领导特质的理论框架,一个极其重要的信条便得以形成——既然任何人对于哲学都具有不可剥夺的天赋权利,那么人人都可以领导。

3.3.3 领导哲学和领导理论

领导哲学要关注领导理论，而且必须不断地、全神贯注地做到这一点。但是仅仅做到这样还是不够。很明显，领导哲学要求坚持某种对于组织行为的逻辑与技术的一定程度上的理解和掌握，更为重要的是相应地掌握作为实践基础和管理哲学基础的价值逻辑。不仅如此，领导者怎样才能达到完成日常工作的目标呢？领导者怎样才能处理好事务？作为一个领导者和一个行动者，在我们这个时代意味着什么？这些问题已超出了理论的范围，在这里就不予讨论。

■ 本章小结

1. 领导理论最早在西方形成。其研究主要经历了领导特质理论、领导行为理论和领导权变理论三个阶段。

2. 领导特质理论是从不同的领导者在领导活动中显现出不同的特质出发，希望通过对领导者的特质研究，总结出有规律的并具有普遍性的领导者一般性特征。但该理论在解释领导行为方面尚存不足。在领导特质理论中具有代表性的理论流派有：美国德鲁克（P. F. Drucker）的"五项主要习惯"，韦伯首次提出的人格要素模型，法国亨利·法约尔提出的大企业高级领导应具备的素质以及日本企业界提出的领导应具备的十项品德和十项能力等。

3. 领导行为理论是通过对领导行为的研究，找出领导行为与领导效能之间的关系的理论。其中较有代表性的理论流派有：麦格雷戈（Mcgregor）提出的"X理论"和"Y理论"；威廉·大内提出的"Z理论"；斯托格尔和沙特尔的"二元理论"；勒温提出的领导作风理论；由布莱克（Robert R. Blake）和穆顿（Jane S. Mouton）提出的"管理方格理论"，由美国密西根大学的利克特（Rensis Likert）及其同事们提出的"支持关系理论"等。

4. 领导权变理论是研究领导者在不同的环境中如何选择相应的领导方式以达成较高的领导效能的理论。其中具有代表性的理论流派有菲德勒的领导理论，豪斯（R. J. House）的路径—目标领导理论，弗雷姆（V. H. Vroom）和耶顿（P. W. Yetton）的领导者—参与模型，坦南鲍姆（R. Tannebaum）和施米特（W. H. Schmid）的领导连续统一体模型，雷定（W. J. Reddin）的三因素领导理论以及菲德勒的认知资源理论等。

5. 领导哲学与领导活动关系密切。现实的领导哲学必须研究价值问题，因为领导活动是依靠价值的力量为人们创造理想并使之付诸现实的高尚活动。

■ 思考题

1. 领导理论经历了哪三个发展阶段？每个阶段的主要理论流派及基本观点有哪些？

2. 列举两位你所钦佩的领导人或者政治领袖，并运用领导连续统一体模型来辨析他们的领导风格。

3. 怎样理解领导哲学的基本内涵？

■ 网上冲浪

1. **个性品质** 访问清华经管职业经理俱乐部 www.winjing.net，并阅读相关文章，看看领导者——企业家都应该具备哪些个性品质。

2. **权变理论** 访问网站 http://www.em-cn.com/Article/200702/115508.html，了解一下菲德勒权变理论的来历，看看该理论的具体核心内容，并通过以下网站了解权变理论在我国的应用，比较一下二者在哪些方面存在不同和相似的思想。

http://www.winjing.net/Management_Practise/list.asp?id=353

■ 案例分析

纳什博弈论的原理与应用

1950 年和 1951 年纳什的两篇关于非合作博弈论的重要论文，彻底改变了人们对竞争和市场的看法。他证明了非合作博弈及其均衡解，并证明了均衡解的存在性，即著名的纳什均衡，从而揭示了博弈均衡与经济均衡的内在联系。纳什的研究奠定了现代非合作博弈论的基石，后来的博弈论研究基本上都是沿着这条主线展开的。然而，纳什天才的发现却遭到冯·诺依曼的断然否定，在此之前他还受到爱因斯坦的冷遇。但是骨子里挑战权威、藐视权威的本性，使纳什坚持了自己的观点，终成一代大师。要不是因为 30 多年的严重精神病的折磨，恐怕他早已站在诺贝尔奖的领奖台上了。

纳什是一个非常天才的数学家，他的主要贡献是 1950—1951 年在普林斯顿读博士学位时做出的。然而，他的天才发现——非合作博弈的均衡，即"纳什均衡"的研究并不是一帆风顺的。

纳什于 1948 年到普林斯顿大学读数学系博士，那一年他还不到 20 岁。当时普林斯顿大学可谓人杰地灵，大师如云。爱因斯坦、冯·诺依曼、列夫谢茨（数学系主任）、阿尔伯特·

塔克、阿伦佐·切奇、哈罗德·库恩、诺尔曼·斯蒂恩罗德、埃尔夫·福克斯……全都在这里。博弈论主要是由冯·诺依曼(1903—1957)创立的。他是一位出生于匈牙利的天才的数学家。他不仅创立了经济博弈论,而且发明了计算机。早在20世纪初,塞梅鲁(Zermelo)、鲍罗(Borel)和冯·诺依曼就开始研究博弈的准确的数学表达,直到1939年,冯·诺依曼遇到经济学家奥斯卡·摩根斯特恩(Oskar Morgenstern),并与其合作才使博弈论进入经济学的广阔领域。

1944年他与奥斯卡·摩根斯特恩合著的巨作《博弈论与经济行为》出版,标志着现代系统博弈理论的初步形成。提出对具有博弈性质的问题的研究可以追溯到19世纪甚至更早。例如,1838年古诺(Cournot)简单双寡头垄断博弈,1883年伯特兰和1925年艾奇沃奇思研究了两个寡头的产量与价格垄断,两千多年前中国著名军事家孙武的后代孙膑利用博弈论方法帮助田忌赛马取胜等都属于早期博弈论的萌芽,其特点是零星的,片断的研究,带有很大的偶然性,不够系统。冯·诺依曼和摩根斯特恩在《博弈论与经济行为》一书中提出的标准型、扩展型和合作型博弈模型解的概念和分析方法,奠定了这门学科的理论基础。合作型博弈在20世纪50年代达到了巅峰期。然而,诺依曼的博弈论的局限性也日益暴露出来。由于它过于抽象,使应用范围受到很大限制,在很长时间里,人们对博弈论的研究知之甚少,只是少数数学家的专利,所以,影响力很有限。正是在这个时候,非合作博弈——"纳什均衡"应运而生了,它标志着博弈论的新时代的开始!

纳什不是一个按部就班的学生,他经常旷课。据他的同学回忆,他们根本想不起来曾经什么时候和纳什一起完完整整地上过一门必修课,但纳什争辩说,至少上过斯蒂恩罗德的代数拓扑学。斯蒂恩罗德恰恰是这门学科的创立者,可没上几次课,纳什就认定这门课不符合他的口味,于是,又走人了。然而,纳什毕竟是一位英才天纵的非凡人物,他广泛涉猎数学王国的每一个分支,如拓扑学、代数几何学、逻辑学、博弈论等,深深地为之着迷。纳什经常显示出他与众不同的自信和自负,充满咄咄逼人的学术野心。1950年整个夏天,纳什都忙于应付紧张的考试,他的博弈论研究工作被迫中断,他感到这是莫大的浪费。殊不知这种暂时的"放弃",使原来模糊、杂乱和无绪的若干念头,在潜意识的持续思考下,逐步形成一条清晰的脉络,突然来了灵感!这一年的10月,他骤感才思潮涌,梦笔生花。其中一个最耀眼的亮点就是日后被称之为"纳什均衡"的非合作博弈均衡的概念。

纳什的主要学术贡献体现在1950年和1951年发表的两篇论文之中(包括一篇博士论文)。1950年他把自己的研究成果写成题为"非合作博弈"的长篇博士论文,1950年11月刊登在美国全国科学院每月公报上,立即引起轰动。说起来这全靠师兄戴维·盖尔之功。就在纳什的研究成果遭到冯·诺依曼贬低的几天之后,他遇到盖尔,告诉他自己已经将冯·诺依曼的"最小最大原理"(minimax solution)推到非合作博弈领域,找到了普遍化的方法和均衡点。盖尔听得很认真,他终于意识到纳什的思路比冯·诺依曼的合作博弈的理论更能反映现实的情况,并对其严密优美的数学证明极为赞叹。盖尔建议他马上整理出来发表,以免被别人捷足先登。纳什这个初出茅庐的小子,根本不知道竞争的险恶,从未想过要这么做。结果还是盖尔充当了他的"经纪人",代为起草了致科学院的短信,系主任列夫谢茨则亲自将文稿递交给科学院。纳什写的文章不多,就那么几篇,但已经足够了,因为这些都是精品中的精品。

纳什在上大学时就开始从事纯数学的博弈论研究,1948 年进入普林斯顿大学后更是如鱼得水。20 岁出头已成为闻名世界的数学家。特别是在经济博弈论领域,他做出了划时代的贡献,是继冯·诺依曼之后最伟大的博弈论大师之一。他提出的著名的"纳什均衡"的概念在非合作博弈理论中起着核心的作用。后续的研究者对博弈论的贡献,都是建立在这一概念之上的。由于"纳什均衡"的提出和不断完善,为博弈论广泛应用于经济学、管理学、社会学、政治学、军事科学等领域奠定了坚实的理论基础。

囚徒的两难处境——大理论中的小故事

要了解纳什的贡献,首先要知道什么是非合作博弈问题。现在几乎所有的博弈论教科书上都会讲"囚徒的两难处境"的例子,而且每本书上的例子都大同小异。

博弈论毕竟是数学,更确切地说是运筹学的一个分支,谈经论道自然少不了数学语言,外行人看来只是一大堆数学公式。好在博弈论关心的是日常经济生活问题,所以不能不食人间烟火。其实这一理论是从弈棋、扑克和战争等带有竞赛、对抗和决策性质的问题中借用的术语,听上去有点玄奥,实际上却具有重要的现实意义。博弈论大师看经济社会问题犹如棋局,常常寓深刻道理于游戏之中。所以,多从我们的日常生活中的凡人小事入手,以我们身边的故事做例子,娓娓道来,并不乏味。

话说有一天,一位富翁在家中被杀,财物被盗。警方在此案的侦破过程中,抓到两个犯罪嫌疑人,斯卡尔菲丝和那库尔斯,并从他们的住处搜出被害人家中丢失的财物。但是,他们矢口否认曾杀过人,辩称是先发现富翁被杀,然后只是顺手牵羊偷了点儿东西。于是警方将两人隔离,分别关在不同的房间进行审讯。由地方检察官分别和每个人单独谈话。检察官说:"由于你们的偷盗罪已有确凿的证据,所以可以判你们一年刑期。但是,我可以和你做个交易。如果你单独坦白杀人的罪行,我只判你三个月的监禁,但你的同伙要被判十年刑。如果你拒不坦白,而被同伙检举,那么你就将被判十年刑,他只判三个月的监禁。但是,如果你们两人都坦白交代,那么,你们都要被判五年刑。"斯卡尔菲丝和那库尔斯该怎么办呢?他们面临着两难的选择——坦白或抵赖。显然最好的策略是双方都抵赖,结果是大家都只被判一年。但是由于两人处于隔离的情况下无法串供。所以,按照亚当·斯密的理论,每一个人都是从利己的目的出发,他们选择坦白交代是最佳策略。因为坦白交代可以期望得到很短的监禁——三个月,但前提是同伙抵赖,显然这要比自己抵赖坐十年牢好。这种策略是损人利己的策略。因此,在这种情况下还是应该选择坦白交代,即使两人同时坦白,至多也只判五年,总比被判十年好吧。所以,两人合理的选择是坦白,原本对双方都有利的策略(抵赖)和结局(被判一年刑)就不会出现。这样两人都选择坦白的策略以及因此被判五年的结局被称为"纳什均衡",也叫非合作均衡。因为,每一方在选择策略时都没有"共谋"(串供),他们只是选择对自己最有利的策略,而不考虑社会福利或任何其他对手的利益。也就是说,这种策略组合由所有局中人(也称当事人、参与者)的最佳策略组合构成。没有人会主动改变自己的策略以便使自己获得更大利益。"囚徒的两难处境"有着广泛而深刻的意义。个人理性与集体理性的冲突,各人追求利己行为而导致的最终结局是一个"纳什均衡",也是对所有人都不利的结局。他们两人都是在坦白与抵赖策略上首先想到自己,这样他们必然要服长的刑期。只有当他们都首先替对方着想时,或者相互合谋(串供)时,才可以得到最短时间的监禁结果。"纳什均衡"首先对亚当·斯密的"看不见的手"的原理提出挑战。按照斯密的理论,在市场经济中,每一个人都从利己的目的出发,而最终全社会达到利他的效果。不妨让我们重温一下这位经济学圣人在《国富论》中的名言:"通过追求(个人的)自身利益,他常常会比其实际上想做的那样更有效地促进社会利益。"从"纳什均衡"我们引出了"看不见的手"的原理的一个悖论:从利己目的出发,结果损人不利己,既不利己也不利他。两个囚徒的命运就是如此。从这个意义上说,"纳什均衡"提出的悖论实际上动摇了西方经济学的基石。因此,从"纳什均衡"中我们还可以悟出一条真理:合作是有利的"利己策略",但它必须符合以下黄金律,即按照你愿意别人对你的方式来对别人,但只有他们也按同样方式行事才行。也就是中国人说的"己所不欲勿施于人"。但前提是人所不欲勿施于我。"纳什均衡"是一种非合作博弈均衡,在现实中非合作的情况要比合作情况普遍。所以"纳什均衡"是对冯·诺依曼和摩根斯特恩的合作博弈理论的重大发展,甚至可以说是一场革命。

从"纳什均衡"的普遍意义中我们可以深刻领悟司空见惯的经济、社会、政治、国防、管理和日常生活中的博弈现象。我们将列举出许多类似于"囚徒的两难处境"这样的例子。如价格战、军备竞赛、污染等。一般的博弈问题由三个要素所构成,即局中人(players)又称当事人、参与者、策略等的集合,策略(strategies)集合以及每一对局中人所做的选择和赢得(payoffs)集合。其中所谓赢得是指如果一个特定的策略关系被选择,每一局中人所得到的效用。所有的博弈问题都会遇到这三个要素。

价格战博弈

现在我们经常会遇到各种各样的家电价格大战,彩电大战、冰箱大战、空调大战、微波炉大战……这些大战的受益者首先是消费者。每当看到一种家电产品的价格大战,百姓都会

"偷着乐"。在这里,我们可以解释厂家价格大战的结局也是一个"纳什均衡",而且价格战的结果是谁都没钱赚。因为博弈双方的利润正好是零。竞争的结果是稳定的,即是一个"纳什均衡"。这个结果可能对消费者是有利的,但对厂商而言是灾难性的。所以,价格战对厂商而言意味着自杀。从这个案例中我们可以引申出两个问题,一是竞争削价的结果或"纳什均衡"可能导致一个有效率的零利润结局。二是如果不采取价格战,作为一种敌对博弈论(vivalry game)其结果会如何呢?每一个企业都会考虑是采取正常价格策略,还是采取高价格策略形成垄断价格,并尽力获取垄断利润。如果垄断可以形成,则博弈双方的共同利润最大。这种情况就是垄断经营造成的,通常会抬高价格。另一个极端的情况是厂商制定正常的价格,双方都可以获得利润。从这一点,我们又引出一条基本准则:"把你自己的战略建立在假定对手会按其最佳利益行动的基础上。"事实上,完全竞争的均衡就是"纳什均衡"或"非合作博弈均衡"。在这种状态下,每一个厂商或消费者都是按照所有的别人已定的价格来进行决策。在这种均衡中,企业要使利润最大化,消费者要使效用最大化,结果导致了零利润,也就是说价格等于边际成本。在完全竞争的情况下,非合作行为导致了社会所期望的经济效率状态。如果厂商采取合作行动并决定转向垄断价格,那么社会的经济效率就会遭到破坏。这就是为什么 WTO 和各国政府要加强反垄断的意义所在。

污染博弈

假如市场经济中存在着污染,但政府并没有管制环境,企业为了追求利润的最大化,宁愿以牺牲环境为代价,也绝不会主动增加环保设备投资。按照"看不见的手"的原理,所有企业都会从利己的目的出发,采取不顾环境的策略,从而进入"纳什均衡"状态。如果一个企业从利他的目的出发,投资治理污染,而其他企业仍然不顾环境污染,那么这个企业的生产成本就会增加,价格就要提高,它的产品就没有竞争力,甚至企业还要破产。这是一个"看不见的手的有效的完全竞争机制"失败的例证。20 世纪 90 年代中期,中国乡镇企业的盲目发展造成严重污染的情况就是如此。只有在政府加强污染管制时,企业才会采取低污染的策略组合。企业在这种情况下,可以获得与高污染同样的利润,但环境将更好。

贸易自由与壁垒

这个问题对于加入 WTO 不久的中国而言尤为重要。任何一个国家在国际贸易中都面临着保持贸易自由与实行贸易保护主义的两难选择。贸易自由与壁垒问题,也是一个"纳什均衡",这个均衡是贸易双方采取不合作博弈的策略,结果使双方因贸易战受到损害。例如,X 国试图对 Y 国进行进口贸易限制,比如提高关税,则 Y 国必然会进行反击,也提高关税,结果谁也没有捞到好处。反之,如果 X 国和 Y 国能达成合作性均衡,即从互惠互利的原则出发,双方都减少关税限制,结果大家都从贸易自由中获得了最大利益,而且全球贸易的总收益也增加了。

资料来源:http://manage.org.cn

■ 思考与讨论

1. "纳什均衡"的主要内容是什么?

2. 你认为"纳什均衡理论"对领导者做好领导工作有何意义?

3. 纳什成功的事例对你有何启示?

领 导 体 制

第4章

■ 学习目标

通过本章的学习,你应当能够:

- 界定领导体制的含义;
- 明确领导体制的各种类型的划分标准;
- 阐述领导体制在不同演化阶段的特征及其含义;
- 列举领导体制的各种类型以及领导体制演化的不同阶段;
- 理解领导体制对于领导活动的重要意义;
- 阐述领导体制改革的内容、方向及其难点;
- 比较各种领导体制类型的特点、各自的优缺点;
- 了解我国领导体制的现状以及存在的问题,并讨论如何改革我国现行的领导体制。

自天津滨海新区获准成为全国第二个综合配套改革的试点后,有望成为中国经济增长"第三极"的天津滨海新区就越来越受到人们的关注。

天津滨海新区成立于 1994 年 3 月,由位于天津市的东部临海地区的天津港、天津经济开发区、天津港保税区、塘沽区、汉沽区、大港区和东丽区、津南区的部分区域组成。十多年来,天津滨海新区经济快速增长,外资大量进入,目前已成为中国北方发展最快的地区之一。

然而,天津滨海新区的发展至今仍未突破各功能区与行政区之间在管理上条块分割的体制障碍。虽然 2002 年 10 月 24 日天津市第十三届人民代表大会常务委员会第三十六次会议通过的"天津滨海新区条例"明确了天津滨海新区管理委员会的规划、协调和部分管理职能,管委会党委书记、管委会主任也由市委常委兼任(副书记由各行政区的区委书记、集团公司总经理兼任),但是,作为一个经济区,滨海新区管委会没有任何行政职能,尤其是在条例保留了滨海新区内各区人民政府、各功能经济区管理机构原有的行政管理权的情况下,作为天津市政府派出机构的滨海新区管委会的指导和协调功能就难以充分发挥,进而滨海新区内部的重复建设就无法避免,资源也只能分散低效使用。

由此看来,如何将滨海新区的各功能区和行政区进行有机整合,是关系其未来发展的一个现实课题。

资料来源:作者根据有关资料整理

上述引例中的体制问题的核心是领导体制问题,它对整个领导活动的有效开展有着重要影响。那么,什么是领导体制?它具体有哪些作用?领导体制都有哪些类型?它又是如何演进和发展的?在本章中,我们将回答这些问题,以及其他一些与领导体制有关的内容。

4.1 领导体制概述

4.1.1 领导体制的含义

根据《辞海》的解释,所谓体制,是指"国家机关、企业和事业单位机构设置和管理权限划分的制度"。

由此,领导体制的概念可以作如下定义:它是指领导系统中的上下左右之间权力划分和机构组织设置及领导工作制度。这一定义包含如下三层意思。

1. 领导体制是一种权力划分机制

领导体制所涉及的核心问题是如何划分领导权的问题。实际上,领导权的合理、科学分配是领导科学所要研究的核心问题之一。领导权的科学分配有三个方面的检验标准:一是权力和责任是否一致。只有权责一致,才能最大程度地发挥领导者的作用和功能。如果权责不一致,领导者所享有的权力大于所应该担负的责任,就会出现滥用权力、以权谋私等现象;相反,如果领导者所享有的权力小于应该承担的责任,就会出现无力完成领导任务的情况,甚至出现无人负责的情形。二是权力和责任的划分要明确。既要避免出现领导过程中的权力重叠和权力真空的情况,同时又要避免领导者责任不明确、多头管理、无人负责的情况。三是权力和责任的划分要科学。有时尽管不同职位上的领导者的权力和责任划分符合权责一致、权责划分明确等标准,但由于权力和责任的划分缺乏科学性,倚轻倚重,权力的授予和责任的承担不合理、不科学,同样也难以取得比较好的领导效果,难以充分实现领导的功能。

2. 领导体制是一种组织体系

领导体制与一般的组织体系的不同之处在于它在整个组织单位中的地位与作用。领导体制的组织体系在工作中起着核心和灵魂的作用。要取得领导的成功,除了领导者素质要优秀、领导班子或集团结构要合理外,还要有一个科学的领导组织体系。领导者个体和群体作用的发挥,要受到一定条件的制约,其中一个关键性的因素就在于领导组织体系的科学性。

3. 领导体制是一种制度安排

领导体制是领导功能的制度化表现形式,是以领导权为中心内容,以实现特定组织的管理目标为主要职能的一系列制度安排或制度设置。从现代社会管理形态来看,无论制度性质如何,都有一个组织机构设计与管理效率的关系问题。领导体制采取什么样的组织机构形态,在很大程度上在于它所处的社会生产力水平。在历史发展进程中,相同的组织形态可以为不同的社会制度服务,在同一社会制度下,也可采用不同的组织机构形态。因而,领导体制的工作状态,既与组织机构形态有关,也与社会制度有关。

领导体制是领导活动得以开展的载体,也是领导者借以开展工作的舞台,同时又是充分发挥领导的功能、提高领导效率的关键环节。因此,领导体制的建设问题是关系到领导活动成功与否的核心问题。把握领导体制的意义、内容、作用是对领导体制的建构进行科学认识的基础,而只有对人类社会生活中曾出现的领导体制,特别是对当今世界先进的领导体制进行客观地、科学地剖析,深刻理解各种领导体制的优点和缺陷,是改进我国现行领导体制的前提和基础。

4.1.2 领导体制的内容

如果想建立一个合理的、科学的领导体制,就需要对现代领导体制的主要内容进行探讨和研究。领导体制的主要内容应该包括以下四个方面:一是领导组织结构,指领导机关的组成要素,即各级各类领导机关的地位作用;二是领导的层次与跨度,即领导机关的组织制度或者说领导机关的结构方式;三是领导机构中各部门之间的职责与权限划分;四是领导机关的决策方式和指挥、监督方式等。

1. 领导机关的组成要素

领导体制内部要有一定的组织结构,领导组织内部是各个基本要素的构成。尽管不同性质、不同时代的组织所表现的形式不一样,但至少有一点是相通的,即任何一个领导机关都是由若干不同性质和作用的要素组成的相互联系的完整的系统。不同的历史时间,不同的工作任务,组成一个领导机关系统的要素是不同的。现代领导机关的组成一般有以下五个要素。

1)决策中心

决策中心是一个领导机关的灵魂,包括党委会、行政领导办公会等。没有决策中心,或者决策中心没有权威,这个领导机关就无法进行有效的工作。一个领导机关只能有一个决策中心,否则政出多门,就不能有好的行政效率。另外,决策中心必须是精干的,因为人数过多就会软弱无力或者滋生官僚主义。决策机构的任务是决策,决不能陷入具体事务的执行之中。

2)信息反馈机构

信息反馈机构对决策中心的重要意义在于:它运用一切可能和必要的手段,搜集、筛选、整理各种数据、资料、情况,反映现实生活中提出的各种要求和决策的执行情况,供决策机构参考。情报、资料、统计、信访等部门都是反馈机构。信息反馈机构并不是可有可无,或者时有时无的,而必须是具有反应灵活、及时、准确的特点。

3)咨询参谋机构

咨询机构是为决策服务的,是决策中心的参谋部。我国设立的顾问机构、各种政策研究机构、各种研究中心等都属于这一类。他们可以在深入调查研究的基础上,提出供领导者决策用的信息和各种方案;可以根据决策方案的执行情况,提出咨询意见,以促进领导者高速发布指令;还可以进行科学预测,提出战略决策的建议。咨询机构需要的是多种意见,兼收并蓄。因此,不能用对系统的要求来要求咨询机构。

4)执行系统

执行系统的任务是执行决策中心的各项决定。一般而言,在一个系统内,可以按业务需要分成若干部门,组成等待系统。决策正确,结果如何,决定的环节之一是否忠实执行,执行过程中是否不折不扣,执行部门是不能讨价还价的。有意见可以提出,但不能影响执行。

5)监督系统

监督系统的任务是根据决策对执行系统实行监督,以保证决策、指令执行的准确无误。各级纪律检查委员会、司法机构、审计部门等都属于监督机构。监督系统是实行社会主义民主和法制的必要机构,应该具有党性强、无私无畏、执法如山的特点[1]。

---

① 黄才骏,吕昌.现代领导学.北京:中国铁道出版社,1993,374~375

2. 领导机关的结构方式

领导机关的结构方式,即领导机关内部、领导机关与领导机关之间都有一种相互结合、相互联系的存在方式。只有通过一定的结构方式,领导机关才能变成一个更大的有机系统,也只有通过一定的结构方式,系统的属性与功能才能体现出来。领导者受时间和精力的限制,往往需要委托一定数量的下属为其分担管理工作。委托的结果是领导者减少了必须直接处理的业务工作量,但同时又产生了领导的纵向幅度与横向幅度的问题。一方面,任何领导者能够直接有效地指挥和监督的下属数量总是有限的,这个有限的数量就是领导者领导的横向幅度。另一方面,出于同样的道理,对于受最高领导者委托和授权的下级领导来说,他往往也需要将部分工作再转交给另一些人来处理,这就产生了更下一级的领导者,依此类推下去,就产生了领导的纵向层级问题。

对于一个规模固定的领导机构来说,领导的幅度和层级是成反比例的关系,每一个领导者直接控制的下属越多,下属的等级层次就越少。如果每个领导者直接控制的下属减少,就需要增加领导的层级。领导的幅度和层级的反比关系决定了两种基本的领导组织机构形态,即扁平形领导结构形态和锥形领导结构形态。扁平形领导结构形态是指组织规模已定,领导的幅度较大、领导的层次较少的一种组织结构形态。锥形领导结构形态是领导的幅度较小,而领导的层次较多的高、尖、细的金字塔形态。

不同的领导结构方式各有其优缺点,扁平形领导结构形态的优点是:由于层次少,信息的传递速度快,从而可以使高层尽快地发现信息所反映的问题,并及时采取相应的纠正措施;同时,由于信息传递经过的层次少,传递过程中失真的可能性也较小。此外,较大的领导幅度使领导者对下属不可能控制得过多过死,从而有利于下属主动性和首创精神的发挥。其缺点是:由于领导幅度过大,使领导者对每一位下属不可能进行充分地、有效地指导和监督;每个领导者从较多的下属那里取得信息,众多的信息又有可能淹没其中最重要的、最有价值的内容,从而可能影响信息的及时利用等。锥形领导结构形态的优点与局限性刚好与扁平形领导结构相反:较小的领导幅度可以使每位领导者仔细地研究从每个下属那里得到的有限信息,并对每个下属进行详尽的指导。但过多的领导层次不仅影响了信息从基层传递到高层的速度,而且由于经过的层次太多,每次传递都被各层领导者加进了自己的理解和认识,所以可能使信息在传递过程中失真;同时,过多的领导层次可能使各层领导者感到自己在组织中的地位相对渺小,从而影响其积极性的发挥;最后,过多的领导层次也往往使计划的控制工作复杂化。因此,科学、合理的领导者结构要尽可能地综合基本组织结构形态的优点,克服它们的局限性。

3. 领导机关的职责权限划分

建立严格的自上而下的领导行政法规和岗位责任制,对各级领导部门或领导干部的职责权限做出严格而明确的规定,这是领导体制的核心问题。

领导机关的职责权限划分涉及领导活动的几个基本层面的问题。

(1) 领导权力的授予,必须根据实际需要而来确定。在领导活动中,领导者的权力是为了完成实际工作被授予的,领导者的权力大小必须根据实际工作的需要确定,因此要有一个科学的标准和实践的依据,不能随意缩小领导者的领导权力,更不能脱离实际需要而扩大领导者个人的领导权力。若领导者所能掌握的领导权力小于实际工作的需要,他在某些场合就无法行使指挥权,也就无从完成工作。同样,若领导者所拥有的权力大于实际的需要,那么他就可能在某些本来不需要他的场合行使领导权力,从而干扰工作的正常进行,更可能滋生权钱交易、以权谋私的行为。因此,领导者的权力不是一种用来指使别人、满足个人野心的资本,更不是用来捞取个人私利的工具。

(2) 领导职责的承担问题。领导者必须对其所掌握的权力负责。权力和职责是一对矛盾的对立统一体,行使权力是履行职责的前提,没有相应的权力就无法履行相应的职责;履行职责是行使权力的基础,离开相应的职责,权力就会异化。领导者的权力是履行其职责的保证,反过来,领导者的职责又是检验其权力的工具。领导者承担的职责同样必须根据科学的依据和实际的需要来确定。职责的划分必须明确、完整,那种职责不清、责任不明的现象是领导体制缺乏科学性的典型特征。

(3) 领导者掌握的权力和履行的职责必须一致。权力和职责必须保持一致,这是领导活动的基本原则之一。权力和职责不一致的极端情形是,只享有权力而没有履行职责的义务,或只有履行职责的义务而不被授予相应的权利,这情形都不是正常的领导活动,都不能实现领导功能,甚至会带来灾难性的后果。权力和职责不一致的一般情形是,权力大于职责、权力小于职责和权力交叉重叠。权责不一致的情形容易造成权力行使方面的滥用,职责履行方面的互相推诿,以及多头管理、无人负责的弊端。

4. 领导机关的决策、指挥和监督方式

领导机关的决策、指挥和监督方式是多种多样的,但归纳起来不外乎下列几种:按照同一层级各机构被领导的关系是否统一的标准,可分为一体制和分离制;根据领导系统中纵向权力配置的集中与分散程度,可以把领导体制分为集权制与分权制两种类型;按领导机关中最高决策人的人数,又可以把领导体制分为首长负责制与合议制两种基本类型;按照领导的横向和纵向关系,我们还可以把领导体制分为层级制与职能制这样两种基本类型。

4.1.3　领导体制的作用

领导体制是比领导者素质、领导班子结构更为重要的问题,它直接决定和影响领导工作的性质和效果,关系到一个组织乃至国家的发展与稳定。正如我国改革开放的总设计师邓小平同志所说的："领导制度、组织制度问题更具有根本性、全局性、稳定性和长期性。"[①]"我们过去发生的各种错误,固然与某些领导人的思想、作风有关,但是组织制度、工作制度方面的问题更重要。这些方面的制度好可以使坏人无法任意横行,制度不好可以使好人无法充分做好事,甚至会走向反面。……不是说个人没有责任,而是说领导制度、组织制度问题更带有根本性、全局性、稳定性和长期性。这种制度问题,关系到党和国家是否改变颜色,必须引起全党的高度重视。"[②]

一般说来,领导体制的作用主要有以下几个方面。

1. 为领导活动提供组织保证

领导体制是领导正常活动的制度保证。领导是一个复杂的社会活动过程,光靠领导者个人和领导班子若干人难以达到好的效果,只有建立一定领导体制,把各级各类领导机关组织起来,形成一个有机的领导工作体系,才能保证领导活动的正常进行。因此,一旦建立起比较稳定的领导体制,领导者个人或者领导班子都得沿着领导体制的轨道和规范进行运作。

提高整体领导效能是领导活动的基本目的。效能的公式是:效能＝目标方向×工作效率,这两方面都直接同科学的领导体制有关,包括领导机构的设置是否健全,职责权限的划分是否合理,领导层次与幅度是否得当,干部管理制度是否促进人才积极性的发挥,领导工作方法是否科学等。

领导体制可以协调领导机构的内部分工,沟通领导者与被领导者之间的关系,提高领导活动整体效能。只有体制健全,领导活动才能高效;否则,就会出现决策迟缓、失误、互相推诿、内耗丛生、办事低劣等现象。一个好的领导制度,可以充分发挥领导者个体和群体的主观能动作用,领导体制不好,不仅会压抑他们的积极性和首创精神,甚至会使好的愿望走向反面。领导体制对于领导活动来说,比之领导者个人的素质,领导集团的结构具有更为重要的意义。

2. 提供规范领导行为的根本机制

领导体制具有合法性、强制性、稳定性、全面性等特点,它是领导行为的基本规范。领导体制对领导系统有关键性影响,一个领导系统中的各个部门、单位是依赖领导体制组合起来的,各个领导机关在整个领导系统这张组织的网上均占有一定位置。拿一个单位的领导者来说,他们所发挥的作用往往只影响到一个局部,惟有领导体制所起的作用是关乎全局的。即便就领导系统的高层领导者而言,他们的决策虽然是全局性的,但是如果没有领导体制作组织保证,也会变成一纸空文。只有发挥领导体制的作用,才能真正左右领导活动的全局。只有发扬民主,使领导体制健全、合理、科学,各个领导机关在整个领导体系中各守其责、各行其职、各献其能、配合默契、相得益彰,才能产生全面的系统功能。如果体制不合理、不科

---

① 邓小平文选(第 2 卷). 北京:人民出版社,1994,292～293
② 邓小平文选(第 2 卷). 北京:人民出版社,1994,341

学,或职责权限不清,或层次过多,叠床架屋,那么势必削弱整个领导功能。[①]

3. 领导体制是领导者与被领导者之间建立关系的桥梁和纽带

领导活动主要是由领导者、被领导者、群体目标和客观环境等诸要素构成的。其中,领导活动是主体,在领导诸要素中起主导作用,被领导者是相对领导者来说的,是指在社会活动中处于被动地位的组织和人员。被领导者是领导活动中的基本要素,他们在领导活动中身兼两职,对领导者来说,他们是客体;对群体目标来说,他们又与领导者共同组成了活动的主体。离开了被领导者,领导者就无法实施其领导活动。领导者和被领导者在领导活动中起着极其重要的作用,是决定领导活动成败的关键要素。科学、合理、有效的领导体制,被认为是领导者与被领导者之间的一座相互联系、沟通的桥梁。

4. 领导体制是领导活动规范化、制度化的组织保证

领导体制是关于领导活动中人们基本行为的规范。它是由规章制度、组织机构和领导者群体等领导要素组成的体系。其中,领导体制具有制度刚性,能够使领导活动或领导者的行为受到制约、引导和规范作用,是制约、监督领导活动的组织条件,它使领导活动减少了神圣色彩,增加了可操作性。同时,领导体制也是领导活动走向制度化、法治化的组织平台。对于当代中国,建设一个科学、合理、有效的领导体制对于社会主义现代化建设尤其重要。

4.2　领导体制的类型

领导体制的类型,指领导组织机构的具体内容,尤其是各部门之间的职责与权限划分的模式。按照职权配置与领导方式的不同,领导体制可以划分为不同的类型。现代领导体制的基本模式有如下几种类型。

4.2.1　一体制与分离制

在领导体制中,按照同一层级各机构被领导的关系是否统一,有一体制和分离制之分。

---

① 中共浙江省委党校理论研究所.领导科学纲要.中共中央党校出版社,1992,78

1. 一体制

一体制又称完整制,也可称作一元化领导,指同一领导层次的各个机关,或一个机关中的各个构成单位,所接受的指挥、控制和监督完全集中在一位上级领导者,或一个上级领导机关的领导体制。

一体制的优点在于:在一体制中,同一层次各机关,均接受同一上级组织的统一领导,或者同一机关的各个构成单位均接受同一个上级单位领导;按照各个领导机关的职责不同,分别赋予执行党的各项方针政策,容易协调各方面的矛盾和利益,且能防止政出多门、各自为政。可见,如果运用得好,一体制能够集中权力、统筹规划、责任明确、减少扯皮、雷厉风行、便于合作。

一体制的缺点也和其优点一样明显,主要表现在:它容易造成上级机构或个别领导者包揽一切,实行家长制领导,不利于领导系统指挥效能的发挥,压抑下级机构和人员的工作积极性和创造性。可见,对于一体制的领导体制,必须要处理好由于权力高度集中而造成的独裁专断、下级对上级的依赖心理、下属单位失去自立精神的问题。

2. 分离制

分离制又称独立式或多元化领导,指上级的指挥、控制和监督不是集中于一位上级领导者或一个领导机关,而是分属于两个以上的平等或双重领导机关或个人的领导体制。

分离制的优点在于:能防止专断独行、滥用权力,并能促使下属各单位独立工作、各尽其能、各司其职,发挥主观能动性;即使上级领导机关不健全或领导者不称职,一级机关仍能独立工作而不影响全局。

然而,如果发挥得不好,分离制的缺点也相当严重,容易造成各自为政、自行其是、政出多门、互不协调、重复劳动、浪费人力物力、影响国家和集体利益。

如何处理好一体制与分离制的问题,是改革和完善我国领导体制所遇到的最重要也是最困难的问题之一。单独偏爱哪一种领导体制,都不是合理的、科学的选择,在实际运用中,需要将两者加以有机结合。在实际生活当中,任何领导体制都不大可能实行非常纯粹的一体制或分离制。如果在领导体制中实行以一体制为主,当中就必须融合分离制的某些优点;同样,在以分离制为主要特征的领导体制中,又要兼顾吸收一体制的长处。总之,一体制与分离制是一对矛盾的两个方面,是对立的统一体,需要从实际出发,根据不同的单位、不同的机构、不同的领导任务而谨慎灵活地运用。

4.2.2 集权制与分权制

根据领导系统中纵向权力配置的集中与分散程度,我们可以把领导体制分为集权制与分权制两种类型。

1. 集权制

集权制的领导体制是指一切重大问题的决定依赖于上级领导机关,下级必须依据上级的决定和指示办事的体制。它的特点是所有领导工作的最后决策权均集中于上级机关和领导者,下级必须按照上级的决定办事。

集权制领导体制的最大优点在于:有利于政令统一、标准一致、指挥方便、令行禁止。相对于分权制,集权制领导体制能够在最大程度上做到统筹兼顾、统一调度和支配系统资源,特别是在系统资源有限的情况下,能够最大限度地集中组织系统的物力、人力和财力,从而完成在其他领导体制下办不到或办不好的大型项目。

但是集权制领导体制的优点同时也造就了它的缺陷,即灵活性差,容易限制下级积极性和创造性的发挥。集权制往往因为统得过死而缺乏应变能力,领导者往往忽视下级利益,压抑下级的积极性、主动性和创造性,由此可能滋长上级领导机关和个人的独断专行,从而产生官僚主义。同时,在集权制领导体制下,下级对上级的监督处于最软弱的状态,往往使下级对上级领导产生人身依附关系,上级为下级提供"保护伞",从而上下勾结,难以抑制领导者以权谋私、权钱交易等腐败现象的产生。

2. 分权制

分权制的领导体制是指下级机关在自己的管辖范围之内,有权独立自主地决定问题,上级对下级有权决定和处理的事情不得干涉。其特点是,下级机关或者领导者对于自己管辖范围内的事情,有独立自主的决定权,不受上级干预。

分权制的领导体制有其明显的优点:可以使下级因地制宜地贯彻上级指示,有利于充分发挥下级人员的智慧和才干;下级机关可以从实际情况出发,依据具体情况、具体特点去处理问题,充分发挥本地区、本部门的长处和优势。另外,由于分权制的领导体制是按权分级,按级分工、分工负责,因而相对于集权制的领导既具有较大的弹性和灵活性,又具有较强的应变能力,有利于充分发挥下级机关和个人的主动性、积极性和创造性。同时,上级也能因此而减轻不必要的负担,防止官僚主义、腐败行为的产生。

但分权制的缺点也很明显,主要表现在:容易各自为政、政令不一、各方常会发生矛盾和冲突,也容易发生本位主义、分散主义和不顾整体利益的倾向,甚至导致全局失控、有令不行、有禁不止。

集权制和分权制也是一对矛盾的两个方面,既对立又统一。过分集权、过分分权都不利于领导体制功能的发挥,必须根据不同任务和不同的环境条件加以运用。一般来说,集权和分权都应该适度,实行分权制领导体制,必须加强宏观调控,以尽量减少以上弊端,同时,在需要集权时也应该注意调动下属的主动性和积极性。

4.2.3 首长负责制与合议制

在领导体制模式中,按领导机关中最高决策人的人数,我们可以把领导体制分为首长负责制与合议制两种基本类型。

1. 首长负责制

那种把法定最高决策权完全集中于一位主要负责人的领导体制称首长制,也称一长制或者独任式领导体制。首长制的优点在于:权力集中、指挥灵敏、责任明确、减少扯皮、办事果断、行动迅速、效率较高。

首长制的缺陷在于:由于一个人的知识、能力、经验、精力等毕竟有限,处理事务难免有思考欠周之处。虽然在现代领导体制中广泛地应用专家智囊机构,帮助领导者科学决策,但因领导者有决策权和否决权,因此并不能完全补上这一缺陷。另外,在首长制下,主要负责人如果选择不当,还可能造成独断专行、滥用权力,从而出现营私舞弊,危害国家或集体的现象。

2. 合议制

那种把法定的最高决策权交由两位以上的行政首长组成的委员会的领导体制,称作合议制,或称委员会制。在实行合议制的领导体制下,决策权力属于领导集体,按少数服从多数的原则决定问题。合议制的优点在于:由于实行集体领导、分工负责、相互监督、彼此配合,有利于集思广益、博采众长、考虑周密、避免武断,能够反映各方面的利益,也可以避免个人专断、滥用职权。

合议制的缺陷表现在:一是决策缺乏效率。有时会因为对某些问题有一部分人拥护,一部分人反对而议而不决,决而不行,以至于坐失良机,贻误工作。二是容易出现权力分散、责任不明的现象。一旦缺乏严谨的法规,就可能出现争功诿过,有时甚至会发生无人负责的现象。

在领导活动中采取哪一种体制模式,需根据领导活动的具体性质来定。一般说来,属于速决性的、执行性的、技术性的、纪律性的、社会性的一类领导活动,宜采用首长制的方式处理;属于方针政策、规划制定以及立法性、协调性、综合平衡性等一类的领导活动,宜采用合议制处理。领导体制发展到今天,首长负责制与委员会制均在相互靠拢。首长负责制的主要负责人,常常把重大问题交给"智囊团"去撰写决策方案,或交给专门委员会进行处理。合议制则逐渐减少委员人数,减少副职,以求提高工作效率。有的合议制常常在对某项问题协商一致后,交予负有直接或完全责任的委员去做决定,以明确责任,便于检查考核。

4.2.4　层级制与职能制

按照领导的横向和纵向关系,我们还可以把领导体制分为层级制和职能制这样两种基本类型。

1. 层级制

层级制是一种传统的领导体制模式,它是指领导系统纵向分为若干级别,每一级都对上一级别负责,各级别的职权性质相同,但领导的范围随着层级的降低而缩小。如部队中的军、师、团、营、连等建制,铁道系统的铁道部、铁路局、铁路分局等。这种体制的特点是领导者与其下属之间有统一的直线关系,指挥和命令从领导系统的最高层到最低层,按照垂直方向自上而下地贯彻执行,从而形成一系列不同的层次,呈现出一种从上到下的"金字塔"形的阶梯等级。

层级制领导结构的优点在于:系统内部各单位的关系一目了然、职责分明、行动迅速、步调一致、纪律严明,因而便于领导指挥。

层级制领导结构的缺点也很明显:它会造成领导者管辖的事太多,上级领导部门负担过重,大量的时间和精力花费在协调各个单位的工作方面。日常工作中,下级过分依赖上级领导,事事需要领导亲自过问,不利于发挥下级的积极性和主动性。因此,层级制的领导结构仅适用于领导场合较小、上下级关系比较单纯的组织或单位。在人类社会长期发展的各个历史时期,无论是行政领导、军事领导还是宗教领导等,大都采用这种领导体制结构。随着历史的发展,社会组织越来越复杂,社会活动的规模越来越大,这种结构就越来越不能适应形势发展要求了。只有军队还始终如一地沿用这种领导体制。

2. 职能制

职能式结构又称功能式结构、机能式结构或分职式结构,是指在一个领导机构中,按照领导工作的范围要求,横向平等地设置若干个职能部门,每个部门都以整个组织系统为服务对象,只是分工和服务不同的领导体制。职能制的领导体制最初由美国管理学专家泰罗提出,这是一种为完成某一领导职能或管理业务的专门组织机构。在职能制的领导体制下,一个组织系统在横向的水平线上设置若干职能部门,作为首脑机关的顾问、参谋辅佐行政首长实施领导。如国务院的各部委,省市的各委办,局的各业务处,部队中的政治部、参谋部、后勤部等。

这种领导体制的优点是:由于职能式结构分工精细,职责明确,具体业务工作部门专司其职,便于领导者摆脱繁琐事务,集中精力抓大事。每个职能部门从事某项工作,从而积累起这方面的知识和经验。如国务院所属各部委、各部委的业务司局、工厂中的职能科室,他们对于下属来说,都是领导的职能部门。由于这些部门的工作人员熟悉具体情况,一般说来在完成某项工作方面的效率要比直线领导效率高。可见,每个职能部门长期从事某方面工作,经验丰富、熟悉情况、专业性强、工作效率高。

职能制领导方式也有明显的缺陷:就上下级关系而言,上级对下级的指令往往过多,而且各职能部门容易政令不一,甚至相互抵触,导致下级无所适从;上级则往往请示工作手续繁杂,影响工作效率。就同一层级各部门之间关系而言,容易产生本位主义,忽视全局的弊端。可见,职能制不利于协调各单位之间的活动,不利于有效地把各个职能部门的指示协调起来,不利于解决各种综合性问题。一旦分工过细,容易造成机构臃肿、部门重叠、人浮于事、互相扯皮的现象。因此需要将层级制和职能制的领导体制有机的结合起来才能达到比较好的领导效果。

在现实的领导体制中,层级制与职能制往往是结合起来运用的,纯粹的层级制领导体制或者纯粹的职能制领导体制都是极少见的。领导者都是依靠领导机关内部的各职能部门对下一级实行领导的,关于领导机关的组织制度是以民主集中制原则为指导形成的一些共同遵守的规章制度。如何在发挥好层级制的优点的同时,实现各职能机构的领导作用,以提高领导的效用,是需要认真对待的问题。

4.3 领导体制的演进

人类社会是组织的社会,为了达到一定的生产和生活目标,人们必须按一定的方式组织起来,以达到理想的组织效率。领导体制正是人们寻求改善组织方式,提高组织效率的形式。领导体制也是随着社会生产的发展而不断发展的,那些旧的领导方式无法适应社会生产迅速发展的新形势、新要求,领导体制的不断演进更替就成为历史趋势。从技术的角度来看,领导体制的演进经历了五个不同的发展阶段,即家长制的领导体制、经理制的领导体制、"软专家"式的领导体制、专家集团式的领导体制和多极领导体制。

4.3.1 家长制的领导体制

家长制的一个突出特点是所有权与管理权合一。对于企业,老板既是所有者,又是管理者;对于其他社会、政治、行政组织,领导者同样对所辖组织拥有家长式的权威。这种领导体制的本质特点,是领导凭借自己的地位、权力和经验从事领导和管理。

在工业革命完成之前,由于社会组织,包括政治、行政和资本主义生产领域之中的组织结构、形式单一、工作流程并不复杂,因而家长制的领导体制基本上能够满足当时管理的需要。在这一时期,不论经济领导还是科学技术领导,都带有封建主义的色彩,普遍实行家长制领导。老板作为企业的领导者,一切由老板说了算,一切凭老板个人的经验办事。企业如此,科研机构也是如此。最早成立的一批科研机构中,科学技术专家担任领导,他既是这个研究所的财产拥有者,又是学术带头人,研究所的成员都是他的雇佣劳动者,一切由他说了算,一切成果归他享有。由于当时的生产规模不大,主要是小规模的、简单的手工作坊,生产力水平低下,所有者、管理者融为一体,企业实行家长制领导,老板说了算。在19世纪中叶以前,家长制一直是各种社会的政治、经济、文化组织中普遍盛行的领导体制。这种领导方式在当时的历史条件下尚可适应,也曾起过积极作用。

4.3.2 经理制的领导体制

西方国家在19世纪中期以前,经济组织中的所有权与经营权并未分离,管理职能没有完全独立出来,因此也就没有职业化的管理阶层(或称经理阶层、企业家阶层)。后来随着企业规模的扩大,管理工作的难度加大,使得有"财"无"才"的资本家感到力不从心,从而开始聘请有专门经营管理知识和技能、靠领取薪资作为主要收入来源的管理人才来代行管理之职。工业革命后,工厂代替了手工作坊,生产劳动趋向专业化,管理也需专业化,管理阶层应运而生。由于组织生产活动需要有专门的管理,以前光凭经验对企业进行外行领导已濒于困境,无法适应社会生产力发展的要求。1841年,美国在连接马萨诸塞与纽约的西部铁路上,发生了客车相撞事故以后,促使这个铁路公司进行了体制改革,该公司最早采用了由"支薪经理"来代替企业所有者行使管理职能的崭新的管理制度。从那时起,专职经理日益在管理上发挥着愈来愈重要的作用。不过,在所有者和管理者刚开始实行分工的年代里,管理工作主要还是由懂业务技术的"硬专家"来承担,所谓硬专家,是技术领域的专家。老板只拿红利,不管企业业务。这就是美国第一家由拿薪水的经理人员管理的企业。这种改革的实质在于:财产所有权与经营管理权的分离。财产所有者不参加企业领导,领导企业的是专门拿薪水的经理人员。这些经理人员,通常是由一些生产技术高超,才能出众,具有专业知识的人担任。被西方称为"现代科学管理之父"的泰勒,原来就是一位工程师。所以,这种领导体制,又称为"硬专家"转行领导体制。经理制的出现是企业经营规模扩大的必然结果,是企业领导、管理体制的一大进步,它推动了近代资本主义企业的发展。

经理制的领导体制,又称"硬专家"领导体制。因此,经理制的领导体制通常是指在工业管理初期,由一些生产技术高超、才能出众、具有专业知识的人担任领导和管理任务的领导体制。那些作为"硬专家"的经理们,由于他们在相应的技术领域有专长,对本业务工作比那些"外行"的人士更为熟悉,往往能够提出一些有效方法,来改进人、财、物的利用效率,所以这些"硬专家"往往能够在本领域内脱颖而出,成为领导者。不是由企业主本人,而是选拔有专业技术的"硬专家"管理企业,这意味着对企业的经营管理逐渐从所有者转到管理者身上,出现了所有权与经营管理权的分离,即职业经理阶层的兴起。

从家长制领导到管理阶层的兴起,是管理革命的一个重大标志。这是领导体制的一个历史性变革,在时间上显示了优越性。人们把这种领导和管理方式称之为"经理制",一直沿用至今。

领导体制往往决定着一个组织的命运。一个经典的案例是美国汽车公司的领导体制改革。在第一次世界大战之前,福特公司生产的黑色 T 型汽车遍布全世界,但老福特的家长制领导使这家公司在战后开始走下坡路:1929 年福特公司生产的汽车在全球的市场占有率为31.3%,1940 年跌至 18.9%,到 1945 年出现每月净亏损 900 多万美元的局面。该年,老福特宣布从最高管理者的岗位退出,正式让位于他的孙子亨利第二。亨利第二对福特公司的领导体制进行了大刀阔斧的改革,聘用高级管理人员进行管理,扭转了亏损局面。

管理工作是否谁都能干?管理者是否需要像医生、律师或会计师一样成为职业工作者?尽管理论界目前对管理职业的认证还没有完全统一的看法,但从应用方面看,管理在现代社会中的地位已经迫使人们对从事这项工作的人的"专家"资格形成了比较确定的认识。据调查,美国 500 家大公司的高级经理人员中,有 71.8%是工商管理专业毕业的,出身于工程技术和其他学科专业的仅占 28.2%。法国 A 类公务员(业务类中属于领导职位的公务员)100%是法国国家行政学院的毕业生。各国的军事指挥官也越来越多地为军校毕业。看来,各行各业中管理工作的专业化(这里指专门化),并逐步形成职业化的管理人才队伍,已是客观形势之所趋。

4.3.3 "软专家"式的领导体制

随着社会的发展,仅由精通一门技术的专家进行管理已不适应新形势的要求,所以逐渐演化为由工商管理学院培养出来的管理人才实施管理。这类新的管理专家所具有的管理技能已经大大超出技术技能的范围,所以被称作"软专家"。"软"专家是相对于所谓"硬"专家而言,是指在管理领域具有专门管理知识和管理经验的专家。"软专家"式的领导体制,通常就是强调管理的专门化、职业化,由专业的管理人士担任领导和管理任务的领导体制。

"软专家"领导体制的兴起也是现代社会生产发展的结果。20 世纪 20 年代以后,由于生产社会化的程度越来越高,生产规模越来越大,分工越来越细,一个单位或一项复杂的工程涉及许多专业,需要多方面知识。另一方面,企业的规模也越来越大,现代科学技术进一步结合,经营管理的作用日益扩大,复杂性增强。

而"硬专家"往往知偏不全,不能有效地管理企业。因此,只靠精通某一门专业技术的"硬专家"去领导就显得不适应了,需要具备专门管理知识和管理经验的既懂业务又精通管理的"软专家"领导企业。这种改革的唯一办法就是把经营管理作为一种相对独立的活动来对待。

发达国家早已完成了所谓从"硬专家"到"软专家"的过渡。1881 年,宾夕法尼亚大学首先建立了华顿财经学院,专门培养从事经营管理职业的"软专家"。这样,以经营管理为职业的"软专家"便应运而生。这种"软专家"领导不仅在企业如此,在科研机构也是如此。美国有些大学科研工作的组织机构,专门委托一些"科研管理公司"来进行管理。这种领导体制的本质特征,是个体领导者按照领导和管理的一般规律从事领导和管理工作。美国之所以能在 18 世纪末 19 世纪初至第二次世界大战时期迅速崛起,成为世界头号强国,原因固然很多也很复杂,但与大规模的管理革命发端于美国不无关系。现在,在西方发达国家,技术工程专家背景出身的"硬专家"至少要经过工商管理硕士(即 MBA)学业的途径方能进入高级主管行列。

随着管理的方式和手段发生了根本变化,政府部门的管理也从"硬专家"向"软专家"过渡,技术专家逐步过渡为职业化的管理专家应该是一种发展趋势,可见,由"硬专家"到"软专家",再到"软硬结合"的专家领导,这是企业领导者素质发展的趋势。我们不但需要大批的企业家,更需要大量的经营者与管理专家。管理工作要成为一项专门的职业,经理市场的发育就是一大先决条件。成熟的"经理市场"将优秀管理者的才能看作是一种稀缺商品,从而雇用这些管理人员的组织需要为这种稀缺商品付出相当高的价格(包括年薪工资、红利和股票期权等报酬)。杰出的管理人才,就像职业体育运动的超级明星一样,成为企业不惜重金争聘的对象。

4.3.4 专家集团式的领导体制

第二次世界大战后,尤其是 20 世纪 70 年代前后出现的科学技术和现代生产日益结合的趋势,现代生产和科学技术的高度分化和高度综合,使领导和管理的规模和复杂性急剧增加。特别是企业战略决策的重要性日益突出,仅仅靠"软专家"个人的知识经验和能力已难以胜任。同时,现代科研机构中,随着研究任务繁重,信息量增大,个人的领导也无能为力。于是,在大企业最高层首先出现了集体领导的趋势——所有重大问题的决策,均通过以董事会、总经理办公室等形式的机构经过集体讨论做出决定。

在领导系统中,那种由各种专家组成的决策组织,称作"专家集团",由这些专家组成的集团实行集体领导的体制,就是专家集团式的领导体制。专家集团式的领导体制的主要特征,是群体领导者按照领导和管理的一般规律,从事领导和管理工作,目的是发挥集体智慧,弥补个人领导能力的不足,提高领导水平。实施集团化领导的方式是多种多样的,有采取领导班子内少数服从多数的集体领导办法;也有在充分讨论的基础上,由企业全权负责的领导人对各种意见权衡利弊后,做出决策的办法;还有采取主要领导人拥有否决权的方式等。专家集团式的领导体制的另一主要特征是实行"谋"、"断"分离的新的领导方式。在大公司、大企业里面,重大问题由董事会集体决策,总经理贯彻执行。在专家集团之外,一些大单位还聘请了由各类专家组成"智囊团"、"思想库"。它作为专家集团领导在智力上的一种延伸,为领导部门提供各种决策方案和依据。"智囊团"作为领导的参谋而参加决策,但并不决定领导的决断。这种领导体制使领导的决策职能更臻于科学化,这也是现代领导体制的重要特征。

4.3.5　多极领导体制

实行什么样的领导体制,与一个国家的经济基础和社会政治制度有密切的关系。从近代到现代,资本主义国家的政治、企业领导体制的演变过程,集中地反映了领导体制趋向现代化的历史变化趋势。随着领导体制的变迁,经理制本身也有了很大的发展。在初期,采取的是直线参谋制,事无巨细,都由经理负责处理,权力过分集中。随着企业经营规模的不断扩大,领导层次的增加,产品种类繁多,市场竞争逐步升级,企业与外界的信息、物资交流范围越来越广,集权式的领导体制逐渐难以适应要求。在 20 世纪 20～30 年代,一些大企业开始寻求新的领导途径。美国率先提出了在大型企业中实行集中决策、分散管理的"事业部制"。

多极领导体制是集中与分散相结合的现代领导体制。其特点是:把经营决策与具体管理分开,使总经理等公司一级的高层可以摆脱日常事务,集中精力研究处理全局性大事;日常生产、销售等具体管理活动则由各事业部独立自主地承担。主要的目的是将经营决策与经营管理分开,使经理等公司一级领导摆脱日常管理事务,主要致力于研究各种经营方针、政策,日常生产与销售等具体的管理活动则由各个事业部担任。这标志着领导职能从管理职能中全面分离出来。既增加了决策的及时性、科学性,又提高了管理的效率。

4.4 领导体制的改革

4.4.1 传统领导体制的弊端

领导体制是协调领导机构的根本机制,领导体制的改革,又是实现这一艰巨任务的关键。改革开放以来,我们在改革领导体制方面,虽然下了很大的决心,做了大量工作,取得了很多成果,积累了很多经验,但仍然存在着许多问题。这些问题具体体现在以下几个方面。

1. 领导职能划分相互混淆

当前,在我国领导体制中,领导职能划分不清是一个突出问题,具体表现在两个方面:一方面,关于党委、政府、人大这三个机构间的职能究竟应该如何区分,长期以来没有一个科学严格的界限。现有的法律规定表明,我国各级党组织、人民代表大会和政府机构的领导职能和工作方式都是不一样的,但这三者之间的关系长期以来却不十分明确。比如在党组织与人大的关系问题上,我们知道人民代表大会要接受和体现党的领导,但在党如何具体领导人民代表大会方面却缺乏必要的原则和规定;再如党委与政府的关系问题,一个时期中,我们曾大讲实行党政分开,但最近几年党政分开似乎不再重提,不仅如此,随着改革的推进,有些地方机构反而实行党政合一。党委、人大、政府三者之间关系不明,权力运行上必然会相互交叉。另一方面,政企不分现象依然存在。改革开放30年来,我国的经济体制已发生了深刻变化,包括国有企业在内的企业一般都具有经营自主权,但是,由于在体制上仍然政企不分,以至于时至今日,政府干预企业经营活动的情况仍时有发生。比如,我们一方面大力倡导建立现代企业制度,另一方面对企业负责人的任免仍要以组织人事部门认可为准。[①]

2. 领导权力的过于集中

传统领导体制弊端的一个方面,是领导权力过于集中,表现在过分强调集权,忽视了对地方与下级的合理分权。在集权与侵权的关系问题上,过多强调上级集权而较少注意下级侵权。邓小平同志指出:"权力过分集中于党委,党委的权力又往往集中于几个书记,特别是集中于第一书记,什么事要第一书记挂帅、拍板。党的一元化领导,往往因此变成了个人领导。全国各

---

① 程雄. 浅论领导体制改革. 领导科学,2007(4):4~5

级都不同程度地存在这个问题。权力过分集中于个人或少数人手里,多数办事的人无权决定,少数有权的人负担过重,必然造成官僚主义,必然要犯各种错误,必然要损害各级党和政府的民主生活、集体领导、民主集中制、个人分工负责制等。这种现象,同我国历史上封建专制主义的影响有关,也同共产国际实行的各国党的工作中领导者个人高度集权的传统有关。"①随着我国各项改革的逐步深入,权力过于集中的程度有所减弱。但是,权力过分集中的问题并没有得到根本解决,尤其是"一把手"集权问题,这种情形不利于领导活动的科学开展。

3. 领导权力关系的运转不顺

在领导过程中,领导者与组织内外会经常发生联系。然而,在这种联系过程中,领导权力关系的运转还存在诸多问题,在政府部门内部主要表现在两个方面:一是多头指挥带来结构冲突。履行同一类政府职能的不同机构隶属于不同的领导分管,这些部门之间的职能联系被割裂开来,职责交叉,关系不顺,部门之间的沟通成本加大,甚至各自为政,造成冲突。例如,新闻出版、文化、广播、电视部门关于音像制品的管理,土地、建设、城市规划部门关于房地产的管理,电力、水利部门关于小水电的管理,公安、交通部门关于道路效能的管理,劳动、民政部门关于人力资源的管理等,都不同程度地存在着职责不清、关系不顺的问题,导致好管的事都想管,难管的事都不管的现象,形成管理重复或管理盲区。② 二是领导分管之事过广、太散,没有专业,陷于冗杂,就很难精通业务。此事不懂,彼事迷糊,什么都管,什么都管不好,结果是频于应付,效率低下。重要的是,因此酿成官僚主义,推诿拖延,败坏政府公信力,造成社会矛盾。

4. 领导工作方式受传统影响

主要的问题体现在以下两个方面:一是家长制现象。由于制度的缺损,在很多时候和场合,一些政府领导干部中的旧式家长作风十分严重。对此,邓小平同志曾经指出:"讨论重大问题,不少时候发扬民主、充分酝酿不够,由个人或少数人匆忙做出决定,很少按照少数服从多数的原则实行投票表决,这表明民主集中制还没有成为严格的制度。""不少地方和单位,都有家长式的人物,他们的权力不受限制,别人都要唯命是从,甚至形成对他们的人身依附关系。"邓小平同志还对家长制现象做了尖锐批评,他指出:"革命队伍内的家长制作风,除了使个人高度集权以外,还使个人凌驾于组织之上,组织成为个人的工具。家长制是历史非常悠久的一种陈旧社会现象,它的影响在党的历史上产生过很大危害。"③二是特权现象。特权指政治上、经济上在法律和制度之外的权利。从理论上说,社会主义的领导制度是不应存有任何阶级和个人特权的,人们只有社会分工的不同,没有尊卑贵贱之分。但事实上,由于一些领导干部的特权意识、官本位思想还大量存留,因而特权现象不可能根绝,最终

---

① 邓小平文选(第 2 卷). 北京:人民出版社,1994,341
② 汪玉凯. 中国行政管理 20 年. 郑州:中州古籍出版社,1998,260
③ 邓小平文选(第 2 卷). 北京:人民出版社,1994,330~331,327

导致领导体制既不廉洁、高效,更不便民,且易滋生腐败。谈其主要表现和危害,邓小平同志这样说:"它的主要表现和危害是:高高在上,滥用权力,脱离实际,脱离群众,好摆门面,好说空话,思想僵化,墨守成规,机构臃肿,人浮于事,办事拖拉,不讲效率,不负责任,不守信用,公文旅行,互相推诿,以致官气十足,动辄训人,打击报复,压制民主,欺上瞒下,专横跋扈,徇私行贿,贪赃枉法,等等。这无论在我们的内部事务中,或是在国际交往中,都已达到令人无法容忍的地步。"[①]

5. 领导规则的不健全

我国传统领导体制下,领导规则的不健全是领导体制弊端的主要表现形式之一。下面以领导体制法规的发展来说明。在建国初期,为适应建立各级政府和各种管理制度的需要,国家制定了一系列行政组织法和行政管理法规。包括有关财政、金融、税收管理的法规98个,有关公安、司法、民政管理的法规261个,有关教育、科学、文化、卫生管理的法规149个。上述法律、法规的制定对于各级政府的迅速建立和保证各项领导工作的开展起了重要作用。从20世纪50年代后期到70年代后期,有关领导体制的法规制度被严重削弱,不仅新的有关领导体制的法规大大减少,而且原来的有关法规受到严重破坏,无法贯彻执行。这一时期的法规形式也发生了全面变化,正式的规范性文件被众多的临时性通知、办法、指示所代替。从法律、法规的实施环节上看,由于法律虚无主义盛行,有法不依、执法不严的现象大量存在,领导法制法规受到严重破坏。不难看出,领导规则的不健全,主要表现在缺乏法制观念上。在传统领导体制下的大部分时间里,行政领导是缺乏规则或有规则而不遵循的,有关领导体制的法规建设远未达到完备的程度。例如,有关行政法规的规定较为抽象笼统,缺乏严密的保障制度和手段,这正是后来政府机构重叠和人员激增的原因之一。

6. 领导程序的缺漏

领导活动主要表现为决策、用人、指挥、协调、控制等。所有这些活动都应遵循一定的程序,否则将会出现决策失误、用人不当、指挥不灵、协调不通、控制不力的风险。在传统领导体制下,领导活动缺乏程序的现象同样普遍存在,例如决策程序。众所周知,新中国成立后我党有过多次重大决策失误,包括1957年的反"右"扩大化、1958年的"大跃进"、1966年的"文化大革命"等。这些重大决策失误形成的原因是多方面的,其中有一个重要的原因就在于领导决策缺乏程序性,导致主观决策、轻率决策,给国家社会主义建设带来严重的损失。再如用人程序,一些行政部门在选用干部时,"以人举人"单纯依靠几个主要领导干部或组织人事部门,既不掌握一定的标准,又无程序制约,很容易为个人专断、打击报复、拉帮结派等不良现象留下可乘之机。[②]

---

① 邓小平文选(第2卷). 北京:人民出版社,1994,330~331,327
② 汪玉凯. 中国行政管理20年. 郑州:中州古籍出版社,1998,260

4.4.2 领导体制的改革

领导体制是领导活动的载体,它对于实现领导活动科学化,促进经济发展和社会全面进步,具有十分重要的现实意义。因此,必须针对领导体制存在的弊端,积极推进领导体制改革。

领导体制的改革是一个系统的社会工程,它所涉及的范围,改革的深度,都是新中国的体制变革中前所未有的。在这个意义上,领导体制的改革对我国社会主义建设事业来说,是一个巨大的挑战,也是空前的机遇。根据历史的经验与教训及对领导体制的现代化要求,我国领导体制改革的主要内容和基本方向有以下几点。

1. 党内领导体制的改革是我国领导体制改革的决定条件

在中国,党内领导体制的改革带有根本性。我国是一个由中国共产党领导的社会主义国家,党是社会主义事业的领导核心,当然也是领导体制改革的关键和核心。领导体制的改革千难万难,归结到一点,党内领导体制这一关键环节绕不过去。党内领导体制不改革,其他领域的领导体制改革就很难展开,即使其他领域的领导体制改革勉强进行,其成果也很难保障。从这个意义上讲,党内领导体制的改革决定着我国整个领导体制的改革,改革开放30年的经验表明,党的领导体制的改革每前进一小步,我国社会主义事业就会前进一大步,党的领导体制改革每取得一个大的突破,我国的社会主义事业改革和开放就会有一个大的飞跃。因此,党内领导体制的改革若不能继续深化,就会影响改革的进一步深化和开放的进一步扩大,从而影响我国社会主义事业的继续前进。

同时,我们也应该认识到,领导体制改革是上层建筑里的一场革命,但它不是上层建筑的根本变革,不是动摇和瓦解社会主义的上层建筑,而是在社会主义基础上的自我改进和自我完善。这种自我改进和完善,是在党和国家的领导下,在马克思主义、列宁主义、毛泽东思想、邓小平理论以及"三个代表"重要思想的指引下,依靠社会主义制度本身的力量,依靠亿万人民群众共同努力来推进的。因此,党内的领导体制改革不是削弱党的领导地位,更不是取消党的领导,而是改变党的执政和领导方式,使党的领导能够适应国内国际形势的不断发展提出的新要求,不断地改善党的领导,使我国的社会主义事业不断前进。坚持和完善党的领导,是社会主义事业不断取得胜利的最根本保证,必须毫不动摇地坚持党的领导地位,这是中国人民在过去长期的革命和建设的历史中的经验总结。我们要深化党内领导体制的改革,这是改革开放以来,以邓小平为核心的党的第二代领导集体在实践中得出的经验总结。只有不断深化党内领导体制的改革,我们的党才能在新的形势下,代表最先进生产力的发展需要,代表最广大人民的根本利益,代表最先进的文化发展方向。

2. 建立合理、协调的领导权力运转体系,克服政府管理体制的过分集权

1) 权力分配要合理

在纵向领导层次中,改革权力过分集中的领导体制应适当下放权力,合理配置各层次的

职权范围,以调动各方面的积极性。下放权力的总原则是:凡是适宜由下面处理的事情都由下面决策和执行。其中,尤其要划清中央和地方的职权界限,以在保证全国政令统一的前提下,做到地方的事情由地方管,避免中央包揽一切。在横向领导层次中,要改革职责不明、互相扯皮的现象,合理分权,使各方面的工作真正做到有职、有权、有责,真正实现互相配合、监督、协调、制约和促进,以使领导活动有条不紊地进行。

2)机构设置适当

领导机构是实现领导职能的组织实体,只有机构设置合理,领导工作才能完整有序地运转。各级领导机构的确立,必须符合"精简"、"统一"、"效能"、"节约"和"反对官僚主义"五项要求。这既是确立机构的目标,又是检验组织机构的质量的标准。所谓"精简",即根据领导工作的需要,建立起精干有力的领导班子。机构臃肿、人员过多,不但难以统一,而且会产生内耗。所谓"统一",即整个领导机构中的各个部门都有明确的目标、清楚的分工,范围没有交叉重叠,同时又能互相有机配合,领导层次和领导幅度确定恰当,从而在纵横两个方面都能协调统一而不别扭分散。所谓"效能"即指领导机构在工作的数量、质量、速度等方面都有好的效果。"效能"原则与"节约"原则紧密相连,只有不浪费人力和物力,才能有效提高工作效能。而所有这些,都是反对官僚主义的保证。

3)工作制度健全

领导工作的核心是以职、权、责、利相统一为原则的领导工作责任制。其基本内容涉及工作职能范围的划分、工作权力的确定、工作责任的承担以及相应的奖惩制度。依据这一原则,责任到人就要权力到人,只交责任,不交权力,责任制非落空不可。就要明确各级的职权范围,不能事无巨细都要请示汇报,不负责任地互相推诿、扯皮和敷衍塞责,甚至争权夺利。

4)法律保障有力

领导体制的改革要依法办事,体制的一切变革要以法律、法规的形式固定下来。要依法分配权力、设置机构,依法进行领导,抑制不正之风,维护群众合法权益。

5)自我调节灵活

领导体制不是永恒不变的。对于动态的领导行为来说,不但需要领导体制充分发挥领导者的积极性和创造性,而且还要根据工作任务及面对情况的变化,对领导体制进行不断的改革。因此,确立一种能自我调节的灵活机制极为重要。[①]

3. 明确领导职能、实现职能转变

(1)搞清国家、政府与社会之间的关系。国家产生于社会,国家和政府的权力受到社会的监督和制约,这是马列主义的常识,也是现代国家健康发展的必然要求。要进行领导体制

---

① 贺善侃. 领导科学和现代行政.上海:上海大学出版社,2001,92

的改革,必须否定政府至上的意识,确立社会本位、人民本位的理论和观念。

（2）把握并适应现代政府领导职能及其发展趋势。随着社会经济、政治、文化的发展,政府的服务职能日渐增多,其他职能将越来越多地由社会组织来承担,逐步演变为"小政府、大社会"的以社会自治为主的社会。因此,在领导体制的改革中,我们必须把握这一趋势,破除那种政府无所不为、无所不能的做法,把那些社会应该办、能够办而且乐意办的事情交给社会,把属于企业的权力真正、完全交给企业。

（3）改革现行的政府运行程序和工作方式。

（4）改革干部人事制度。改革开放以来,特别是最近几年,我国在干部人事制度改革方面做出了很大成绩,力度也很大。但由于历史积累下的各种问题过多,工作过于复杂,因而人事制度的改革离形势的要求还有相当的差距,还不能完全满足改革开放工作的需要。当前需要加大改革的力度,首先要更新观念,拓宽干部录用的渠道,吸收更多的优秀人才进入干部队伍。要不拘一格降人才,使优秀人才脱颖而出,特别是那些德才兼备、群众公认的坚决执行党的路线方针、政策,并且廉洁奉公的干部应及时选拔到各级领导岗位上来。其次,要加强对干部队伍的管理,变过去的过程管理为跟踪过程的目标管理;要创造一个良好的用人环境,废除干部使用过程中的终身制,形成能上能下的管理机制。

4．领导体制应该科学化、法制化

领导体制的科学化,关键是机构设置的合理化。而有效地进行政府机构的改革,是克服官僚主义,提高行政效率,清除政府行政运行机制中的梗阻的主要途径。当前,我国的领导体制改革的重点就放在政府机构改革上。现代化的建设呼唤着现代化的政府,现代化的政府必须废除落后的、家长式的、过度集权式的领导体制,建立科学的、合理的、高效的、符合现代社会发展方向的领导体制。建立现代化的领导体制的原则应该是宏观调控、间接管理、服务为本、监督有力、方式灵活。领导体制的科学化就是减少领导活动的随意性和主观性,增加领导活动的可预见性和可操作性。科学化的要求还意味着领导体制必须顺应现代管理活动的大趋势,采用先进的领导方法和手段。它既包括领导机构的设置合理化,也包括领导制度安排合理,领导方式合理、领导程序民主。

领导体制的法制化,这是依法治国的体现和要求,同时也是依法治国的保障。我国现行的领导体制的改革与其他领域的改革一样,需要法制为其提供依据,需要法制巩固其成果。在我国现行领导体制中,政府与党的关系,以及国家与社会的关系,还有中央政府与地方政府、政府组织与基层组织之间的领导关系,都应该具体化、法制化,这样才有可操作性。

■ 本章小结

1. 领导体制是领导系统中的各单位之间权力划分和机构组织设置及领导工作制度。

2. 领导体制的内容包括领导机关的组成要素,领导机关的结构方式,领导机关的职责权限划分,领导机关的决策、指挥和监督方式等。

3. 领导体制是领导活动的组织保证,是规范领导行为的根本机制,是领导者与被领导者之间建立关系的桥梁和纽带,也是领导活动规范化、制度化的组织保证。

4. 领导体制的类型包括一体制与分离制、集权制与分权制、首长负责制与合议制、层级制与职能制。领导体制的发展大致经历了五个阶段,即家长制的领导体制、经理制的领导体制、"软专家"式的领导体制、专家集团式的领导体制和多极领导体制。

5. 我国当前领导体制中存在的弊端表现为:党政不分的情况依然存在,领导权力的过于集中,领导权力关系的运转不顺,领导集团工作方式的落后,领导规则的不健全,领导程序的缺漏等。为此,需要进行领导体制的改革。我国领导体制改革的决定条件是党内领导体制的改革。同时要建立合理、协调的政治领导权力运转体系,克服政府管理体制的过分集权,要明确领导职能、实现职能转变,建立科学化、法制化的领导体制。

■ 思考题

1. 什么是领导体制?领导体制在领导活动中起着什么样的作用?

2. 领导体制有哪些类型?它们各自的优缺点是什么?

3. 领导体制的演化经历了哪些阶段?各个阶段都有什么特点?

4. 针对当前我国领导体制存在的弊端,我们应该在哪些方面进行改革?

■ 网上冲浪

1. **领导体制的类型** 了解领导体制的类型,访问 www.leaderx.com,在该网站上找到一份表格,以表格的形式区分和比较各种领导体制的特点。分析表格之后,总结你认为你所在的单位(如学校)的领导体制应当如何设计才符合科学、合理、高效的原则。将你所总结的方案在课堂上公布,解释你认为自己所提出的方案有何优点,或者是针对现存领导体制中的哪些弊端提出的,然后与大家讨论。

2. **领导体制的演化** 访问 www.leaderx.com,在该网站上找到相关案例,看看在不同的历史时期有哪些著名的案例反映了领导体制演变的必然性。从这些案例中总结经验和教训,归纳领导体制对领导效果的影响,并绘制图表,标明领导体制演化的轨迹,将你的表格打印出来,作为课后作业,交到任课教师处。

■ 案例分析

IBM 的战略管理领导体制

企业领导体制,从来就没有固定不变的和适用于一切企业的最佳模式,总是要根据环境的变化和自身的发展进行不断地调整,即改革和创新。即使是世界最优秀的企业也不例外,在西方企业领导体制改革的浪潮中,著名的国际商用机器公司(IBM)的领导体制改革在很大程度上揭示了在新技术革命条件下竞争环境对企业领导体制的要求。

IBM 是美国也是世界最大的电子计算机制造商,创建于 1911 年。目前,在世界 132 个国家和地区设有子公司和营业点,拥有 39 个生产厂,3 个基础研究部,22 个产品研究所的 13 个科学中心,它的主要产品反映着当代尖端技术发展的水平。1970 年至 1984 年,销售增加了 5.1 倍,平均每年增长 13% 以上,净利润增加了 5.5 倍,平均每年增长 34.7%,被誉为典型的超优企业。然而,一个如此优秀的企业,为什么要改革领导体制呢? 其改革的背景和激发因素又是什么呢?

自 20 世纪 70 年代末以来,科学技术发展突飞猛进,特别是在微电子技术领域,产品更新周期日益缩短,平均不到三四年,电子计算机市场竞争处于炙热化程度,国内外许多资本、技术雄厚的企业纷纷染指这一虽有较高风险但很有发展前途的领域。IBM 作为一个专门制造和销售电子计算机的跨国公司,一时面临着对手如林的局势。但是,当时对 IBM 威胁最大的要数美国阿姆达尔公司,该公司推出了 H/200 插接兼容机,只要更换一下插头,就可以与当时世界最先进的第三代电子计算机 IBM/1400 互换,由于 H/200 的运算速度比 IMB/1400 快两倍,价格便宜 5%,从而直接威胁着 IBM 的市场地位。IBM 因不能立即拿出新产品对抗,只好凭借雄厚资金以降价战略实施反击,其结果使资金不足的阿姆达尔公司陷于困境。但是,阿姆达尔公司很快又找到了出路,它与资金充足的日本计算机制造商富士通联合起来,并推出新产品 470v/7 同 IBM 抗衡。与此同时,日立、三菱、日本电气等制造电子计算机的厂商也联合起来,积极开发新产品,涌入国际市场,向 IBM 发起新挑战,致使 IBM 有失去市场主导权的危险,要扭转这一被动局面,IBM 只有尽快开发出新一代产品。为此,IBM 不得不考虑如何建立一套有利于开发创新的领导体制,激发公司的活力,以适应激变的竞争环境,争取全局的主动权。

IBM 是一个以制造和销售大型电子计算机为主的公司,小型计算机和微电脑市场则被日本厂商和国内其他厂商所控制,这一新领域的突起构成了对 IBM 新的威胁。1980 年,在计算机市场上,虽然在销售额上 IBM 还占优势,但是在实物战上日本厂商和国内其他厂商的小型计算机占了上风。因此,IBM 的利润损失至少在 5 亿美元以上。IBM 决心进入小型机和微电脑领域,进行全面战略反攻,矛头直指日本富士通,力图拿下小型机和微电脑市场的王位。IBM 领导体制改革,正是为了实施其战略反攻的要求。1982 年,IBM 董事长卡里曾明确提出:要以对日战略为中心进行组织改革,集中全力对付日本富士通和日立制作所等对手。他认为,"只要能够对付来自日本的挑战,那就可能战胜世界上任何国家的挑战"。然而,这一时期,美国电话电报公司(AT&T)进行了分解改组,开始进入计算机领域,欧洲经济共同体的计算机制造业也迅速发展起来,在西欧市场上采取统一政策与 IBM 相对抗。面对着国内外新增的劲敌,特别是同时受到来自日本、欧洲共同体和美国国内三方面挑战的压力,IBM 不得不从整体上进一步调整原先的战略。在 1983 年,提出 80 年代的新战略,主要包括以下 4 个方面的重要目标。

(1) 在情报产业的所有领域都能实现同行业的增长率;

(2) 在所有领域都要证明 IBM 的产品在技术的价值和质量方面的卓越性,并发挥领导作用;

(3) 在生产、销售、服务和管理的所有业务活动上,实现最高的效率;

(4) 确保企业成长所需要的高利润,以便在世界情报处理产业中建立起牢固的地位。

要实现这一新的战略目标,必须按照专业化、效率化、科学化、民主化和智能结构合理化的要求,调整和改革领导体制。

1983 年,卡里主动辞去董事长的职务,到董事会经营委员会当议长,推荐奥佩尔总裁任董事长,艾克斯任总裁。于是,按照既定战略要求,IBM 开始了历史上从未有过的大规模领导体制改革,着手建立 80 年代的"现代经营体制"。IBM 的领导体制改革过程,大致上分成三个阶段:第一阶段,进行组织改革试点,在公司设立"风险组织";第二阶段,全面调整与改革总公司的领导组织,形成新的领导体制;第三阶段,调整与改革子公司的领导体制。改革从 1980 年至 1984 年,历时四年。

早在 1980 年,IBM 就开始在公司内设立"风险组织"的试验。3 年内,先后建立了 15 个专门从事开发小型新产品的"风险组织"。这种组织有两种形式:一是独立经营单位(IBU),二是战略经营单位(SBU)。它们都是拥有较大自主权的相对独立的单位。独立经营单位,是 IBM 公司在 1979 年首创,直属总公司专门委员会领导。总公司除了提供必要的资金和审议其发展方向外,不干涉其任何经营活动,故有"企业内企业"之称。它可以设立自己的董事会,自行筹集资金和决定经营策略等,在产销、财务、人事等方面被授予较大的自主权。设立这种组织的目的,在于激发个人的创造性和企业家精神,使大企业在组织上具有活力,能在小型机和微型机等急剧发展的高技术领域不断开发出有竞争力的新产品和有未来前途的产品。

独立经营单位,由于既有小企业的灵活性,又有大公司的实力(奖金、技术、营销系统),故而较之一般独自创办的风险企业有较大的优越性。IBM 将这一组织形式运用于个人电脑开发,仅用了 11 个月就完成了通常需要 4 年的从研制到生产的全过程。1984 年,IBM 个人电脑销售达 50 亿美元,占公司总销售额的 10%,占美国市场的 21%。

战略经营单位,是美国西屋电气公司创建,被 IBM 于 1980 年引入采用。它是一种战略组织措施,其地位等同于事业部,但事业部一般是以产品或地域为中心的组织,而战略经营单位则以经营为中心的组织,是公司内属关键性的经营核算单位。"风险性组织"的试验成功,使 IBM 得到启发,现代大企业必须重视分权管理,同时要加强战略指导。

到 1983 年,IBM 着手改组最高决策层和总管理层,战略领导体制。(1)改善最高决策组织。把原来仅由董事长和总裁两人组成的企业办公室与作为协议机构的经营会议合并改组为企业管理办公室,使正式成员由原 6 人增加到 16 人,新增成员有董事会经营委员会议长、副董事长、常务副总裁、主管科学组织和研究开发的副总裁以及地区总公司经理。这一改组是为了吸收更多的人参与最高决策,从而改进决策层智力结构,加强集体决策机制。(2)建立政策委员会和事业营运委员会。政策委员会由董事长、总裁、副董事长和 2 名常务副总裁 5 个人组成,负责长期战略决策。事业营运委员会由参加政策委员会的一名常务副总裁负责,外加主管公司计划财务的副总裁,分管事业部门的常务副总裁及分管地区总公司的常务副总裁和其他副总裁等 10 人组成,负责短期战略决策。政策委员会是企业管理办公室决策的战略指导核心,事业营运委员会是企业管理办公室决策机构。(3)调整总管理层。IBM 的行政指挥系统共由 4 级组成:总公司-事业部组织(执行部)和地区性公司-事业部和地区子公司-工厂。其中,总公司、事业部门组织和地区性公司属总管理层。总公司管理层的改组,是通过成立企业管理办公室、政策委员会和事业部营运委员会完成的。而事业部门和地区性公司,则是通过大规模改组进行的。IBM 原有的数据市场组、数据产品组和通用商业组等 3 个事业部组,经改组成为信息系统和技术组、信息系统和库存组、信息系统和产品组以及信息系统和通讯组 4 个事业部门。

改组中,IBM 突出了信息和通讯事业部的重要地位,并按专门化、效率化等原则对下属事业部进行增减、合并或调整,强调了向个人计算机、中小型计算机通讯系统产品发展的新方向。IBM 原有 2 个地区性公司:IBM 世界贸易美洲-远东公司和 IBM 世界贸易欧洲-中东-非洲公司,分别由 IBM 贸易总公司统一协调,管理着 130 多个国家和地区的子公司。这些子公司并列接受地区性公司指挥,没有中间领导层次,管理跨度很大。改组中,IBM 根据地区、市场和产品专业化等情况,建立自主经营的事业体,把各国的子公司合理集中起来,以加强指导管理。例如,IBM 世界贸易欧洲-中东-非洲公司的 85 个国家和地区的子公司改组为 5 个事业体,IBM 世界贸易美洲-远东公司的 46 个国家和地区的子公司重组为 3 个事业体:亚洲和太平洋集团(亚太集团),加拿大 IBM 以及中南美洲 IBM。其中,亚太集团是根据以对日本战略为中心的要求组建的战略事业体,反映了这次 IBM 体制改革的重要特点。这样,就在最高决策组织和决策执行组织之间,通过政策委员会、企业管理办公室和事业营运委员会等机构,建立了一个以战略为中心的领导体制新形式。

IBM 在建立新的领导体制和改组原有地区公司的基础上,积极实行管理授权与分析,分层次有秩序地扩大授权范围和推进分析管理。一是给总公司事业营运委员会以较大的自主权,使它能根据市场需要能动地发展风险事业;二是允许某些事业部扩大销售职能,如新建的信息系统组增设了地区销售部;三是对新地区事业体系采取分散化管理原则,使它在开发、生产和销售等方面比原子公司具有更大的经营自主权,以提高竞争能力;四是授予亚太集团的战略事业体的核心主力(日本 IBM)在组织上和经营上的完全自主权,并由总公司派出得力的副总裁直接担任最高领导,发挥亚太集团特别是日本 IBM 在实现公司战略中的尖兵作用。

奥佩尔的这些改革与放权措施,在 IBM 历史上是找不到的。通过调整、改组、改革和授权,把分散的子公司适当集中,对集中起来的事业体实行分散管理。IBM 不仅建立起了一个战略领导体制,而且形成了一个集中与分权相统一的管理体制,从而使它有可能用集中决策与分散经营相结合等方式来适应激变的市场环境。

为了提高领导体制的适应性,IBM 还进一步改善了其支持系统。(1)健全咨询会议和董事会下的各种委员会,聘请社会名流参加咨询,担任董事,组成有威望的咨询班子、工作班子和监督班子。(2)严格执行业务报告制度,建立评价与指标系统,普及五步决"THINK",即一切职员都必须经常向直属上司报告工作,上级和下级要通过定期总结,评价立法,改进工作,各级在决策处理问题时都必须做到看、听、分析、综合和做明确判断等。(3)实行"门户开放"政策,建立"进言"制度。董事长和总裁敞开办公室大门,欢迎职工来访。普设保密意见箱,鼓励下属直言上诉。认为这种"进言"制度是一种很好的沟通,可以缓和职工不满情绪,有利于防止官僚主义。(4)坚持 IBM 的宗旨,即"尊重"、"服务"和"追求卓越"。所谓"尊重",是倡导尊重个人的权利和尊严,激发员工进取精神;所谓"服务",是强调提供世界上最出色的服务,树立良好的信誉;所谓"追求卓越",是指所有的工作都要以最优秀的方式完成,其最终目的就是要保证产品和服务完美无缺。

改革前,公司认为,战略可以变,组织可以改,而宗旨永远不能改变。IBM 支持系统的改善,开通了信息渠道,提高了决策效率,从而使领导体制具有较好的适应性。

IBM 的大规模领导体制改革,主要是在 1983—1984 年完成的。这一改革给我们的启迪是：为了迎接新的技术革命的挑战，适应市场竞争的需要，现代企业领导体制必须以战略为中心加以改革。

资料来源：http://www.em-cn.com/article/2007/130506.shtml

■ 思考与讨论

1. IBM 公司的战略领导体制改革步骤是怎样的？

2. 你认为 IBM 公司战略领导体制的改革有哪些积极意义？

3. 假如你是 IBM 现任董事长，你对改革后的领导体制满意吗？你将怎样设计改革方案？

领导者与被领导者

■ 学习目标

通过本章的学习,你应当能够:

- 界定领导者的含义;
- 描述领导者素质的特点;
- 阐释领导者和被领导者之间的关系;
- 列举领导者素质的构成要素;
- 明确领导者的职位、职权和责任;
- 了解领导者类型的划分;
- 讨论领导者素质结构的优化。

讲话不疾不徐,娓娓而谈的鲍勃·科卡伦(Bob Corcoran)是通用电气公司(GE)的"首席教育官"(Chief Learning Officer,CLO),在谈到 GE 的领导力发展的话题时,镜片后的眼睛里光芒闪烁。"我们很少招募只有专业知识而没有领导力的人。"他的观点非常鲜明。

GE 每年都招募大批的年轻毕业生,有工程、销售、财务等各方面的人才,公司会去仔细观察,发现他们的潜能,培养他们的领导力。"我们很少招募只有专业知识而没有领导力的人。"科卡伦说。他的理解中,一个好的领导人绝不只是规划前景,而会给团队一个明确的目标,提供充分的资源,给员工充分发挥自身能力的自由,能激励别人去达到大伙共同的目标,这个人还要有出色的影响力,具有热情和激情,能令大家热爱自己的工作,自觉为公司的目标努力奋斗。

"另外,一个好的领导人绝不是机械地教下属怎么做事,而会启发他们思考,给别人留下发挥潜能的余地,而且让员工感受到你对他们的关心。"而对于"基层员工的领导力何以得到体现?"这一问题,科卡伦的回答是,对领导力的理解并非那么狭窄,并不是只有在领导岗位上的人才需要领导力,一个基层的员工也应该具有自我领导力,对自身具有高标准的要求,不断学习,并对工作保持热爱之情。

公司需要愿意挑战自我的人。那些乐于学习和迎接挑战、自我要求比较高的人会以身边优秀的人们作为尺度,渴望做得更好,所谓见贤思齐。在 GE,工作并不容易,竞争和挑战的氛围很浓,公司需要发现能够自然适合这种文化的人。比如在一场考试中,如果测试的结果相当理想,已经处在前面 5% 的水平,仍会有些学生并不满足,会重新审视试卷找出错误,有时他们会经过反复核算,坚信自己是对的,然后找到教授加以证明。"我们喜欢这样的人,我们寻找这样的人,因为他们具有最大程度的自觉。"

资料来源:中国领导研究网(http://ccpash.cn)

通用公司的领导者的生动描述说明了素质对于一名好的领导者或好的被领导者的重要性——这其中包括一个人的领导能力。在本章中,我们将阐述与领导者和被领导者有关的内容。首先介绍领导者的基本内涵,然后阐述领导者的职位、权力与责任。我们还要分析领导者的素质。此外,我们还要分析被领导者的特点与角色,因为领导者与被领导者的关系是领导活动中的基本关系,也是整个领导科学研究的重要内容。

5.1　领导者概述

5.1.1　领导者的含义

领导者能力的大小对于一个群体或一个社会组织的生存和发展意义重大,事关全局。在这一点上,昔日能够在阿津卡特战役中以15 000人的疾饥交加之师大胜45 000人大军的英王亨利五世,以及当代不仅创造了美国福特汽车公司的新辉煌,又令克莱斯勒公司起死回生的美国汽车巨子李·艾柯卡,都是很好的例证。那么,到底什么样的人才是领导者呢?领导学界的专家从不同的角度,对其有着不同的表述。

一种观点认为,领导者就是权力的执掌者,即他是在特定的社会组织中,依法享有职权,并通过决策、组织、指挥、协调、控制和影响等活动,率领被领导者实现既定目标的人。因此,领导者就是指一个组织中的当权者,是这个组织或机构的掌舵人,他履行的是一定的领导职务。显然,这种观点是把权力作为领导者存在的基础,尤其是把职权当作构成领导者的一个必备要素。这一观点虽然也在一定程度上反映了正式领导者的内涵,但大大缩小了领导者的内涵,即忽略了非正式领导者的存在。

另一种观点认为,领导者就是其身后拥有追随者的人。美国著名的管理大师彼得·德鲁克在其所著的《未来的领导》一书的序言中写道:"所有成功的领导者都知道下面四个简单的事情:①领导者的唯一定义就是其后面有追随者。一些人是思想家,一些人是预言家,这些人都很重要,而且也很急需,但是,没有追随者,就不会有领导。②一个成功的领导者不一定是受人爱戴的人,而是使追随者做出正确的事情的人。只有结果才是最重要的。③领导者都是受人瞩目的,因此必须以身作则。④领导地位并不意味着头衔、特权、级别、金钱,而是责任。"按照德鲁克的观点,领导者是无处不在,群众中的领袖人物以及没有正式职位但仍有一定影响的人物都可以称为领导者。无独有偶,J. W. 伯恩斯也认为领导者无处不在。在其《领袖论》一书中,伯恩斯认为,"政治领袖无处不在。在大多数社会中,领袖并不局限于少数一群有无限权力的杰出人物的范围内,而是还包括人数众多但尚不明确的人员的行为在内。"依此观点,领导者显然不会局限于政治家、政府首脑、大企业经理等,那些只有四五个下属的加油站站长或楼房管理员,以及配备一两个秘书、两名技术工人的医生,也都是领导者。

以上两种关于领导者概念的不同观点,分别是从最狭义和最广义的角度描述了领导者的面貌。

综合这些观点,我们认为领导者的概念可以作如此表述:领导者是在社会共同的生活中,经过选举、任命,或从群众中涌现出来的能够指导和协调组织成员向着既定方向努力的、具有影响力的个人或集体。

正确理解领导者的含义应把握以下三个方面。

(1)领导者就是一个组织正常运作和发展的发动者和推动者;

(2)领导者通过计划、组织、指导和监督组织成员的活动,发展和维持组织成员之间的团结以及调动其工作积极性,使之成为一个有机的整体;

(3)领导者之所以能够指导和协调其组织成员,真正起作用的不是因为他被冠以某种头衔,而是因为他所具有的影响力。

5.1.2 领导者的构成

根据上述领导者的基本含义,可知领导者是由个体领导者和集体领导者两个基本部分组成的。

1. 个体领导者

个体领导者,即普通意义上的领导者或领导人,亦即我们常说的头儿、上司、领导、主管、总裁、董事长、经理、首长、主席、首脑等。这是领导者的主要含义所在,是集体领导者存在的前提。个体领导者还可以分为领袖、主要领导人和一般领导人等。在主要领导人和一般领导人之间,又分为高层领导人、中层领导人和基层领导人等。他们在不同的单位、不同的岗位、不同的时间和场合发挥着不同的作用,特别是在集体领导者中间表现得更是如此。

2. 集体领导者

集体领导者,又称领导班子,是由在同一群体或组织内完备的一组领导岗位上任职的领导者组成的领导集体。这一领导集体不是由若干个领导者简单、松散地拼凑而成的,而是若干领导者按照一定的原则、制度、科学地排列组合起来的,且相互作用、相互影响的具有高度组织性和能动性的有机整体。这一有机整体由其中的最高层领导者负责和统领,由一般领导者,即通常与最高领导者在级别上相差不太大的次一级领导者充当领导集体成员。这一集体对于国家中央政府来讲,就是内阁,对于其他一般的组织而言,就是一般的领导团队。

5.1.3 领导者的类型

在人类社会生活中,领导者的数量会有很多,而且在这些领导者中,不同的领导者在领导素质、领导作风、领导能力以及领导方式等方面会存在诸多不同。那么,如何才能对领导者给予全面、准确的理解呢?加拿大维多利亚大学克利斯托弗·霍金森在其所著的《领导哲学》一书中说得好:"分类是科学的开端。"因此,要想对领导者有理性化的理解,我们就必须对其进行分类。关于领导者的划分,依据的标准不同,类型就不同。按照领导者的特征,可分为仁人型领导者和能人型领导者;按照领导者的工作作风,可分为独裁型领导者、专制型领导者、民主型领导者和放任型领导者;按照领导者的心态,可分为变革型领导者和交易型领导者。在本书中,我们仅就当前一些具有代表性的分类观点来加以介绍。

1. 哲学上的划分

克利斯托弗·霍金森在其所著的《领导哲学》一书中将领导者分为野心家、政治家、技术专家和诗人四种类型。

1) 野心家

这一类型的领导者以秉承自我的、私利的价值以及个人的情感和动机的价值为特征。野心家类型的领导渴望权力。这种野心要么是公开地表现出来,要么就是被抛弃,这取决于社会结构和社会认可的态度。

2) 政治家

政治家是由于真正参与和群体偏爱才成为一种原始类型的领导者。它基于的原则是，正当的行动和正当的命令最终是在群体而不是在个人身上找到合法性信念的。政治家是道德的，又是理性的。他之所以是道德的，是因为他的利益范围超越了自我；之所以是理性的，是因为他视自己为道德集合体的代表者。大体上说，政治家提供了一种最适宜于追随者的较低级的领导方式，其直接原因是来自于人的社会性和这种领导的一般民主意向，间接的原因来自于带有个性思考特点的实践。

3）技术专家

把政治家和技术专家两种原始类型结合起来是大多数领导者的倾向。技术专家包含着野心家和政治家的价值并超越了他们。因为这一类型反映着这样一种理念：管理和领导越是发展，就越体现为由优秀分子来掌握。于是，管理和领导便产生了自己的专门技术知识，并且成为一件专家而不是业余爱好者的事情。因为随着组织的逐渐科层化和技术化，技术专家类型的领导者的兴旺也就不可避免。技术专家的追随者过着一种由技术专家所决定的生活方式。

4）诗人

诗人是另外一种原始类型。霍金森认为，诗人"带着一团火"，能使各种事物和人温暖起来。在政治活动中，诗人能将广大社会公众潜藏于内心的意志清晰地表达出来，因此他充满感召力，可以成为神话般的具有历史性的伟大领袖。因此，最有责任感、最有号召力和最能以自己的方式使人满意的领导形式就是属于诗人类型的。这种类型的领导者号召他们的追随者超越他们自己，并激发和引导他们萌发最初的动机和价值观。在科层化的时代，诗人的呼吸净化了空气，他超越了普遍的对领导和组织的理解。

2. 以领导者的权力来源划分

马克斯·韦伯根据领导者的权力来源不同，把领导者划分为超凡魅力型领导者、世袭型领导者以及法理型领导者。

1）超凡魅力型领导者

超凡魅力型领导者，又称卡里斯马型。卡里斯马是早期基督教的具有超凡能力和品格的英雄。他以自己不断的创造来证明自己的超凡神圣性，因而具有超人的魅力。韦伯用这一术语的目的是为了充分表达超凡魅力型领导者的特征。这种领导者通过他的奇迹之举或英雄行为，把一些人吸引到自己的周围，并成为追随者或信徒。他们之间的领导与被领导关系，是基于被领导者对领导者的超凡魅力神秘启示的信仰，而不是基于某种形式的强制力。一旦领导者丧失了被领导者的信仰，这种领导关系就会崩溃。

2）世袭型领导者

世袭型领导者，又称传统型领导者，这种领导者是以世代沿袭下来的惯例（即领导者对"你凭什么统治众人"问题的回答是"历来如此"）来获取权力的。领导者的命令在内容上必须是基于某种传统，即历代相传的神圣规则，超出这种限制就会导致领导失败。在这种领导关系中,被领导者对领导者的服从是对拥有这种神圣不可侵犯的正统地位的个人的服从。服从的义务不是根据与人无关的命令,而是在习惯的义务范围内对拥有传统权力的个人的绝对忠诚。

3)法理型领导者

这种类型的领导者的权力来自于理性和法律。在领导者与被领导者的关系中,法律具有至高无上的地位。领导者与被领导者双方的权利和义务都是由法律所确定的。无论是领袖、官员,还是一般公众,在法律面前一律平等,他们的行为都要受法律的规范和约束。

3. 以领导者产生的方式划分

按领导者产生的方式划分,领导者可分为正式领导者和非正式领导者。

1)正式领导者

这种类型的领导者是由组织指定的,他们拥有组织结构中的正式职位、职权和责任,并通过领导活动实现组织的目标。正式领导者通常按照组织给予的权力,根据既定的路线和严格的章程进行活动,比如进行制定规划、方针、政策、授权以及进行奖惩、控制、监督活动等。正式领导者的领导职位相对稳定,它不因某一领导者的离职而消失,而是由其他人进行补位。正式领导者(不管他是否拥有权威)可以运用合法的权力来影响下级的思想和行动,必要时可以采用权力的消极形式来影响下级。

2)非正式领导者

这种类型的领导者是在正式组织或非正式组织中通过组织内成员的自发选择领导者。他们不拥有正式的职位、职权和责任,其领导地位主要是因为他们具有某一方面的才能(例如能热心帮助他人、拥有渊博的学识或高超的技术、为人刚正不阿等)而取得的,换句话说,非正式领导者是靠个人的魅力赢得追随者的敬仰和拥戴。非正式领导者总是以满足人们的需要和情感为宗旨,主要帮助组织成员解决私人问题、帮助组织成员承担某些责任、协调组织成员之间的关系、引导成员的思想和信仰,并影响他们的价值观念。非正式领导者同其组织成员具有内在的统一性与和谐性,因而其适应组织和环境的能力较强。由于非正式领导者的影响力是基于组织内部成员对他的信赖,因此,其号召力和影响力不可低估。而且,非正式领导者由于他们的权威来自于个人的独特魅力,所以,非正式领导者的离职很可能会导致整个非正式组织的解体。

5.1.4 领导者与管理者的区别

在现实生活中,人们常常把领导者同管理者混为一谈,其实他们之间存有诸多不同,正如领导与管理各有自己专门的职能一样,领导者与管理者在社会生活中各自扮演的角色是不一样的。那么,领导者和管理者究竟有什么不同呢?"领导者把事情做正确(doing things right),管理者做正确的事情(doing right things)"。这一经典命题揭示了领导者同管理者之间的差异。领导者同管理者之间的区别主要表现在以下七个方面(见表5-1)。[①]

表5-1 管理者和领导者的区别

区 别 点	管 理 者	领 导 者
对待目标的态度	不带有个人感情	个性化、积极的
权威基础	权力与职位	自身的独特魅力
存在的空间	小	大
关注的对象和思维方式	具体的业务和程序	组织的发展和人际关系的协调
待人的态度	强制、限制	激励
自我认识	依赖于职位	不依赖于职位
生活方式的抉择标准	每一步最优	总体最优

1. 对待目标的态度不同

在对待目标的态度上,领导者同管理者存在明显的差别。管理者的目标通常是源于需要而非欲望,因此,管理者往往倾向于一种不带有个人情感的态度对待目标。领导者则常常以一种富于个性化的、积极的态度对待目标,他们提出设想而非为回应设想。领导者寻求潜在的机会及回报,并以其自身的魅力激励下属、激发创新。领导者对于改变行为模式、激发想象力和预期、确立具体的设想和目标等方面的影响,决定着一个组织的发展方向。而且,这种影响的结果直接改变了人们对于什么是意愿的、什么是可能的、什么是必须的等问题的思考方式。

2. 权威基础不同

领导者和管理者的权威基础也不一样。我们知道,领导从其本质上讲是一种影响力的扩展过程,领导者同其下属的关系更多的是一种追随关系。也就是说,领导者之所以成为领导者,是因为他们有众多的认为他们可以提供满足自身需要的追随者的追随。尽管在现实生活中,一个人也可以同时担当领导者和管理者的双重角色(例如,一位处长相对于司长或局长而言,他是一个典型的管理者,在相对于他所在处室的成员来讲,他又是一个典型的领导者),但是领导者并不一定是管理者,管理者也不一定是领导者,因为领导者的权威基础源于其自身的独特魅力。

3. 存在的空间不同

相对于管理者的狭小生存空间(只存在于正式组织中)而言,领导者的生存空间则更宽、

---

① 刘建军. 领导学原理:科学与艺术. 上海:复旦大学出版社,2001,135

更广。领导者既可以存在于正式组织中,也可以存在于其他非正式组织或群体中。管理者虽可以运用职权迫使下属从事某一项工作,却不能影响他人去追随他。而领导者就不同,尽管有的领导者没有正式的职权,但只要他能以个人的影响力去影响他人,那么他也是一位领导者——非正式领导者。

4. 关注的对象和思维方式不同

领导者与管理者各自关注的对象及其思维方式有着明显的不同。管理者通常是问题的解决者,他们会问"什么问题需要解决?什么又是解决问题的最佳方法?怎样维系组织的延续?"可见,管理者关注的是具体的业务和程序,而领导者关注的则是组织的发展方向和该部门的人际关系协调及其成员需要的满足程度,并引发整个组织的变革,为整个组织和全体人员注入一种精神和希望。管理者一般履行一种技术化、程序化的思维方式,而领导者则履行一种社会化、非程序化的思维方式。当然,这并不否认上述的两种情形在现实生活中会集于一人身上,但他在履行管理职能和领导职能的时候,会有明显的角色倾向。

5. 待人的态度不同

在对待下属以及他人方面,管理者和领导者的态度也有明显的不同。管理者通常运用奖励、惩罚以及其他强制性措施来改变反对者的看法,限制下属的选择,力求把下属纳入到一种程序化的工作轨道上来。在同他人的交往方面,管理者通常缺乏热情,缺乏一种凭直觉感受他人情感或思想的能力。管理者依据自己在某一事件或某一决策中的角色来与人交往。这表明,管理者关心的是事情应该怎样进行下去。他力图将一胜一负转化为双方皆胜,从而化解分歧,保持权力的平衡。他们将人们的注意力集中于工作程序而非物质,管理者可与下属进行非正式的交流,向其传递某种信号,但并非是明确的信息。管理者以时间为武器,并力图保持控制、理性的结构平衡。领导者则不同,领导者力图拓展追随者新的思路,并为他们的发展开启新的空间。为了更富有成效,领导者必须使其计划更富有想象力,从而激励人们去拓展新的选择空间并使其计划更为现实。领导者的工作往往伴随着风险,这是领导工作同管理工作的重大区别。领导者追求有风险甚至危险的工作,不是基于理性选择,而是源于其个性特点。在与他人的交往中,领导者关心的是事情以及决策对参加者意味着什么。领导者的传言充满了感情色彩,领导者身上极富有情感特征,善于在错综复杂的关系中,为下属创造一种崭新的希望和意想不到的收获。

6. 自我意识不同

在自我意识方面,管理者常常把自己视为现存秩序的卫道士以及规则的制定者,凭借这种秩序,他们实现着自身价值并获取物质利益。管理者的自我意识通过现存的组织的强化和永久化得以加强,他们与所承担的职位的职责和责任协调一致。而领导者的自我意识的存在并不依赖于同事、工作职位以及其他任何社会的参照物,也许正是这种自我意识,用以解释为什么某些个体总是追求变化的理论基础。

7. 生活方式的抉择标准不同

在生活方式的抉择方面,管理者和领导者也有很大不同。领导者是通过个人奋斗来谋求发展,这种发展方式促使社会个体为追求心理乃至社会的变化而奋斗。而管理者则是借助社会谋求发展,在这种发展轨迹中,社会要求个体指导组织并维护已有的各种社会关系的平衡。管理者所选择的人生方式可以称之为"每一步最优",而领导者所选择的人生方式则为"总体最优"。追求"每一步最优"者,其结果可能是一生平平庸庸,而那些看起来每一步似乎并不是那么好,甚至是有大起大落的追求"总体最优"者,则可能成为优秀的领导者。

5.2 领导者的职位、权力与责任

俗话说,"师出有名"。领导者要在领导活动中对其下属施加有效的影响,也必须有合理、合法的依据。领导者在领导活动中的权威性、影响力同其在组织中的职位、权力和责任有着密切的联系。

5.2.1 领导者的职位

作为社会组织化生活中合法的领导者,不是随意确定的,也不是自我宣称而成的,他必须有法定的权力来源和法定的权威保障。这种权威保障,是同他的领导职位联系在一起的。可以说,领导者的职位是一个领导者有效工作的首要条件。

1. 领导者的职位的含义

一般地说,领导者的职位是指权力机关和人事行政部门根据法律的规定,按照规范化程序选举、聘用和任命领导者担任的职务和责任。因此,就其构成要素来讲,领导者的职位由职务和责任两个不可分割的部分构成。就前者来讲,它注定了担任某一职务,才负有某相应部门的工作指挥权和统御权;就后者而言,它意味着担任某一领导职位的领导者,负有对该组织或单位的责任。这种责任,归根结底,就是担任这一职位的领导者负有的提高该组织的活动效能,以求使其领导活动在原有的基础上形成的投入与产出之比能更加科学,使组织的运转处于一个高效率的状态之中。

2. 领导者的职位的特点

一般地,领导者的职位有以下三个特点。

(1) 领导者的职位因"事"而设立。也就是说,领导者的职位不是为"某一个人"而设立的,而是根据组织发展的需要,以"事"为中心而确定下来的。因此,领导者应当学会将各种事务的性质、范围、内容加以区分,然后按轻重缓急加以有序、有效的处理,从而提高领导的效能。

(2) 领导者的职位的设置具有一定的数量规定性。通常来讲,领导者职位的设置遵循最低数量原则。领导者职位的这一特征,要求我们在工作中必须注意避免两种倾向:一种是因人设职,官职重复,另一种是职权划分不当,交叉管理。

(3) 领导者的职位具有相对的稳定性。领导者的职位的相对稳定性包含两个方面的含义:一是领导者的职位数量是由法律、法规明确规定的,因此它一经确定,就不可能随意增设,也不可能随意废除;二是某一职位上的领导者担任的职务与所负的责任具有一定的时限性,而这种时限性对职位本身不构成什么影响。也就是说,一个领导者应当以他基本的工作能力,保障基本的领导效能,为其是否足以担任某一实际的领导职位的判断标准。如果不足以担任这一职位,他就应当离职,而这时的领导职位并不因领导者的离职而消失,而是由其他的领导者来代替。

5.2.2　领导者的权力

从第 1 章中我们知道,领导的本质是一种领导者对其下属的影响过程。那么,领导者到底是凭借什么来对其下属施加影响的呢? 事实上,领导者之所以能在领导活动中对其下属施加影响,是因为他拥有了影响他人的基础——权力。

1. 权力的概念

关于权力,人们通常的理解就是职权。其实,这是一种片面的认识。不可否认,职权也是一种权力,它是根据职务确定的,是为了履行职务所规定的职责而赋予领导者的对人和物的支配力。这种支配力——职权是在职位基础产生的,没有职位就没有职权。但是,职权并非权力的全部。那么,权力的含义是什么呢? 前人已从不同角度对其进行了定义。

孙中山认为:"权力是指行使命令和制服群伦的力量。"

马克斯·韦伯认为:"权力是把一个人或更多的人的意志强加在其他人的行为之上的能力。"

法约尔认为:"权力是下达命令的力量以及要求他人严格服从的权限。必须将管理人员的政治权力和由智力、经验、道德价值、领导能力、过去的工作经历等形成的个人权力区别开来。作为一个出色的领导人,个人权力是正式权力不可或缺的构成部分。权力既可以产生于组织,也可以产生于对匮乏供给和对生产资料的占有和控制,也可以产生于法律和其他一些要素。因此,权力是一种影响他人做某事的力量。这种力量可能是强制性的(比如职权),也可能来自于领导者自身的人格感召力,它表现为下属的自愿服从和自愿依归。"

根据上述观点,我们倾向于给权力以这样的描述:权力就是一个人或许多人的行为使另一个人或其他许多人发生改变的一种力量。

正确理解这一概念,应注意把握以下三点。

(1) 权力是一种人与人之间的关系,而非人与物之间的关系。

(2) 权力所界定的这种人与人之间的关系具有支配与被支配、领导与服从的关系的特点。任何权力都由三个要素组成:领导者、被领导者以及领导者迫使被领导者服从的社会手段或力量。这三个要素构成了一种特殊的社会关系,离开了其中的任何一个要素,权力便不复存在。

(3) 权力既是一种手段,也是一种目的。人们既可以把它当作达成某种目的利益的手段,也可以把权力当作所追求的目的本身,成为人类欲望的一种实现形式。

2. 权力的类型

为了研究权力及其运用的效果,学者们通常都将其进行类型上的划分。目前流行的观点是将组织中的权力划分为两类五种:职位权力(合法权、奖励权、强迫权)和非职位权力(专家权、参考权)(如下图所示)。

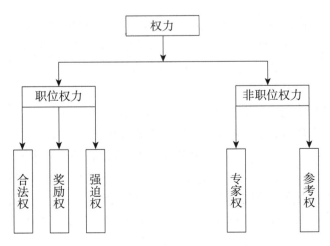

权力类型的划分图

1）职位权力

职位权力是领导者依据其职位所取得的权力,是领导者行使指挥与统御过程的支配性影响的实质条件。职位权力与职位具有同质同量的关系,其大小同职位的高低相向对称。它同领导职位一样,都须有法律的认可和确认,并都会对领导效能产生一种双向的影响。职位权力主要包括以下三种。

（1）合法权。指因拥有组织中的正式职位而获得的权力。它常常同职位联系在一起,须与一定的权力容量相结合,得到下属和人们的认可才能使占据某一职位的人拥有权力。合法性是由法律赋予拥有一定职位的领导者在其职权范围内依法行使的权力,其行为的后果是由组织承担的。合法权要想得到有效运用,领导者必须做到:一是要求要有礼节。傲慢的要求不仅不会使成员顺从,而且还会因此抗拒。二是要求要明确。领导者要使其下属清楚地了解其要求并加以理解。三是要求要合法。非法的要求会被忽视或抗拒,特别是人们反对去做的事情。四是要求应有合理的解释。理性的解释与说服可以加速下级对合法要求的接受。五是要求要坚持得到服从。领导者应避免下级明显地拒绝贯彻某一命令或要求的事情发生,如果恶例一开,那么就会降低领导者在组织成员中的威信。如果要求合法合理,领导者应行使权威,要求下级服从。

（2）奖励权。奖励权是指对于被领导者施加的影响,被领导者基于这样一种信念,如果接受这一影响,就必然会接受某种程度的奖励。通常情况下,同领导者奖励权的大小密切相关的因素包括:一是被领导者对领导者实施奖赏的能力的信任程度。被领导者只有在认为领导者具备这种能力时才会接受他的影响。二是领导者实施的奖励与被领导者所期望的奖励的吻合程度。这种吻合时间越长,领导者的影响力持续得也就越久,吻合的程度越高,领导者的影响力就越大。三是领导者所实施的奖励大小。奖励越大,领导者的影响力就越大。

（3）强制权。与奖励权相对应,强制权是建立在组织成员认为不接受服从,便会受到惩罚的基础之上。它是领导者对其下属不服从其领导所给予的一种强制性剥夺。强制权通常会立即见效,但它易产生抑制和报复、破坏信任以及破坏人与人之间的关系等后果。所以,对于一个成功的领导者来说,除非必需,应尽量避免使用强制权。领导者使用强制权时应注意:将规定和罚则明示,在处罚之前有足够的警告,在处罚之前了解事实真相,处罚要适度;维持惩罚的公正等。

2）非职位权力

非职位权力又称个人权力,是指与组织的职位无关的权力。也就是说,领导者非职位权力的获得不是依赖于他在组织中的职位,而是因为领导者具备某方面的特质。非职位权力主要是指专家权和参考权。

（1）专家权。专家权是指专家在他们的专业知识和技能领域所具备的权威。在日趋高度专业化和精细分工的组织背景下,具有专门知识和技能的专家在组织中的地位越来越高。

应用专家权时应注意以下几点:一是建立专家形象,即领导者应使其下属、同事和上级确知其教育背景和相关的工作经验以及在专业领域显著的成就;二是维持信用,即领导者对于不太了解的事情应避免随意评论,否则,领导者的专家权会大打折扣;三是做到果敢而自信,特别是在危急时刻,领导行使专家权要果敢而自信;四是保持信息灵通,即领导者必须了解和掌握相关专业领域的发展和变化;五是避免伤害下属的自尊心。

(2)参考权。参考权是指一个人的行为、意见、态度、气质等个人特质成为他人采取行为模式、表达意见和参考的对象。也就是说,领导者的参考权是建立在组织成员对领导者的忠诚、敬仰和个人情愫的基础之上。参考权主要包括:第一,个人魅力权,它是由领导者个人的魅力所"派生"出来的权力,人们由于被领导者的魅力所吸引而成为他的追随者;第二,背景权,这种权力来自于一个人的辉煌经历或特殊的人际关系背景、血缘关系背景;第三,感情权,即一个人由于同被影响者的感情融洽而获得的一种权力。

3. 获取权力的路径

权力是领导者向被领导者施加影响的基础。很显然,在领导活动中,不同组织成员的个人目标往往有所不同。因此,要想使组织成员为实现共同的组织目标而努力,领导者就必须借助权力来对组织成员施加影响。那么,权力是如何获得的呢?应该说情况不同,获取的方式也不一致。通常情况下,权力获取的路径主要有以下几种。①

(1)要尽可能地展现自己的能力。伯恩斯认为,对资源的占有以及合理使用是拥有权力的必备前提之一。但要想拥有权力或拥有更大的权力,他还必须存有谋求权力或更大权力的动机。也就是说,一个拥有权力资源的人要想真正拥有权力或更大的权力,那他还必须在这种权力动机之下千方百计地得到更多的权力资源并充分利用它们。任何一个组织在选择它的领导者时,无不把一个人的领导能力作为首要的因素加以考虑,任何一个追随者,都不会去追随一个没有能力的领导者,因为这与他的切身利益密切相关。要想成为领导者并拥有实际的权力,就意味着必须抓住一切机会,在恰当的时间和空间来证明自己的能力。"领导是成长起来的,而不是创造出来的",这充分说明,只有将自己的能力展示在组织和众人面前,赢得人们的信赖与支持,才有可能成为领导者的人选和被追随者。

(2)完成关键工作。我们知道,任何一个组织都会有诸多不同的工作,而且这些不同的工作对于组织的意义也肯定不同,它们或主或次,或关键或一般。通常情况下,上层领导会对那些在组织中具有关键意义的工作给予更多的关注。因此,要想获取权力,就必须想方设法去争取获得完成这些工作的机会。然而,对于这些工作,并不是所有的人都能够胜任,也就是说,有了机会并不表明已经胜任这一关键工作。因此,追逐权力者还须施展自己的才华,尽可能地将工作做得圆满、出色。只有这样,才可能真正赢得上层领导的信任以及组织

---

① 姜法奎. 领导科学. 大连:东北财经大学出版社,2002,31~32

成员的尊重。

（3）乐于助人，即要能适时地进行感情和利益的投放。追求权力者应该时刻关注周围的人，在他们需要的时候立刻伸出援手，提供适当的支持与帮助。这种感情和利益的投放实际上也是一种恩惠的储存。在你追逐权力的过程中，如有需要他们也会向你投放感情和利益，即向你提供相应的支持和帮助。

（4）帮助组织克服危机。一般情况下，一个人要想获得迅速提升是一件非常困难的事情。但如果在组织发生危机时，你能够临危不惧、挺身而出，并带领组织走出危机，那你就能获得权力。因为组织在处于危机时，组织原来的权力构架十分容易被打破，如果谁能够在这个时候抓住机会，谁就能够获得成功。所以，追逐权力者在组织处于动荡与危急之时，必须全力以赴，帮助组织克服危机。

（5）谨慎地寻求顾问，即权力角逐者还可以寻求相关"智者"的指点。一个人不管他的智商有多高，如果仅依靠他一个人的力量做事，那也很难获得成功。因此，要想获取权力，追逐权力的人还必须寻求他人的帮助，即寻找相关领域的专家来帮助自己收集信息、分析情况、发现机会并做出正确决策。但是权力追逐者在寻求他人帮助或指点的过程中要注意"度"的把握，也就是说，在这个过程中，既要注意对专家的意见进行分析采纳，又要注意不可过分地依赖专家。否则，一旦失去专家的支持，自己就会立即陷入困难的境地。

（6）不断增加自己人力资本的储备。一个人要想获取权力，成为一个理想的领导者，他是否具备应变能力至关重要，因为环境是处于不断变化之中的。无论是对于一个组织来讲，还是对于某一个人而言，如想要适应处于不断变化的环境，他们的领导者就必须具有极强的环境适应能力与应变能力。要增强自己的适应能力与应变能力，不断增加人力资本的储量是唯一的途径。追逐权力者必须随时注重通过不断的学习、实践提高自己的知识水准、专业技能，以使自己逐步发展为某一领域的权威，扩展自己的专长权。专长权不仅能为一个人获取职位权提供基础，而且还能为提高一个人的适应能力创造条件。

（7）同有权势的人形成联盟。假如你想要更多的权力，那你就要努力成为拥有权力的人物的秘书或朋友。因为有权势的人往往会成为一个人是否获得晋升的决定者。同他们形成联盟，可以使自己更快更多地获得重要信息，拥有更多展示自己能力的机会。一旦你同有权势的人建立了联盟，那么你就拥有了巨大的信息与资源优势。

4. 权力与权威

在现实生活中，人们常常习惯于把权力同权威联系在一起，因为权力是构成权威的基础。那么，是不是一个人拥有了职权，就意味着他拥有了权威呢？答案是否定的。为什么这么说呢？我们还是先得弄清权威的含义。

什么是权威？权威是领导者对其下属的影响与控制力的展现，这种影响与控制力以领导者的职位性权力或以其个人的特质（如气质、业绩或功德名望等）为基础。

我们知道,权威以权力为基础,所以依据权力类型的划分,权威也可以划分为以下两种类型。

(1) 职位性权威,即依靠职权所奠定起来的权威。作为信息和权力资源的职位为领导者提供了许多优选。职位性权威又可分为积极职位权威和消极职位权威。积极职位权威是指人们对领导者的职权所给予的一种合法性认可,所以领导者的领导行为就可以起到积极的效果。换句话说,人们对领导者的行为达到了一种内在性认可和外在性服从的统一。消极职位权威是指人们对领导者的职权缺乏合法性认可,所以领导者只能通过强制性手段去支配下属,其结果当然是被动的、消极的。也就是说,被领导者的唯一选择就是服从。

(2) 人格性权威,即建立在个人魅力、知识、才能、资历等个人特质(又称个人魅力)基础之上的权威,它带动被领导者的自愿服从和主动追随。人格性权威以个人魅力为基础。

上述内容表明,权力同权威联系密切。但是如果谁把构成权力一部分的职权等同于权威的话,那就是一种不确切的认识了。生活中有诸多靠职位权力发号施令却不能赢得下属信任并追随于他的领导者,这表明拥有职权的领导者不一定拥有权威。同样,拥有权威的领导者也并不一定都拥有正式的职位,比如,非正式组织的领导人就没有正式的职位。

5.2.3　领导者的责任

权力同责任是对等的,有多大的权力就应承担多大的责任,拥有影响力和控制力的领导者也是如此。作为从群体中分化出来的一种角色,领导者也就理所当然地对其所领导的组织(尤其是正式组织)负有不可推卸的责任。处于一定职位并拥有相应职权的领导者由于其职位、职权都是由权力部门、上级组织或选举者所规定和要求的,因此,他们必须对相应的权力部门、上级组织或选举者负责。拥有一定职位并享有一定职权的领导者所负责任的大小同其职位的层级以及职权的大小相当。

从根本上说,领导者的责任就是提高组织的活动效率,实现组织的目标。就领导者的责任的具体内容来说,它主要涉及职位责任和非职位责任两个方面。从职位责任来说,它主要包括:确定组织目标,制定远景规划;阐明领导立场,传达组织目标;处理各种关系,使上下级保持良好关系;做好组织工作,配置相关人员;建立各种激励机制,为组织提供推动工作的动力;保证领导活动的连续性,做好量度工作;控制和解决各种突发性事件,化解组织面临的危机;推动组织变革,并使组织成员不断进步。从非职位责任来讲,它主要包括:为自己的追随者提供一种希望;通过自己的人格魅力凝聚一种组织的价值和精神;处理好各种非工作关系,能够满足下属和成员的非工作需求;铸就新的领导文化,为属下提供更多晋升的机会等。

5.3 领导者的素质

5.3.1 领导者的素质概述

1. 领导者的素质的含义

在一个组织中,领导人并不是任何一个组织成员都可以随便充任的。作为一个领导者,他/她需要具备一些基本的素质。要想诠释领导者的素质的内涵,我们有必要先弄清"素质"一词的含义。

"素质"一词最早是作为生理学的专业术语来使用的,是指人的解剖生理特点。换句话说,素质就是指人的体质,即人体的总的生理特点、条件和状态,以及人体各个组成部分的生理基础和质量。例如,肌肉发达、体质健壮被视之为素质良好;免疫力差、虚弱多病被视之为素质很弱。显然,这是一个狭义的概念。

现在,素质已经成为一个具有丰富内涵的概念。素质不再仅仅是指一个人的体质状况,而且还包含组成人的一切内涵或成分。诸如一个人的各个组成部分的特点、质量、水平、价值,以及他/她的内在外在的整体质量和品位等,都属于我们所论及的素质的范畴。

确切地说,素质是指一个人进行一般生存和发展所必须借助的那些来自于先天或后天的自身内在条件的总称。它对于一个人的活动的成败得失以及他/她在社会生活中表现出的优劣强弱具有决定性意义。现在,人们已经把素质看作是一个包括领导者在内的各种角色内在构成的最一般概念。

根据上述内容,我们认为:领导者的素质是指从事领导工作必须具备的基本条件,以及在领导工作中经常起作用的内在要素的总和。

2. 领导者的素质的特点

相对于一般素质而言,领导者的素质具有以下几个方面的特点。

1) 综合性

从第 1 章的内容可知,领导的内容涉及决策、控制、组织、协调、用人、沟通等许多方面,这种综合复杂性使得领导者的素质也就不可能是单一的,也就是说,它决定了领导者必须具有全面、综合的素质。一般情况下,一个领导者应该具有较好的政治、文化、智能、道德、能力、身体等多方面的素质。正如列宁在苏维埃政权建立之初所指出的那样,领导者的素质应该包括:具有政治上的成熟性和积极性;最密切地联系劳动群众,知道并理解群众利益,赢得他们的绝对信任;能把人民团结在自己周围;在技术上和生产组织上是内行;受过科学的教育;具有行政工作的能力;办事认真负责;具有坚强和果断的性格等。我们党对领导干部素质的要求是"革命化、年轻化、知识化和专业化",这也表明了领导者的素质的综合性。

2) 发展性

不管是遗传过程还是领导者自己主观的努力过程,其素质(诸如品性、行为特征、作用、价值、知识、智能等)都是从无到有,不断增加、不断发展的,特别是精神范畴的领导者的素质在活力上和内容上,更是具有无限的空间。因此,领导者的素质是可以在工作、学习以及其他实践中不断得到巩固、加强、扩展和提高的,并且,这种发展状态可以一直持续下去,直至生命的最后一刻。也正是由于这种发展性,一个勤于修炼自己的领导者的能力才能不断地得到提高。

3) 层次性

领导者的素质的层次性是指不同层次领导者有着不同的职责,因而对领导者的素质的要求也有高有低。在现代社会的大型组织当中,领导者一般可分为高、中、低三层。通常情况下,高层领导者的素质重点是分析、综合和决策的能力,中层领导者的素质重点是组织和协调各种关系的能力,而基层领导者的素质重点则是提高专业技术水平和能力。其实,我国汉初名将韩信提出的关于"帅才和将才的划分"[①]的观点早已证明了领导者的素质的层次性。

4) 品位性

不难理解,不同的领导者的素质所含的不同的能量从根本上决定着领导者的素质的价值和档次。这种价值和档次使得领导者的素质之间也自然分成了不同的等级,形成了明显的质量档次,从而使具有相应素质的领导者们也明显分开了档次和分量。这就是直接反映领导者的素质质量和价值的品位性。

5) 变异性

领导者素质的变异性是指领导者的素质会随着领导环境的不断变化以及他人的不断影响而产生相应的变化。领导者的素质不是一成不变的,它是一个动态的概念。随着社会的不断发展以及科学技术的不断进步,领导者的素质必然也要不断地发展、变化,甚至是做必要的调整。在此过程中,领导者的素质会不断地得到增益或损减。其中,增益就是新生、优化,是一种正面的演化,而损减则是老化、退化,是一种负面的演化。这两种方向的变异运动

---

① 这一观点来自于《史记·淮阴侯列传》中记载的有关刘邦和韩信君臣二人"论将"的一段对话:"上问曰:'如我能将几何?'信曰:'陛下不过能将十万。'上曰:'于君何如?'曰:'臣多多而益善耳。'上笑曰:'多多益善,何为为我禽?'信曰:'陛下不能将兵,而善将将,此乃信之所以为陛下禽也。……'"

始终存在,并随时影响领导者的人格、行为、能力,并最终影响领导活动的效能。例如,现在我们经常提及的领导者的创新能力就是领导者素质当中新增的不可或缺的内容,它对于完善领导者的人格、提升领导者的品位以及提高领导效能都具有积极的意义。

5.3.2　领导者个人的素质结构

一个人要想成为领导者,除了需要特殊的机遇之外,还需要具备一些不容忽视的自身素质。关于领导者素质结构的内容,不同的学者有着不同的归纳,我们认为,领导者的素质结构应该由政治素质、品德素质、知识素质、能力素质、心理素质、身体素质六方面的内容构成。

1. 领导者的政治素质

领导者的政治素质是指作为一个政治角色的领导者对政治尤其是对自己所承担的政治权利和政治义务的理解、把握、反应以及见诸于行动等情况的总和,是领导者长期在政治关系和政治生活中接受培养、熏陶以及对特定政治事件的感受中形成的个体特质。具体来说,领导者的政治素质包括政治意识、政治信仰、政治态度、政治知识、政治技能、法律意识、法律知识等内容。

为什么说领导者必须具备一定的政治素质呢? 有人可能会说:"我没有政治抱负,只想作一个企业的领导人,这也需要一定的政治素质吗?"答案是肯定的。一个人,只要生活在社会上,他/她就需要(但不一定能够)具备一定的政治素质。因为一个人从其出生时起就被法律纳入了政治体系当中,并开始受到政治的影响了。一个人刚刚出生,他/她的家人就需要按照有关法律规定的时间、地点、程序为他/她办理户籍手续。在成长的过程中,他/她需要读书、看报、看电视、听广播,因此,他/她就不可避免地接触到政治人物、接受政治宣传、听说或参与相关的政治事件,这些相关的人和事都会对他/她产生某种影响,他/她也会对这些政治人物和政治事件产生自己的看法,甚至影响或支配他/她的行为。长大后,一个人不可避免地要参加各种政治投票,哪怕自己不涉足政治生涯。即使是作为一个普通的职员,他/她也需要依法缴纳个人所得税;经营一个企业,他/她必须熟悉和掌握相关国家法律和政策,因为这些法律和政策可能会直接关系到企业的生死存亡。总之,一个人无时无刻不受政治的影响。

政治素质在诸多的领导素质当中是第一位的,因为它从根本上决定了领导的性质和方向,决定了领导者站在什么立场,为哪一种目标,以及为哪些人服务等根本性问题,是领导者的核心领导素质和灵魂。政治素质缺乏或政治素质不合格的人是不能或做不好领导工作的。否则,他/她就会不可避免地将一个组织引入歧途或带来灾难。从这种意义上说,要求一个作为统领、引导组织前进方向的领导者必须具备一定的政治素质是何等的重要!

2. 领导者的品德素质

领导者的品德素质是指领导者在生活和学习过程中形成的、用以调节同他人相互关系的、充满价值内容和主观取向的精神内涵，是领导者人格的最重要组成部分。它具有动力功能、调节功能、控制功能、引导功能、塑造功能以及示范功能等。

在领导者的品德素质的构成上，它主要包括领导者的伦理知识、道德规范的内化程度、价值维度、情操、品行、风格、勇气、责任感、服务的意识、正派的作风、谦逊的态度、严于律己等内容。

领导者的品德素质蕴藏着巨大的能量，直接影响和制约着人的心理和行为，具有极大的现实能动性，能够直接导致或产生重大的现实结果。品德素质高的人自然就会赢得人们的信任，进而会拥有更多的追随者。孔子所讲的"政者正也，子率以正，孰敢不正？己身正，不令而行；己身不正，虽令不从。"就是这个道理。

在同领导者的其他素质的关系方面，领导者的品德素质影响和制约其他领导素质，决定其他领导素质释放能量的方向和结果的性质，也决定着领导者整体素质的品位和价值。毫不夸张地说，领导者的品德素质已经不是一般意义上的品德素质了，它已经成为一种控制权力和利益、保证公平公正、为社会树立良好示范和导向的特殊手段和尺度，当然这种手段和尺度也会受到知识素质、政治素质、智能素质等其他一些领导素质的影响。

3. 领导者的知识素质

在现代社会，无论是哪一行业的领导者都必须具有必要的知识素质。领导者只有借助这些知识去敏锐地寻找和捕捉新的信息，凭借所掌握的知识去识别、筛选信息，并加工整理成为有价值的信息，才可能正确指挥和科学决策。没有真才实学，不掌握客观规律，只靠空讲、热情是无法实现组织目标的。

领导者的知识素质的高低主要通过其知识结构反映出来。因此，合理的知识结构就成为领导者必备的基本条件。那么，什么样的知识结构才是合理的呢？现代社会的领导者应该具有博大精深的知识结构。形象地说，就是"T"型结构。这一结构的含义是，"T"字结构中的一横是指宽的知识面。具有广博的知识，有利于思维从平面走向立体，从单向思维走向多向思维，避免因受专业和个人特定环境的限制而造成的片面性和局限性。"T"字结构中的一竖是指精深的纵向知识，或者说是单科专长，尤其是指具有从事本职工作的必需的业务知识和现代领导与管理知识，成为掌握业务知识和领导知识的"双内行"。

领导者的知识结构主要由理论水平、专业根底、知识面三部分构成。在理论水平方面，领导者必须具有较高的理论修养。因为理论水平在整个知识结构中，起着统帅的作用。只有理论水平高的人，才能胸怀全局、洞察未来，有远见卓识。在专业根底方面，领导者不应是直接依靠自己的知识与技能服务组织，而是应借助其领导专业知识和自己的权威，去组织和动员其下属实现组织的目标。在知识面上，领导者应尽可能地拓宽自己的知识领域，不断更新自己的知识内容,做到知识广博,使自己成为一个复合型人才。

4. 领导者的能力素质

能力是知识的发挥和运用。能否胜任领导工作,不仅仅是领导者知识素质高低的问题,更主要的是看他/她的知识素质以及其他素质能否转化为实践工作能力,即要看领导者的能力素质如何。

能力素质是指所有领导素质在行动层次上释放能量时所赖以进行的行为机能的总和,是领导素质中所有能动成分的精华聚合。能力素质事关领导者的行为的质量和效果,事关领导者的作用、成就、贡献和价值的大小,事关领导活动的成败。能力素质主要包括以下两个方面。①

1) 综合能力

综合能力是领导者从事领导活动所应具备的一项基本能力要素,也是一个领导者成功实现"统领各方"的必然要求。综合能力主要包括以下内容。

(1) 信息获取能力。受信息技术革命的影响,人类社会的信息化趋势将更加明显。因此,在 21 世纪,谁能拥有足够量的信息,谁就能拥有更多的主动权,对于一个领导者来说尤其如此。信息是领导者开展领导活动的基础,是领导者进行科学决策的依据,是领导者进行有效组织的手段,是领导现代化的重要资源。所以,作为一个组织的领导者必须具备出色的获取信息的能力。

(2) 利益整合能力。随着社会的不断进步特别是现代化程度的不断提高,利益多元化将是一个不可忽视(也不容忽视)的趋势。因此,领导者必须有能力整合各种分散的,甚至是相互冲突的利益,以使组织更具有凝聚力。

(3) 知识综合能力。既高度分化又高度综合是现代科学发展的一个重要趋势。要顺应这一趋势,领导者就必须在掌握多种学科知识的基础上,再进一步把握不同学科知识之间的相互联系。也只有如此,领导者才能统领和引导好高度专业化的组织机构及其活动。

(4) 组织协调能力。保证组织内部各要素的协调统一是领导者的一项重要工作。领导者通过一系列的组织协调活动,可以提高组织的凝聚力,使组织获得更高一层的整体合力。现代社会组织尤其是那些规模庞大的组织(无论是正式组织还是非正式组织),对于其领导人的组织协调能力都有着更高的要求。

2) 创新能力

创新能力是一个领导者应该具备的一项最基本的能力要素。由于领导者多从事的是非常规性工作,且具有超前性,因此,在他/她对未来工作进行设计时,没有"陈规"可寻。再者,领导环境也处于不断变化之中,因此,要想实现组织的目标,领导者就必须在领导实践中根

---

① 夏书章.行政管理学.广州:中山大学出版社,1998,128

据领导环境的变化而不断地变化和创新。创新能力主要包括以下内容。

（1）洞察力。洞察力是指一种迅速的、敏锐的、准确地抓住问题的要害的直觉能力。这种能力对于寻求和发现领导者进行创新的切入点起重要的作用。培养和锻炼一个人的洞察力，需要其不断地参与实践活动，并在实践活动中勤于思考。

（2）预见力。所谓预见力，就是指一个人对事态发展的一种超前性把握的能力。它对于领导者在领导活动中进行有效创新有着至关重要的意义。预见力不是凭空就能获得的，它需要以对事物发展的正确认识以及对现实与可能关系的辩证分析为基础。

（3）决断力。决断力是一种迅速做出选择并形成方案的意志力。它是领导者进行创新所必需的一种基础性能力。缺乏果断的意志力，领导者不可能有任何创新。

（4）推动力。推动力是一种上级激励下级实现创新意图的能力。通常情况下，领导者的推动力主要有以下表现形式：领导者的感染力、凝聚力、号召力、影响力、吸引力以及领导者个人魅力等。

（5）应变力。应变力是指人在事物发展的偶然性面前所表现出来的一种快速反应能力。应变力具有随机性，因此，一个人事先有了谋划、打算，或者有了非常周密、具体的行动安排，遇到突发性事件，才表明他/她是否具备这种应变力。应变力是创新能力的一个重要表现，也是领导者在领导活动中进行创新的前提。

5. 领导者的心理素质

领导者的心理素质是指领导者的个性品质，它主要包括性格、气质、意志等方面。在性格方面，现代领导者一般都要具有竞争开放的性格。这是因为当今社会是一个迅速多变的社会，组织所面临的环境挑战将会更加严峻。凡是不能迅速适应客观环境和外部变化的组织与领导，都将不可避免地遭到淘汰。此外，不论担负哪一种具体职责，领导者都必须要同各种各样的人打交道，并要随时准备介入到各种矛盾之中去。因此，领导者必须以开放的心态进行不懈的努力和竞争。这就需要领导者具有外向型性格或侧重于外向型的性格。在气质方面，领导者要具有敢于决断的气质。这是因为任何决策都是有时效要求的。领导者要在对客观事物充分调查的基础上，不失时机地、果敢地处置问题。在意志方面，领导者应能做到坚忍不拔。众所周知，在领导活动中，挫折、失败是在所难免的，因此，领导者只有具备百折不挠的毅力，才能经得起各种风浪的考验。

6. 领导者的身体素质

领导者都肩负着复杂、繁重的工作任务，因此，只有具备良好的身体素质，才能担负其重任。正如邓小平同志指出的那样："不管你的见解多么高明，如果没有精力，要做好工作是很困难的。"通常情况下，良好的身体素质主要包括以下内容：健康的体魄，充沛的精力，巨大的体能潜力，强大的生理适应性，以及旺盛的生命力等。

5.3.3 领导者的情商

"情商"一词可以追溯到两位心理学家,彼得·萨洛维和约翰·梅尔,他们研究了一些聪明人无法获得成功的原因。萨洛维和梅尔发现,他们中有不少人遇到麻烦,是因为缺少人际方面的敏感性和技巧,并将情商定义为有助于人们识别其自身情感和对他人的感受的一组精神能力。阿伯曼将情商定义为思想、情感和行为保持一致的程度。而《纽约时报》的科学栏目作家丹尼尔·戈德曼,大大拓展了情商的定义。戈德曼论证,生活中的成功更多的是建立在一个人的自我激励水平、面对挫折坚持不懈的能力、情绪管理、适应能力、移情能力和与他人相处的能力上,而不是建立在一个人的分析型智力或 IQ 值上。表 5-2 列出了戈德曼提出的情商的 25 项属性。值得注意的是,这些属性和第三章所描述的人格要素模型有很大的相似之处。

表 5-2 情商的 25 项属性

自我意识	情绪意识 准确的自我评价 自信
自我约束	自我控制 值得信赖 负责尽职 适应力 创新精神
激励	成就动机 归属感 主动性 乐观主义
移情	服务导向 开发他人 有效利用多样性 政治常识 理解他人
社交技能	影响力 沟通能力 领导能力 推动变革 冲突管理 建立联系 协调与合作 团队能力

资料来源:[美]理查德·哈格斯,罗伯特·吉纳特,戈登·柯菲.领导学(第四版).北京:清华大学出版社,2004,184

5.3.4 领导集体素质结构优化

1. 领导集体素质结构优化及其意义

领导集体素质结构是一个多要素、多层次、多序列的动态综合体。研究领导集体必须要关注其结构,因为结构是把各孤立要素变成一个系统,形成完整综合体的前提和基础。没有结构,系统本身就不可能存在,系统效能也无从谈起。现代领导集体不仅要求有个体优势,而且还要有集体的最佳组合和搭配。领导集体素质结构优化就是使领导集体的各成员的素质更科学、合理地匹配和组合。

领导集体素质结构优化具有如下重要意义。

(1) 有利于提高领导效能。事物内部结构对事物的整体功能有决定性意义。结构合理,可以使各构成要素相互配合,形成大于各要素之和的正系统效应。反之,各构成要素就会相互冲突,形成小于各要素之和的负系统效应。

(2) 有利于形成"全才"集体。领导集体各成员通常都是某一方面的专业人才,如果素质结构合理的话,就可使成员人尽其才、扬长避短、优势互补,形成"全才集体"。

(3) 有利于提高工作效率。领导集体内部结构合理,有助于减少摩擦和内耗,使组织产生较强的内聚力,这样能保证目标的一致性,并能提高组织的工作效率。

2. 领导集体结构优化的内容

1) 年龄结构

年龄结构是指在领导集体中各成员按年龄分布和组合的状况。通常情况下,领导集体应具备由适当比例的不同年龄区段的领导者组成的梯次年龄结构。这是因为,不同年龄区段的领导者,在知识、经验以及精力等方面各有自己的特点,不可相互代替。一般地说,老领导者阅历广、经验多、善于处理复杂问题,在集体中常能起到掌舵谋划作用。中年领导者年富力强、思路开阔、理解和分析问题的能力较强,在领导集体中常能起到中坚骨干作用。年轻的领导者朝气蓬勃、反应敏捷、富于开拓创新,在领导集体中常能起到攻坚突击队的作用。把各年龄区段的领导者有机地组合起来,有利于各领导成员相互取长补短,充分发挥各自的最佳效能,有利于领导集体实现新陈代谢,保证领导力量的有序交替,从而保持领导活动的连续性和稳定性。

2) 知识结构

知识结构是指领导成员的知识构成状况。领导集体的知识结构应该是多学科、多层次的知识结构。现代领导工作是一项内容繁杂、涉及面广的综合性复杂劳动。作为一个领导集体,要发挥其职能作用,就必须将各种专才很好地进行组合。随着科学技术的发展,领导工作日益依赖和决定于领导者掌握知识信息的全面性、丰富性和先进性。但是,对于任何一个领导者来说,他/她都难以具有全能性的知识结构。因此,配备领导集体班子应将不同专长的人有机地结合起来,以形成既有较宽的知识平面又有精深的专业知识的立体知识结构。

3)智能结构

智能结构是指领导集体中不同智能的人的构成。一个结构合理的领导集体应该是由各种不同智能的领导者的组合搭配和互补。比如,领导集体中要有主导型的领袖,又要有组织型的组织家,要有创新能力的思想家,又要有埋头苦干的实干家,同时还要有协调沟通能力的公共关系专家等。

4)气质结构

气质结构是指领导集体在不同气质类型方面的合理构成。所谓气质,是指个体对外界事物的一种惯性的稳定性的心理反映。从心理学的角度讲,人的气质分为胆汁质、多血质、黏液质和抑郁质四种类型。这四种类型的气质各有特点。在领导学看来,领导集体里的成员如果都是同一气质类型,未必是一件好事。因为每一种类型的气质都有长处和短处,如能合理搭配,则会收到取长补短、相得益彰的整体效应。所以,在领导集体气质结构方面,应注意不同类型的互补,以使领导集体多功能化和高效能化。

3. 领导集体素质结构优化的原则

在领导集体素质结构优化方面,主要应遵循以下原则。

1)相互补充原则

即在领导集体素质结构(年龄、气质、知识以及智能结构等方面)优化的过程中,要从整体上分析,取长补短。这主要表现在以下两个方面:一方面,作为领袖的领导者要善于取人之长,补己之短;另一方面,要注意以领袖人物的长短,来确定需要补充的其他领导成员的相应的素质要求。

2)整体效能原则

领导集体素质结构的优化的最终目的就是使领导集体提高整体效能。要保证领导集体的整体效能,首先要保证领导集体成员个体的素质,这是领导集体整体效能的重要因素。其次就是要根据每个领导成员的情况,做到适才适用,使他们各显其能、各得其所、各尽其职。

3)相对稳定原则

对于一个领导集体来说,其成员的变动不宜频繁。特别是在领导集体组建初期出现领导集体的合伙成绩不佳时,不宜急于变动,因为,这可能是由于彼此不够熟悉所致。在面临利益冲突时,也应做到及时发现、及时处理,不可轻率地、急躁地调整领导集体成员。

4)自我调整原则

任何事物都处于变化之中,领导环境也是如此。因此,领导集体素质结构也应随着领导环境的变化而做相应的调整。每一位领导集体成员都应加强自我认识,不断充实自己,随时接受环境的挑战。

5)制度保证原则

领导集体的整体效能不仅需要各领导集体成员过硬的作风,还需要领导制度作为保证。例如,领导集体成员之间的联系制度、分工制度、民主与集中相结合的制度等的建设,都会有利于领导集体效能的更大发挥。

5.4　被领导者

5.4.1　被领导者的含义

被领导者是指在领导活动中执行具体决策方案并实现组织目标的行动者。通常情况下,被领导者可以分为两个层面:一是领导者直接统领的下级部属,也称为相对被领导者;二是领导者为之服务的广大社会公众,也称为绝对被领导者。

5.4.2　被领导者的特点

不同层面的被领导者有其自己的特点。

1. 作为领导者直接统领的下级部属的特点

1)关联性

这一层面的被领导者无论是在工作上还是情感上,都同领导者有着紧密的联系。如果这种联系是建立在正确的基础之上并处于良好的状态之下,就会对领导活动有很大的促进。但是如果这种联系是建立在错误的基础上并处于恶化状态之下,就会给领导工作带来严重的影响。

2)利益相关性

这一层面的被领导者同领导者处于同一组织中,双方的利益有着明显的相关性。因此,领导者必须应善于发现并利用这种关联性,以求得自身同被领导者共同发展。

3)沟通直接性

由于处于同一组织中,因此,这一层面的被领导者同领导者之间的沟通比较便利,渠道畅通,信息反馈也比较便利。

2. 作为被领导者的社会公众的特点

1) 范围广,数量大

社会公众不仅渗透到社会各个领域,而且与社会生活的各个方面息息相关。由于他们所处的地域、社会地位、政治文化背景和经济利益不同,因此,他们对领导者的不同行为也会有不同的态度和观点。领导者对社会公众的态度和观点应给予足够的重视,否则将导致领导者的权威受到影响甚至丧失。

2) 结构复杂,动态变化

除了公民这一基本身份外,不同的社会公众还具有组织成员等其他相应的身份,这就给领导工作带来了难度。加上社会公众不是封闭僵化和一成不变的被领导者,其性质、形式、数量、范围、关系等都会随着环境的变化而变化,因此,领导者必须用发展的眼光来认识这一层面的被领导者。

3) 利益多样,敏感性强

在我国,社会公众的利益在总体上是一致的。但在具体利益上,又各有各的特点,有时甚至会产生许多冲突。对于领导者的同一行为,不同的社会公众会持不同的态度,特别是在一些与人们切身利益密切相关诸如就业、物价、税率、社会福利、住房等敏感问题上。因此,领导者要统筹兼顾,协调各方面的利益关系。只有这样,领导者才能在被领导者中间树立和保持自己的威信。

5.4.3 被领导者的角色

我们知道,在领导活动中,领导者扮演着极其重要的角色。同样,被领导者的角色也是极其重要的。在领导活动中,被领导者绝不仅仅是被支配者,而是能动的要素。可以说,没有被领导者,任何领导活动都不可能得以完成。因为,在科学的决策一旦做出之后,被领导者就成为决定领导活动成败的最重要因素。被领导者对组织或团体的关心程度、对完成本职工作的自觉性和主动性、被领导者的素养和能力等要素,对领导活动有着重要影响,并从根本上决定着领导的绩效。具体地讲,对不同层次的被领导者(即相对被领导者和绝对被领导者)的角色可以做如下表述。

1. 相对被领导者是领导活动得以推行的中介力量

我们知道,现代决策体制"制定"与"执行"相对分工的特点,决定了执行决策是领导活动得以开展的中介。再好的决策,如果没有执行质量的提高,也难以拥有积极的实际效果。而相对被领导者作为一种执行决策的要素,在领导活动中具有不可替代的作用。正是因为有了相对被领导者,才使得领导活动能够成为上下连贯的整体,才能保证决策方案从高层领导者那里贯通到基层。所以,相对被领导者是保证领导活动连续性和整体性的重要力量。

2. 绝对被领导者是组织目标得以最终完成的决定性力量

绝对被领导者作为领导者为之服务的员工和群众,是把组织的总目标分解为具体的工作目标的主体,是把决策落实到实践中的最后一道程序的支撑者。因此,他们完成工作目标质量的高低,直接关系到整个组织的总目标能否如期高质量地完成。所以,绝对被领导者是任何高层领导者所不能忽视的。

5.5 领导者与被领导者间的互动关系

5.5.1 领导者与被领导者之间的互动关系

在领导活动中,领导者与被领导者之间的关系是一种相互依存、相互制约的关系,这种关系的实质是追随和依从,而不是一种等级关系。如果领导者仅仅凭借自己的领导职位和权力来左右被领导者,那么这种领导者同管理者就没有什么区别了。在领导活动中,领导者向被领导者施加影响,而被领导者能动地选择和接受这种影响,构成了领导者与被领导者之间的互动关系。领导者与被领导者之间的互动关系是领导活动中的基本关系,也是领导科学研究的重要内容。

5.5.2 领导者与被领导者之间的互动形式

在领导活动中,领导者与被领导者之间的互动并非具有一致性。其实,这种互动关系既有协调的一面,也有冲突的一面。一般地,协调的一面常常伴随着愉快的事件,这种互动可以称之为积极互动;而冲突的一面常常伴随着中止或逃离等不愉快事件,这种互动可以称之为消极互动。由于二者所处的社会地位不同,观察处理问题的视角也不同。特别是在现代社会中,由于领导者与被领导者之间的沟通会受到层级限制、信息失真以及沟通渠道不畅等影响,因此,领导者应该尽可能地避免同被领导者之间的消极互动关系,建构并保持积极的互动关系,从而有利于组织目标得以顺利实现。

5.5.3　领导者与被领导者互动关系的内容

1. 领导者对被领导者的影响

一般来讲,领导者对被领导者的影响主要表现在以下三个方面。

1) 肯定与激励

作为下属榜样的领导者,只要能够对下属的工作成绩给予肯定和认可,下属的工作努力程度就会明显提高;作为希望制造者的领导者,可以激发出下属更为强大的工作动力。

2) 沟通

作为交流者的领导者常常会同被领导者进行思想上的沟通。领导者通过同被领导者进行有效的沟通,一方面,可以使被领导者对于领导者的决策或指示能有更清楚的了解,从而有利于被领导者为之奋斗;另一方面,通过同被领导者交流,还可以增加领导者的亲和力。

3) 满足资源需求

根据马斯洛的需求层次理论可知,人的需求的满足程度的高低直接影响其工作的积极性。领导者如果能通过资源的提供来满足被领导者成长和发展的需要,被领导者的工作积极性将会得到充分发挥。

2. 被领导者对领导者的影响

被领导者对领导者的影响主要表现在以下几个方面。

1) 忠实程度

即被领导者对领导者制定的组织和决策的忠实执行与实施的程度。这种忠实程度直接影响领导者的领导效能和决策效能。

2) 认可程度

即被领导者对领导者的权威的认可及心理认同程度。这种认可程度常常会成为领导者顺利开展领导工作的前提。

3) 选择的权力

即被领导者有时也具有选择领导者的权力。在此意义上,被领导者在一定程度上决定了领导者的命运。

4) 服从与追随

当被领导者受领导者的魅力所吸引并被折服时,他就会产生积极主动的追随行为,这样就会强化领导者的领导力。

在领导者与被领导者之间的互动过程中,领导者到底应该如何选择领导下属的方式呢?一般来说,领导者是否给予下属足够的信任和信心,这取决于被领导者是否能够完全投入到工作之中。如果下属宁愿选择避免风险、不希望全身心投入到工作中去,也对完成工作没有任何兴趣,领导者可以采用指导型的方式。如果被领导者是全身心地投入到工作中去,那么指导型领导者的行为对他们来说就是一种约束。英国学者海勒认为,当一项决策对下属非常重要但对组织无关紧要时,领导者可以使下属分享并使用权力;如果一项决策对整个组织至关重要而对下属无关紧要时,采取集权化的领导方式就是极为必要的。

因此,对于领导者与被领导者互动关系的理想模式,我们可以从以下几个方面进行概括:相互信任的关系、相互促进的关系、相互支持的关系、相互转化的关系和相互监督的关系。

■ 本章小结

1. 领导者是在社会共同的生活中,经过选举、任命,或从群众中涌现出来的能够指导和协调组织成员向着既定方向努力的、具有影响力的个人或集体。它由个体领导者和集体领导者两个基本部分组成。

2. 领导者类型的划分并没有统一的观点。其中代表性的分类观点有:哲学上的划分,以领导者的权力来源划分,以领导者产生的方式划分等。

3. 领导者与管理者的区别很明显。主要表现在:对待目标的态度不同,权威基础不同,存在的空间不同,关注的对象和思维方式不同,待人的态度不同,自我意识不同,生活方式的抉择标准不同。

4. 领导者的职位是指国家权力机关和人事行政部门根据法律的规定,按照规范化程序选举、聘用和任命领导者担任的职务和责任。其特点有:领导者的职位因"事"而设立,领导者的职位的设置具有一定的数量规定性,领导者的职位具有相对的稳定性。

5. 领导者影响他人的基础是权力。流行的分类是将其划分为两类五种:职位权力(合法权、奖励权、强迫权)和非职位权力(专家权、参考权)。

6. 领导者的责任就是提高组织的活动效率,实现组织的目标。就其具体内容来说,它主要涉及职位责任和非职位责任两个方面。

7. 领导者的素质是指从事领导工作必须具备的基本条件,以及在领导工作中经常起作用的内在要素的总和。它具有综合性、发展性、层次性、品位性、变异性等特点。

8. 领导者的素质结构应该由政治素质、品德素质、知识素质、能力素质、心理素质、身体素质六方面的内容构成。

9. 领导集体素质结构优化就是使领导集体的各成员的素质更科学、合理地匹配和组合。其原则主要有:相互补充原则、整体效能原则、相对稳定原则、自我调整原则、制度保证原则。

10. 被领导者是指在领导活动中执行具体决策方案并实现组织目标的行动者。被领导者同领导者之间的关系是一种互动关系。

■ 思考题

1. 领导者的素质的特点有哪些？

2. 简述领导者的能力素质。

3. 如何理解领导者与管理者的区别？

4. 如何认识领导者的职位、权力与责任的关系？

5. 领导集体素质结构优化应遵循哪些原则？

6. 领导者与被领导者发生互动的方式是否具有灵活性？你是否相信领导者可以改变被领导者的行为甚至他们的人格？

■ 网上冲浪

1. **领导者的素质** 优秀的领导者应该具备什么样的素质？在面对下属的时候应该有什么样的心态和态度？怎样解决实际管理活动当中遇到的问题？参考以下网站给我们补充你所能想到的，不要顾虑你想象的不够专业，只要你觉得一个领导者需要这样的素质，告诉你的同学和老师，看看他们怎么说。

http://www.manager365.com

http://www.globrand.com

http://www.zh09.com

2. **情商** "情商"是现在颇为流行的词汇之一，即英文的 Emotional Quotient，简写为 EQ，指认知、控制和调节自身情绪的能力。情商对于领导者的成功，起着与"智商"（Intelligence Quotient，简写为 IQ）同等重要的作用。想了解情商的更多知识，欢迎访问情商网：http://www.eqwap.com/。

3. **团队** 21 世纪，团队和团队领导已经成为时髦词汇。团队不仅强调个人的业务成果，更强调团队的整体业绩。团队是在集体讨论研究和决策以及信息共享和标准强化的基础上，强调通过队员奋斗得到胜利果实，这些果实超过个人业绩的总和。在现代领导工作中，团队领导已经成为众多领导者新型的管理方式。中国人力资源网：www.hr.com.cn，在热门搜索中选择"团队"查看相关内容，丰富的资源定会让你大开眼界。

■ **案例分析**

"传奇英雄"——艾柯卡

世上没有哪位企业家像艾柯卡那样命运多舛,大起大落,几经沉浮。他从一个默默无闻的推销员扶摇直上,登上美国福特汽车公司总经理的宝座,而后又从权力之巅被推落谷底;他雄心不泯,从灰烬中奋起,当上克莱斯勒汽车公司的总裁,把这家濒临倒闭的公司从危境中拯救出来,奇迹般地东山再起,使之成为全美第三大汽车公司。这位世界闻名的超级企业家锲而不舍的奋斗精神及其成功历程使人们为之倾倒,他的传奇故事也被世人所熟知。

初出茅庐

李·艾柯卡是一个意大利移民的儿子,1924 年 10 月 15 日生于美国宾夕法尼亚州埃伦敦。艾柯卡的父亲尼古拉 12 岁移民到新大陆,白手起家,先后经营过餐厅、电影院、出租车队和房地产等行业,逐渐成为较富有的人。父亲在大萧条的艰苦岁月中,始终持乐观态度和坚定信念,这给艾柯卡留下了深刻的印象。

艾柯卡从小学、中学直至大学,不仅学习成绩始终名列前茅,而且兴趣广泛,对音乐、舞蹈、文学、体育都有狂热的爱好。1945 年,他修完工程学和商业学以及心理学,从利哈伊大学毕业,选择了去令他兴奋的福特汽车公司工作。在征得福特公司的同意后,又花了一年时间在普林斯顿大学获得文科硕士学位。1946 年 8 月,21 岁的艾柯卡来到底特律,在福特公司当了一名见习工程师,从而开始了他在汽车业中的传奇生涯。

崭露头角

艾柯卡对整天与机器打交道的工作不感兴趣,他感兴趣的是到销售部门同人打交道。经过一番努力,福特公司宾夕法尼亚州的地区经理终于给了他一个机会,他当上了一名推销员。推销员工作充满酸甜苦辣,但艾柯卡虚心好学,竭尽全力地去干,很快就学会了推销的本领,不久,他被提拔为宾夕法尼亚州威尔克斯巴勒的地区经理。销售,是汽车业的关键。艾柯卡从中明白了一个道理:想在汽车这一行获得成功,必须和销售商站在同一立场上。在以后的风风雨雨中,他始终牢记这一点,因此深得销售商的拥护。

1956 年,艾柯卡被提升为费城地区销售副经理。这时,福特公司推出了 56 型新车,公司发给艾柯卡一部介绍该车安全装置的广告影片,以放映给汽车商看。影片的解说词介绍说:这种防震的安全垫很有效,如果你从二楼把鸡蛋扔到安全垫上,鸡蛋会从垫子上弹起来而不会破碎。

艾柯卡过于相信解说词的真实性,为追求推销宣传工作的戏剧效果,他决定在有 1 100 个汽车推销商参加的地区推销会上,搞一次实物表演。他把新型安全垫铺在地板上,然后带着一盒鸡蛋爬上高梯子,亲自进行"实战"表演。结果是"掷蛋表演"失败,这场安全装置的宣传攻势也未取得预期效果,福特汽车在各地销售反而变得疲软。艾柯卡所在的费城地区更糟,落在最后一名,艾柯卡面临被炒鱿鱼的危险。

艾柯卡挖空心思想出一个名为"花 56 元钱买一辆 56 型福特汽车"的推销计划。按照这个计划,凡购买 56 型福特汽车的顾客,买时只需先付售价的 20%,其余部分每月缴付 56 美元,三年付清。"花 56 元买 56 型新车"这个诱人的广告,使福特汽车在费城地区的销量像火箭般直线上升,仅仅三个月,就从原来的最末一名,一跃而居全国第一位。福特公司把这种分期付款的推销方法在全国各地推广后,公司的年销量猛增了 7.5 万辆,艾柯卡也因此名声大振。不久,公司晋升他为华盛顿特区经理。

几个月后,年仅 32 岁的艾柯卡又调到福特公司总部,担任卡车和小汽车两个销售部的经理。他的管理才能开始崭露,深得上司赏识。四年后,艾柯卡又接替了副总裁和福特分部的总经理职务,时年 36 岁。这比艾柯卡在大学时发誓"要在 35 岁担任福特公司副总裁"的时间,仅仅晚了一年。

平步青云

当上副总裁后,艾柯卡的才华得以全面发挥。他首先建立了季度检查制度,提高了经理人员的工作效率。接着,他又组织手下聪明而有创造性的年轻人每星期聚会一次,分析、预测消费者心理和市场。

艾柯卡敏锐地意识到,进入 20 世纪 60 年代后,美国出现了一股年轻化的社会变革浪潮。市场调查也证实,今后 10 年内汽车购买力的增长,至少一半是年轻人。因此,他极力主张设计新型车时必须把青年的要求和愿望放在第一位。他亲自组织了新车设计班子,夜以继日地加紧研制。

1962 年年底,新车最后定型了。它的价格相当便宜,仅需 2 368 美元,它的座位又可容纳一个四口之家,非常符合青年夫妇家庭的口味。1964 年 4 月,纽约世界博览会开幕,这款经艾柯卡精心命名的新车——"野马"正式上市。其受欢迎的程度,远远超过了原先最乐观的估计。第一年销售量竟高达 41.9 万辆,创下了全美汽车制造业的最高纪录。头两年,"野马"型新车为公司创纯利 11 亿美元。一时间,"野马"二字在美国成了发财致富的象征,各行各业争先恐后地抢用"野马"的标志。艾柯卡这一巨大的成功,使他成了闻名遐迩的"野马之父"。

成功,使艾柯卡身上的担子更重。公司老板亨利·福特又把比较薄弱的林肯—墨丘利分部的计划、生产与经营交给了他。三年后,在他的领导下,一直不赚钱的林肯分部先后推出"侯爵"、"美洲豹"和"马克 3 型"高级轿车,形势大为改观。特别是"马克 3 型"给公司再一次带来巨额利润。在最好的年景,光是林肯分部就创利 10 亿美元,这是艾柯卡生平又一次大成功。1970 年 12 月 10 日,艾柯卡终于如愿以偿地登上福特汽车公司总裁的宝座。

惨遭"淘汰"

成功,使艾柯卡在人们心目中的地位日益提高,并越来越受到董事会成员的赞赏。但是,艾柯卡却越来越受到公司老板亨利·福特的猜忌与戒备。1978年7月13日,他被妒火中烧的大老板亨利·福特开除了。当了8年的总经理,在福特工作已32年,一帆风顺,如今却突然失业,这一突如其来的打击,几乎置艾柯卡于死地。妻子气得心脏病发作,女儿埋怨他无能。他愤怒、彷徨、苦闷,甚至想到自杀。但他最终没有向命运屈服,并决心振作起来,重整旗鼓,东山再起。

突出重围

厄运也会给人带来机会。正当艾柯卡赋闲在家时,美国三大汽车公司之一的克莱斯勒公司由于经营不善正濒临倒闭,希望有位能人来挽救这一残局。这对艾柯卡而言,无疑是他人生道路上的重大转机。经朋友介绍,克莱斯勒汽车公司董事长约翰·李嘉图会见了艾柯卡,并表示如果他愿意重新出山,欢迎他到克莱斯勒公司继承他的职位。

艾柯卡回家征求妻子的意见。妻子认为,他不应在54岁的壮年就退休,还可以在事业上大干一番,也算是向亨利·福特报一箭之仇。在妻子的鼓励下,他毅然迎接新的挑战,入主克莱斯勒公司任总裁。不到一年他又接替了李嘉图的职位,登上了克莱斯勒汽车公司董事长的宝座。

在艾柯卡一只脚踏上总裁位置的同时,另一只脚却陷在烂摊子里,克莱斯勒公司的状况比他预料的还糟。由于前任的无能,公司几乎处于无政府状态,纪律松弛,35位副总裁各把一方,互不通气;财务混乱,现金枯竭;产品粗制滥造,积压严重。就在艾柯卡上任当天,该公司宣布连续三个季度的亏损达1.6亿美元。

针对公司的种种弊病,艾柯卡断然采取行动,大刀阔斧地进行改革。他采取的第一项措施就是整顿队伍。他关闭了克莱斯勒公司20个工厂,三年中裁员7.4万人,35个副总裁先后辞退33个,高层部门的28名经理撤掉了24名。留用员工减薪12亿美元,其中最高管理层的各级人员减薪10%,而他自己的年薪则率先减至象征性的1美元。与此同时,他从福特公司管理人员中挖来一些干将,又发掘和提拔了一批优秀人才,从而建立了一个拥有一流管理能手和理财专家的指挥班子。

艾柯卡另一重大措施就是集中公司的人力、物力、财力,以尽快拿出适销对路的产品。为此,艾柯卡请求政府给予紧急经济援助,提供贷款担保。然而,这一请求在美国似乎有点大逆不道。因为按照企业自由竞争原则,政府决不应该给予经济援助。在国会为此举行的听证会上,参议员、银行业务委员会主席威廉·普洛斯迈质问艾柯卡:"如果保证贷款案获得通过的话,那么政府对克莱斯勒将介入更深,这对你长久以来鼓吹得十分动听的主张(指自由企业的竞争)来说,不是自相矛盾吗?"

"你说得一点也不错,"艾柯卡回答说,"我这一辈子一直都是自由企业的拥护者,我是极不情愿来到这里的,但我们目前的处境进退维谷,除非我们能取得联邦政府的某种保证贷款,否则我根本没办法拯救克莱斯勒。"

他接着说:"我这不是在说谎,其实在座的参议员们都比我还清楚,克莱斯勒的请求贷款案并非首开先例。事实上,你们的账册上目前已有了4 090亿美元的保证贷款,因此务请你们通融一下,不要到此为止,请你们也全力为克莱斯勒争取4 100万美元的贷款吧,因为克莱斯勒乃是美国的第十大公司,它关系到60万人的工作机会。"

艾柯卡随后又指出日本汽车正乘虚而入,如果克莱斯勒倒闭了,它的几十万职员就得成为日本的佣工,根据财政部的调查材料,如果克莱斯勒倒闭的话,国家在第一年里就得为所有失业人口花费27亿美元的保险金和福利金。所以他向国会议员们说:"各位眼前有个选择,你们愿意现在就付出27亿呢?还是将它的一半作为保证贷款,日后并可全数收回?"持反对意见的国会议员无言以对,贷款终获通过。

再现辉煌

艾柯卡就是用这笔贷款发展了新型轿车。他根据20世纪80年代国际石油价格开始下降,国内汽油供应日趋缓和的新形势,预测市场上可容纳全家人的较大型汽车将走俏,便果断地拍板将公司原有的"纽约人"牌中型车加大产量。同时他又开发出早已绝迹的敞篷汽车和高速省油的K型车。1982年,"道奇400"新型敞篷车先声夺人,畅销市场,多年来第一次使克莱斯勒公司走在其他公司前面。K型车面市,也一下子占领小型车市场的20%以上。

1982年年底,艾柯卡终于使克莱斯勒公司奇迹般地走出谷底,第一次出现盈利。1983年,公司出现了历史上最高的利润:9.25亿美元。经过短短的三年,公司就提前七年还清了全部贷款。1984年,艾柯卡用他惯有的表情和手势,宣布克莱斯勒公司这一年的盈利为24亿美元——打破了公司历年纪录的总和,克莱斯勒终于从灰烬中站了起来。

1985年,克莱斯勒公司在世界汽车制造公司的排名榜中跃居第五位。1986年,克莱斯勒公司的股票涨到每股47美元,六年来其股息增长860%,雄踞500家大公司的榜首。艾柯卡成了美国的英雄人物。因为他大起大落的成功经历,给衰落的美国企业带来了复兴的希望。

美国盖洛普民意测验的结果显示,艾柯卡成了美国人最崇拜的人,其声望仅次于当时的总统里根和教皇保罗二世。他平均每天收到500封信,许多人都希望他竞选总统。时任美国副总统的布什在访问中国时也说:"我要参加下届总统竞选,而艾柯卡就是我的强有力的竞争对手。"

但是,艾柯卡依旧倾心于他的汽车事业,1987年年初,他以巨资收购了另一家大汽车公司——美国汽车公司,开始了新的征程。在其自传中,艾柯卡这样说道:"我懂得了一个亲密无间的家庭可以给人以力量；我懂得了奋斗，即使时运不济；我懂得了不可绝望，哪怕天崩地裂；我懂得了世上没有免费的午餐；我懂得了辛勤工作的价值。最后，你会大有作为。这是使你这个国家强大——并将重振其雄风的力量之源泉。"

资料来源：周谦.传奇人物艾柯卡.人才天地，1986,7

■ 思考与讨论

1. 请分析艾柯卡具有哪些基本的领导才能，这些才能对他的工作有什么影响和作用？

2. 你认为艾柯卡舌战国会议员成功的"秘诀"在哪里？

3. 该案例最后提到其自传中所说的那段话，表明了艾柯卡的何种品格？你有何感受？

领导决策

■ **学习目标**

通过本章的学习,你应当能够:

* 界定决策的含义;
* 描述现代决策的特点及趋势;
* 列举决策分析的方法;
* 阐释如何评估决策的科学性;
* 理解不同类型决策之间的区别与联系;
* 弄清领导者与智囊团的关系;
* 了解未来领导决策的过程。

　　2008 年 5 月 13 日早 7 点 40 分,当正在深圳出差的天津荣程联合钢铁集团有限公司董事长张祥青从早间新闻中得知四川汶川大地震的消息后,张祥青马上用电话和在上海出差的总经理、在天津的董事们召开了一个空中的三地捐款董事会。

　　电话中,张祥青说,"我们荣程人大多经历过 1976 年的唐山大地震,亲身感受过当时全国人民对唐山地震灾区的帮助,现在四川地震灾区正需要帮助,我们一定要献出我们的爱心,绝不能退后!"于是在最短的时间里,董事会立即决定,尽最大力量向地震灾区捐款。之后,张祥青又仔细叮嘱公司有关负责人要立即筹措资金,全力争取在最短的时间内把善款寄到四川灾区。

　　5 月 14 日上午 9 点多,张祥青亲自把 1 000 万元善款送到了天津市红十字会。

　　2008 年 5 月 18 日晚,在由国家七部委联合主办、中央电视台承办的《爱的奉献》——2008 抗震救灾大型募捐晚会上,在众多举起捐款牌走上舞台表达爱心的企业家中,手里捧着"3 000 万"的捐助牌的张祥青的铿锵话语又一次引起亿万观众注目:"我和夫人刚刚商议决定向灾区再追加捐款7 000万元,建最好的学校,建震不垮的学校!"这就意味着捐助牌上将出现一个令人赞叹的新数字——1亿元。

其实,同天津荣程联合钢铁集团有限公司董事长张祥青一样,中国还有很多的民营企业家在这次捐赠中,也采用了相似的决策程序。

资料来源:摘编于中国企业报(2008-05-26)

上述引例中的捐赠过程说明,在当今社会瞬息万变的情况下,要较好地处理突发问题,领导者就必须特别注意抓好例外性和创造性的决策。在本章中,我们将首先考察领导决策的含义、特点、程序与方法,然后介绍领导决策体系,最后介绍领导决策的发展趋势。

6.1 领导决策概述

6.1.1 领导决策的含义与特点

决策(decisionmaking),其意为"做出决定"。在社会生活中,我们都可能碰到各种问题,想办法解决这些问题,而解决问题可能有多种途径,这就需要在许多方案中进行选择,确定最佳的方案付诸行动,这就是决策。可见决策就是对若干个准备行动的方案进行选择,以期最好地达到目标。

领导决策是指享有领导权力的领导者或领导机关,为达成特定的管理目标,在综合考虑各种需求和可能性的基础上,为处理领导权力范围内的事务而进行的一种决定政策、对策和方案的活动过程。

与其他非领导决策相比,它具有下列几个明显的特点。

1. 领导决策主要是组织决策

领导决策所要解决的问题是多种多样的,以决策主体地位高低为标准,可分为组织决策、管理决策和业务决策三种。

1) 组织决策

组织决策是由组织中最高管理层做出的、关系到组织全局性利益的、与外界环境关系密切的重大问题的决定。它主要表现为方针、目标、政策、计划及重大方案的制定,具有战略性、整体性和长期性的特点。由于这类决策主要解决非程序化决策问题,依据的情况具有较大的不确定性,所以决策者更多地依靠经验,更多地用定性形式加以表达。

2) 管理决策

是由组织内中层管理者做出的、关系到本地区或本部门的一些较大问题的决定。它主要以实现组织决策所规定的目标为决策标准,具体内容包括诸如设计、调整组织的体制结构,规划、安排同类资源,协调、控制各个环节等。管理决策具有策略性、局部性和联结性的特点。

3) 业务决策

业务决策是由组织内部基层管理者做出的,主要是解决日常实际工作中的具体问题。它比管理决策更具体、更定量化。业务决策具有战术性、技术性和短期性的特点。

2. 领导决策主要是非常规型(或非程序化)决策

根据决策问题的重复程度,可分为常规型(或程序化)决策和非常规型(或非程序化)决策两种。常规型决策,是指在行动规范中重复出现的、例行的决策。这类决策通常有章可循,有法可依,基本上是有把握解决的。一般由管理人员遵照领导者的意见和有关规章制度,加上自己的经验,按照一套正常的处理办法和程序进行决定,不必从头做起。这类决策有明确的成效标准,容易管制,有利于授权,能节约时间、人力及其他资源。

非常规型决策,是指管理中首次出现或偶然出现的非重复性的问题的决策。这类问题因为是第一次出现或偶然发生,难以预料,没有十足的把握,因而,它不可能事先规定好一套程序,只能在问题出现时进行特殊处理。这类决策是由决策者根据经验和分析能力,对决策对象进行定性和定量分析后做出的。在当今社会瞬息万变的情况下,经常要进行这类决策,领导者应特别注意抓好这种例外性和创造性的决策。

3. 领导决策主要是风险型决策和不确定型决策

按对决策问题的认识程度,可分为确定型决策、风险型决策和不确定型决策三种,这三种决策将在下一节的决策方法中具体分析。

4. 领导决策的内容既包括业务管理决策,又涉及机关管理决策

根据决策涉及的内容,可分为业务管理决策和机关管理决策两种。业务管理决策是领导机构为履行自己的职能所进行的决策,包括经济、政治、教育、科技、文化、国际关系和国家安全等方面的决策。机关管理决策是领导机关为了更好地履行自己的职责而采取的加强自身的组织、思想等方面建设所进行的决策,如对机构改革、干部制度、行政经费等方面的决策。

6.1.2 领导决策在领导活动中的地位和作用

领导决策是整个领导过程的中心环节。由于社会、政治、经济、科技的不断发展,迫使组织的领导者必须对上述发展变化做出相应反应。领导决策所影响和涉及的范围广泛。决策的正确与否,是关系到领导活动成败的大事,也是关系到全局利益的大事。领导决策在领导活动中的地位和作用主要表现在以下几点。

(1) 领导活动的成败很大程度上取决于领导决策的正确与否。衡量领导活动成败的标准,是看其是否取得良好的领导效果,而领导决策从根本上决定了领导效果的优劣。因此,领导科学的首要前提是提高领导决策的科学水平。

(2) 领导决策是领导活动中最经常性的、最大量的工作,是各种领导工作中最重要的问题。组织、领导和人事等问题当然是领导的基本环节,但这种工作,在组织和人员(机器)一经建立之后,总是相对稳定的,所需要的只不过是经常加以调整和"维修"而已。但决策却不同,无论履行何种领导职能,无论哪一层次的领导机关,也无论哪一级的领导者,都必须经常对长远的或当前的、大大小小的问题做出决定。

(3) 决策是领导的主要功能,是领导活动的主要体现。领导活动中的咨询、信息等功能,实际上主要是为决策服务的,而计划、执行等功能,则取决于决策。因此,领导的各项功能能否有效发挥,关键在于决策功能的发挥。领导机构和领导者以它特有的权威,通过领导决策活动,为组织制定了各种具体的决策,即为人们规定具体的行动目标、行动方法、行动准则和行动过程,从而使分散的个人、有各自利益的团体、组织和部门,以一定的方式结合起来,使重大的社会问题得到解决。可见,领导决策是领导者在领导活动中的最主要的活动。通过它,领导机构能履行管理组织内各项事务的职责。

6.1.3 领导决策的理论探索

决策的行为和理论虽然古已有之,但把它作为一门专门的学问来研究,还是 20 世纪初的事情。20 世纪 30 年代以后,随着企业管理和行政管理的发展,人们发现,在管理实践中,管理人员的决策的作用是主要的、重要的,甚至是决定性的。这样,一批管理学家、领导学家才开始把他们研究的重点放到决策问题上,并逐步建立起现代决策科学。

最早把决策作为管理的主要功能进行研究的,是美国领导学家古立克。1937 年,古立克在《组织理论》一书中,提出了决策是领导的主要功能的观点,并进行了论述。而奠定决策科学基本理论框架的是美国学者西蒙。西蒙在 1944 年发表的《决策与行政组织》一文与 1947 年出版的《行政行为:组织中决策程序的研究》一书,勾画了现代决策理论的轮廓,并提出了一系列领导管理学的新概念,不但创立了现代管理学的决策分支,而且形成了管理学的决策学科。在西蒙的决策理论提出之后,大批的学者加入决策研究的行列,把决策理论广泛引入管理学的各个领域,并创立了新的决策理论。

国外决策理论纷繁复杂,比较有影响的主要有以下几种。

1. 西蒙的决策程序论

这是在国外领导决策理论中最有权威性的理论。其代表作是《行政行为:组织中决策程序的研究》一书。西蒙的决策程序论是将行政组织视为决策程序,以"理性"概念为基础。他提出两种决策前提:一种是价值前提,即指有关价值判断的问题,诸如组织所要达到的目标、管理效率的标准、公正和正义的准则以及个人和组织的价值观念等。另一种是事实前提,即指客观上存在的事物和现象。决策就是以各种不同的价值因素(主观因素)和事实因素(客观因素)为前提的。决策程序是根据不同的决策前提进行抉择的过程。西蒙认为,根据价值判断制定决策,这主要是各级领导组织中最高领导者的责任。他们根据自己的价值观念确立各自组织所要达到的目标。目标确立以后,领导组织的主要任务就是如何正确客观地选择达到目标的手段,这是属于理性活动的范畴,即完全根据对客观事实的分析,而不加入价值判断的因素。组织目标确立以后,领导组织还要按分工负责制确定不同层次的领导者的决策权限。

领导人员能否在决策过程中采取"最佳的"或"满意的"决策步骤、方法或技术,这是西蒙的决策程序论所关注的另一问题。"最佳的"决策和"满意的"决策是两种不同水平的决策。最佳决策是领导者在制定决策时所应该达到的目的。但是,由于领导者能力有限或其他原因,在不能达到最佳决策时,也应争取达到令人满意的决策。

2. 拉斯韦尔的权力决策论

权力决策论在当代国外决策理论中占有特殊重要的地位,其代表作是《决策过程》和《权力与个性》。拉斯韦尔通过对决策与权力、决策与个性的研究,将精神分析方法和行为主义方法全面引入了领导学领域。拉斯韦尔认为,决策者一般都有追求权力的欲望,并且善于选择追求权力的机会。权力即为参与政策制定,它作为一种价值,在全部决策程序中始终起着重要的作用。拉斯韦尔的权力决策论既研究了权力的主体,即决策者和掌权者,也研究了权力的运用过程,即决策制定过程。这两方面的研究都具有开拓性,对当代西方领导决策理论研究产生了深远的影响。

3. 德鲁克的有效决策论

这也是西方决策理论中影响颇大的一种,其代表作是 1966 年出版的《有效的管理者》一书。德鲁克的有效决策论的中心论点是,领导者应该是有效的管理者,而有效的管理者应该进行有效的决策。德鲁克认为,有效的管理者并非对任何问题都做出决定,他们通常只对具有重大意义的问题进行决策。有效的管理者不应只重视"解决问题",更应该着眼于最高层次的观念性的认识,即正确决策的目标和内容,然后再确定决策所采取的原则。

德鲁克指出,有效的决策方法具有五方面的要求:第一,要明确问题的实质是否属于常态,以找出能够建立一种规则或原则的决策;第二,要找出解决问题所必须满足的条件,即"边界条件";第三,先弄清什么是能够充分满足问题解决的正确方案,然后考虑为使方案得以接受所需的必要的妥协和让步;第四,要有保证决策得以实施的具体措施;第五,在执行决策的过程中,注意信息反馈以检查决策的正确性和有效性。

4. 安德森的公共决策论

美国行政学家安德森于1979年出版的《公共决策》一书,对领导决策问题进行了系统的分析。根据他的理论,领导决策过程也就是公共政策的制定过程,而公共决策者的主要任务是制定以行政法规为核心的公共政策。安德森认为,领导决策的主要内容是关于制定法令、发布行政命令、颁布行政法规以及对法律做出解释的决定。他把公共决策或政策制定与行政人员在执行政策过程中所做的决定区别开来。他称后者为"普通决策",这种"普通决策"在日常行政事务中为数众多。

综上所述,领导决策理论内容庞杂,各家各派关于领导决策理论的研究对象和内容体系等看法很不一致。但是,有一点是可以肯定的,即领导决策理论在国外已经成为领导科学的重要研究领域。

6.1.4 领导决策的构成

一般来说,一项领导决策要全面而且合理地展开至少应当具备以下五个要素。

1. 决策者

没有决策者也就无所谓决策,决策者是领导决策的第一要素。决策者是受社会、政治、经济和心理等诸因素影响的决策主体,可以是个体或群体,即指按法定程序和授予而拥有决策权的领导机关或领导者。这种决策权是领导权的一种主要的存在和表现形式。决策者可以是领导者个人,也可以是领导群体,但领导集体是领导决策的基本形式。因为从提出问题开始,经由收集情报、提供咨询、制订方案,到最后择定,是由领导集体共同完成的,只是由该集体的主导人物(行政首长)最后认定。领导决策一般实行"首长负责制",领导决策权的法定归属及最后选择权归最高领导者,从这个意义上说,决策者实际是指以领导者一个人为核心的决策群体。

2. 决策对象

决策对象是决策所要解决的问题,也是决策所指向的客体。领导决策的对象与领导者的职权范围是相一致的,凡是领导者职权范围之内的事情,都可以纳入决策的对象。决策活动就是要针对决策对象采取措施,因此,决策对象是具有可变性的客观实在物,改变这种客观实在物就是决策的目的。

3. 决策信息

信息是决策的动机、动力和条件。对信息的采集和分析是决策的基础,没有信息就不会提出决策问题,也就更不会延伸出其效果。信息占有量直接关系到决策的准确性、正确性和有效性。决策信息占有量的充实程度对决策的效果具有重要的意义。决策信息既要包括来自外部环境的信息,又要包括来自内部环境的信息。因此,领导者只有收集到充足的信息,并且对信息进行科学地分析、正确地判断才可能形成成功的决策。

4. 决策方法

决策的方法作为一个要素的重要性,在于科学决策的可能性和必要性。由于现代领导决策对象日益复杂化且处在动态之中,所以,就必须在遵从领导决策规律的基础上,正确地运用一些准则和技术方法,以便领导决策不但效率高,而且科学化。一般说来,决策的理论和方法是对决策实践的总结和升华,事实上,任何决策都有一定的理论和方法,只是是否恰当、科学而已。

5. 决策效果

决策效果就是决策者通过解决问题所希望实现的目标。决策的效果由多方面的因素决定,其中关键性的因素是决策的方法,同时反映决策者的决策水平,检验决策方法的科学性、可行性、时效性和决策目的的合理性、现实性、社会性。对领导决策来说,追求良好的社会效果是决策的出发点和评判标准。任何决策从提出到实施的一系列过程,都是针对现实问题或即将出现的问题而展开的,决策通过这一系列活动所要达到的目的,也是决策的意义所在。

值得说明的是,领导决策的这五个要素必须同时具备,缺乏其中的某些要素就不是完整的领导决策。

6.1.5 领导决策的程序和方法

1. 领导决策的程序

决策程序,也叫"决策过程",或称"决策步骤"。领导决策是一种动态的管理过程,不只是从几个备选方案中挑选一个最佳方案的所谓"拍板"行为。决策程序是决策民主化、科学化的外在形式和核心内容,要科学地进行决策,必须遵循科学的决策程序。决策程序体现了决策的条理与方法,因而,不同性质的决策,其程序也不尽相同。依照决策进行的先后顺序来划分,领导决策的程序可以分成下列五个阶段。

1)确立决策目标

确立目标是领导决策的前提,决策就是为了达到某种目标而进行的。确立目标是与发现问题和提出问题联系在一起的。领导活动中经常会遇到复杂多变的事物和大大小小的问题,决策者要善于发现其中起主导作用的关键问题,把问题提出,并确定解决问题所要达到的结果,这就是决策目标。因此,有些管理学家把发现问题这个步骤称为诊断阶段,这就形象地道出它在决策过程中的重要性。

事实上,发现问题并做出正确的诊断并不容易,必须做到以下四点。

第一,对决策问题的实质、特点和范围有全面的了解。问题有例常、偶然性例外、例外三类。比如,计划性停电是例常事件,故障停电是偶然性例外事件,大面积突然断电是例外事件。并非每一个问题都要做出决策,只有例外或偶然性例外的问题,由于没有惯例可以援引,才须做出决策。

第二,尽可能地通过差距的形式把问题的症结所在表现出来。决策者所以要订立决策目标,是因为发现现实和要求之间存在着差距,并且这种差距已经到了令人不满意的程度,才值得付出代价去消灭它或缩小它。

第三,应当找到产生差距的真正原因。某种偶然例外事件是否真的仅仅是个偶然?抑或它是某个新问题的前兆?或者只是从表面看起来是例外,而实质上只是某个新的例常问题的最初表现。找出偏差的根源,就等于问题解决了一半。

第四,必须确定解决问题的最低要求,即确立"边界条件"。正确地确定边界条件,是决策过程最困难的一步,因为界线往往难以把握。然而它却是非常重要的,边界条件说明得越简明、清楚,决策的有效性和达到目的的可能性也就越大。相反,如果在边界条件判断上有任何严重欠缺之处,则所做的决策不论看起来如何高明,几乎可以肯定是无效的或失败的。清楚的边界条件,有助于决策者从众多的可行方案中鉴别和淘汰那些看起来似乎有意义而实际上不可靠的方案;有助于决策者认清什么时候必须用一次新的和适当的决策来取代过去的不合时宜的决策;有助于决策者在决策时分清什么是正确的或错误的妥协,并最终做出正确的妥协。

决策目标的订立是为了实现它,因此决策目标要求表达得尽量具体明确。明确的目标具有以下特点:第一,目标的内容含义明确,便于理解,容易掌握;第二,便于把组织目标落实到具体的实现目标的组织或个人;第三,根据目标,可掌握质量、数量、规格、时间、地点等方面的具体要求和标准;第四,目标有单一的,有多重的,有总目标,有分目标。在确定目标时要分别加以明确。

2)拟定决策方案

拟定供选择用的各种可行方案,是决策的基础。好与坏,优与劣,是在对比中发现的。

如果没有众多方案可供对比选择,就难辨优劣,也就无所谓决策。众多的智囊团或专门的参谋机构的建立,是实现有多种方案可供选择的组织保证。

设计决策的预选方案必须整体详尽(包括一切可能的方案)。在具体步骤上,通常分两步走。

第一步,初步设计——轮廓设想。这一步的特点是打开思路,分析事物中的各种矛盾关系,目的是要保证备选方案的多样性,为决策者提供尽可能广阔的思考与选择余地,这一步对设计方案的人员的要求是具有勇于创新的精神和丰富的想象力。

第二步,精心设计——详细论证。这一步的特点是小心求证,反复计算和细致推敲方案中的每一个细节,目的是要保证备选方案的准确性和科学性,经得起怀疑者与反对者的挑剔,这一步对设计方案的人员的要求是具有冷静的头脑和求实的精神。

通过以上两步,应使所拟定的备选方案具有以下特点:第一,创造性,即能表现出对事物的敏感,认识问题的深度;第二,群众性,即反映普通成员的利益和要求,能调动执行者的积极性;第三,可行性,即全面、具体、明确、切合实际、立足已有的人力、财力、物力,有实现的可能性;第四,多样性,即能应付各种情况,使决策者有比较得失、权衡利弊的余地;第五,层次性,即既有整体方案,又有具体方案和实施方案,便于选用和付诸行动。

3) 评价选定方案

方案选优是决策过程中的关键环节。要保证这一步能走对,就得要对各预选方案进行综合分析、总体评价。对预选方案的评估和分析要注意以下因素:第一,限制性因素。任何方案都是在一定条件下实施的,要充分考虑一切内部和外部因素,尽可能将方案实施所要求的条件具体化。第二,综合效益因素。要全面考虑各预选方案的直接效益和间接效益、经济效益和社会效益,长期效益和短期效益。第三,潜在问题分析。要决策就要有一定的风险,方案实施后可能会出现一系列没有预料到的问题,要尽可能对潜在问题和不利因素进行充分的估计,并有所防范。

在分析和评估的基础上,选定最优方案必须坚持照顾全局、技术上可行、经济上合算、时间效益最佳等标准。同时,最佳方案的产生还要运用适当的方法:一是经验判断法,即定性分析法,决策者根据以往的经验和掌握的材料,经过权衡利弊,做出判断;第二,数量模型法,即定量分析法,区分不同情况分别采用确定型决策模型、风险型决策模型、非确定型决策模型,对预选方案进行定量分析;第三,模拟试验法,包含定时分析法,通过典型试验、实验室试验、计算机模拟等对其结果进行分析,决定取舍。

经过对各项备选方案进行对比分析、总体评估,可以从各种预选方案中选择一个最佳方案,也可以从预选方案中综合出一项新的决策方案来。

4) 实施决策方案

领导者选定了一个决策方案并不是决策过程的结束,还需要促使决策方案付诸实施,并在实施中落实决策目标。这个阶段一般包括宣传动员、组织准备、确定计划和规范、监督执行等方面。在贯彻实施决策中遇到的问题,大致可归纳为三种:一是没有严格依照决策方案办事;二是执行中碰到了实际困难;三是已经执行了方案,但未达到预期目标。领导者对上述情况应该具体问题具体分析,区别对策。第一种情况属于宣传或利益分配的问题;后面两种情况则属于决策本身的问题,现有方案中可能有不合理或不科学甚至不正确的地方,需要进行追踪决策。

5) 追踪决策

追踪决策是在主客观条件发生重大变化,或者发现原来决策有重大失误的情况下,对决策目标和决策方案进行根本性修改的一种决策。它包括三个方面:第一,回溯分析。对原有决策的产生机制和产生环境进行客观分析,列出失误发生的过程并找到原因,以便采取有效对策,使追踪决策建立在现实的基础上。第二,非零起点。追踪决策面临的对象和条件,是原有决策已经实施了一段时间,不仅投入了大批人力、物力、财力等资源,而且这些资源的消耗结果对周围环境产生了实际影响。因此,追踪决策既要慎重,又要果断,切忌拖延。第三,双重优化。追踪决策的方案选择,不仅要优于原有方案,而且要在诸多新方案中选择优化方案,甚至还要评价决策方案的损益值。

2. 领导决策的方法

为了提高决策的科学性,决策者必须掌握科学的决策分析方法或定量分析方法。根据对决策问题的认识的不同,决策分析方法通常可分为三种模式:确定型决策分析、风险型决策分析和不确定型决策分析。

1) 确定型决策分析

确定型决策是指只有一种肯定性的主观要求和客观条件,却有多种可供选择的方案。在单一决策目标情况下,盈亏平衡分析法是常用的一种决策分析方法,即先找盈亏平衡点,由此判断企业处于亏损区还是盈利区,然后做出不同的选择,即凡收益量取最大值,凡损失量取最小值。如图 6-1 所示。

在确定型决策中还存在多目标决策的情形。在多目标情况下,领导者在决策中必须同时考虑两个或两个以上的因素,然后根据各个因素的重要性,用权数或百分率来表示,经过必要的计算和分析,才能决定取舍。例如某企业决定向银行借用长期贷款,利息率越低越好。现有三家银行愿意提供此种款项,其利息率分别为 7.5%、6.9%、6.5%。从表面看,这家企业应决定向利息率为 6.5% 的那家银行申请贷款。但是,同企业成本相关的因素不仅有利息率的高低,还包括贷款偿还期的长短。假定分别为三年、两年、一年,这时利息率为 6.5% 的贷款就不一定是最佳选择了。这就需要该企业根据内外客观情况,分别确定利率和偿还期这两个因素的权数,然后经过计算和分析,才能做出正确的选择。也许,6.9% 的利息

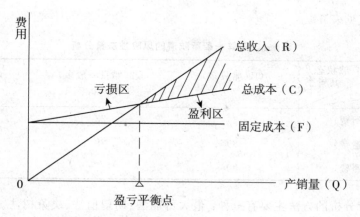

∵利润=总收入−总成本
=产销量×单价−（产销量×单位变动成本+固定成本）
而在盈亏平衡点上，利润等于零，
∴盈亏平衡点产销量=固定成本/（单价−单位变动成本）

图 6-1　盈亏平衡点分析图

率、偿还期为两年的那家银行的贷款，就会成为最佳选择。[①]

2）风险型决策分析

风险型决策，也叫统计型决策或随机型决策。这种决策是依照一部分信息对未来可能发生的问题做出推理判断。有一定把握，但不可靠。也就是说，决策者可以承担各种方案可能出现的后果，以及各种后果发生的可能性（概率），但不能预见究竟出现何种后果。因此，决策者进行决策时，要冒一定的风险。应用风险型决策分析时，被决策的问题应同时具备下列五个条件。

第一，存在着决策者希望达到的目标（收益较大，亏损较小）；

第二，存在着两个或两个以上的自然状态或客观条件；

第三，存在着两个或两个以上的可供选择的行动方案；

第四，可以计算出各种行动方案在不同自然状态下的损益值；

第五，对于未来将出现的各种自然状态的可能性（即概率），可预先确定。

下面一个关于行政收费的决策实例，就属于风险型决策。

【案例】国家在某地区开辟一条新航道，要求由使用者负担护养费，有三种收费的方案：征收过闸费、驳船费、执照费。有三种自然状态存在，通航船只多、船只一般多、船只少，其自然状态的概率分别为：船只多为 0.3，船只一般多为 0.5，船只少为 0.2。各种方案在各种自

---

① 张永桃. 行政管理学. 南京：南京大学出版社，1998，151

然状态的收益值见表6-1。

表6-1　开辟一条新航道的风险性决策分析　　单位：万元

损益值 自然状态及其概率 行动方案	Q1(船只多) P1＝0.3	Q2(船只一般多) P2＝0.5	Q3(船只少) P3＝0.2
A1(征收过闸费)	34	28	20
A2(征收驳船费)	39	29	19
A3(征收执照费)	30	27	25

　　风险型决策分析的方法主要有三种：最大可能法、期望值法、决策树法。下面就结合上述例题作一简单介绍。

　　(1)最大可能法。就是在风险型决策问题中选择一个概率最大，亦即出现的可能性最大的自然状态进行决策，其他概率较小的自然状态可以不管。通过这种方法，就把风险型决策分析变成了确定型决策分析。也就是说，概率最大的自然状态下的最大收益值或最小损失值所对应的方案就是最佳方案。比如上例中概率最大的自然状态是通航船只一般多，在这种自然状态下，29万元是最大收益值，它所对应的方案是征收驳船费。因此，运用最大可能法进行决策，选择的最佳方案应是A2，即征收驳船费。

　　有必要特别强调的是，对于需要决策的问题，如果面临多种自然状态，其中一种自然状态出现的概率特别大，而它的相应的损益值差别不很大时，应用最大可能法进行决策分析的效果是较好的。不过，当需要决策的问题虽然面临多种自然状态，但各种状态发生的概率都很小，且相互很接近时，就不宜采用最大可能法。

　　(2)期望值法。这是使用得比较多的一种分析方法。期望值法就是计算出每个行动方案的损益期望值，然后加以比较。如果决策目标是收益最大，则应选择期望值最大的行动方案；如果决策目标是费用支出或损失最小，则应选择期望值最小的行动方案。对于每个行动方案来说，损益期望值E的计算方法是：某方案A1的损益期望值E(A1)等于该方案多种自然状态的概率P(Q1)与相应的损益值Q1的乘积之和。上述行政收费问题的三个方案，其损益期望值的计算如下：

　　$E(A1)＝34×0.3＋28×0.5＋20×0.2＝28.2$(万元)

　　$E(A2)＝39×0.3＋29×0.5＋19×0.2＝30.0$(万元)

　　$E(A3)＝30×0.3＋27×0.5＋25×0.2＝27.6$(万元)

　　由此可知，$E(A2)＝30.0$最大，因此，采用行动方案A2(即征收驳船费)可能获得的收益最大。

　　(3)决策树法。就是利用图形选择最优方案的方法。其特点是层次清楚、方便便捷、能形象地显示决策过程。如图 6-2 所示,图中的方块是决策节点,由决策节点引出若干条直线,每条直线代表一个方案,称为决策枝。图中的原点是状态节点,由状态节点引出若干条直线代表可能发生的状态,成为概率枝。概率枝末端为每个方案在各该状态下的收益值。其画法是由左向右,由简入繁,根据问题的层次构成一个树形图。

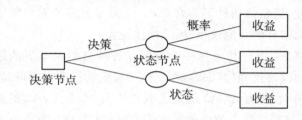

图 6-2　决策树法

根据决策树选择方案时,其决策过程是由右向左进行,即先根据收益值和概率枝的概率,计算各方案的收益期望值,标于状态节点旁,然后根据各个方案结果决策。如果要舍去某方案,就在方案枝上画一个"＋"号,表示剪去,最后在决策节点上留下一条树枝,就是最优方案。

运用决策树法进行决策的步骤如下。

第一,绘制树型图。先仔细分析,确定哪些方案可供决策时选择,会发生哪些自然状态。

第二,计算当期损益期望值。当遇到状态节点时,计算其各个概率分枝的期望值之和,标于状态节点上,还要将汇总数中的最大值标在决策点上。

第三,剪枝决策。通过决策剪枝最终剩下的方案就是要选的最佳者。

3）不确定型决策分析

当决策者只能掌握各种方案可能出现的后果,而不能预知各种后果发生的概率,这时的决策分析就是不确定型的,它比风险型决策还要困难得多。因为它缺少风险型决策问题的第五个条件。可以说,不确定型决策是常见的决策模式中最困难和风险最大的一种。

【案例】风险型决策中的行政收费一例,去掉自然状态发生的概率就构成了一个不确定型决策的五条问题。具体见表 6-2。

表 6-2　开辟一条新航道的不确定型决策分析　　　　　　　　　单位:万元

损益值＼自然状态＼行动方案	Q1(船只多)	Q2(船只一般多)	Q3(船只少)
A1(征收过闸费)	34	28	20
A2(征收驳船费)	39	29	19
A3(征收执照费)	30	27	25

不确定型决策问题,大多采取分析比较法,由于决策者的主客观因素不同,会采取多种不同、彼此差异很大的决策。通常使用的分析方法有:乐观法、悲观法、后悔值法。下面结合例题作一个简单的介绍。

(1)乐观法。又称最大最大收益值法,或"大中取大"法。决策者运用这种分析方法时,对客观情况抱乐观态度,把事情估计得非常顺利,认为亏损多少无关紧要,以夺取最大收益为主要目的。这种方法留有的余地较小,风险性比较大。

乐观法的应用步骤是:首先找出每一个方案在各种自然状态下的最大收益值,然后对各方案的最大收益值加以比较,取其中的最大值,所对应的行动方案就是最优方案。比如例题中,A1 的最大收益值为 34 万元,A2 的最大收益值为 39 万元,A3 的最大收益值为 30 万元。可见,39 万元是所有最大收益值中的最大值,它所对应的方案 A2(征收驳船费)就是最佳方案。

(2)悲观法。也称最大最小收益值法,或"小中取大"法。决策者运用这种决策方法时,对客观情况持悲观态度,把事情估计得很不顺利,认为收益少一点无所谓,但必须以不遭受巨大亏损为主要原则。这是一种相对保险,有时显得比较保守的分析方法。

悲观法的应用步骤是:首先找出各个方案中在各种自然状态下的最小收益值,然后对各方案的最小收益值加以比较,取其中的最大值,所对应的行动方案就是最优方案。比如例题中,A1 的最小收益值为 20 万元,A2 的最小收益值为 19 万元,A3 的最小收益值为 25 万元。可见,25 万元是所有最小收益值中的最大值,它所对应的方案 A3(征收执照费)就是最佳方案。

(3)后悔值法。也称最小最大收益值法,或"大中取小"法。这是以方案的后悔值或遗憾值大小来判断方案优劣的一种决策分析方法。当一种自然状态出现后,通过列表就能明显地显示出哪个方案是最优的,即收益值是最大的。如果决策者没有采取这个方案,而是采取了别的方案,这时,决策者就会有后悔或遗憾的感觉。

后悔值的计算公式,是以估计与实际相比得到的机会损失作为后悔值,则后悔值就是指最大收益值与所采取方案的收益值之差,即

后悔值= 某自然状态下的最大收益值—该自然状态下所采取的方案的收益值

后悔值法的应用步骤是:首先计算各方案在各自然状态下的后悔值,列出每个方案的最大后悔值,然后进行比较,取其中最小值,所对应的方案就是最佳方案。上例中,各方案在各自然状态下的后悔值见表 6-3。

从表 6-3 可以看出,三种方案的最大后悔值分别为 5 万元,6 万元和 9 万元,显然,5 万元是各方案最大后悔值中的最小值,它所对应的方案 A1(征收过闸费)就是最佳方案。

表 6-3　开辟一条新航道的不确定型决策分析　　　　　　单位：万元

损益值　　自然状态 行动方案	Q1（船只多）	Q2（船只一般多）	Q3（船只少）	最大后悔值
A1（征收过闸费）	39−34＝5	29−28＝1	25−20＝5	5
A2（征收驳船费）	39−39＝0	29−29＝0	25−19＝6	6
A3（征收执照费）	39−30＝9	29−27＝2	25−25＝0	9

　　上述分析表明，对同一个不确定型决策问题，采取不同的决策分析方法，所得到的结果完全不同。这主要是决策者对自然状态的认识和对风险的态度不同引起的，因而也就无法说明究竟哪种方法更好。这主要取决于决策者的素质、决策问题的性质、决策体制以及上级领导者和社会环境对风险的态度等。由此可见，不论使用何种科学计算方法，都不能保证在任何条件下都完全符合客观情况。正因为如此，才更需加强对决策方法的研究，才更加显现出有远见、有魄力的决策者的重要性。

　　3. 其他决策方法

　　(1) 波士顿矩阵。领导者在确定决策方案的时候，还可以用波士顿矩阵来帮助决策。所谓波士顿矩阵，就是以产品的相对竞争地位为横轴、以增长率为纵轴划分决策空间。它的具体运用可参考以下案例①。

　　某大学召开各院系的领导会议，讨论下学年各专业的招生计划，因为招生多少直接关系到老师的奖金，所以大家都希望本院系能多招一些学生，但上面给的指标有限，所以会上各院系之间竞争十分激烈。这时学生处张处长走到黑板前，画了一张图，如图 6-3 所示。

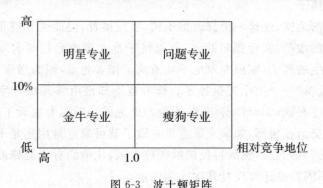

图 6-3　波士顿矩阵

　　①　崔卫国，刘学虎. 管理学故事会. 北京：中华工商联出版社，2005，61，62～63

　　张处长说："这张图叫波士顿矩阵,用它可以帮助我们分析哪些专业该扩招,哪些专业该减少招生。"接着,他根据人才市场的调查,对各专业毕业生最近两年就业率做了统计,将增长率高于 10％的归为一类,低于 10％的归为一类。然后他又统计了其他兄弟高校各专业毕业生的平均就业率,用本校就业率与其进行比较,高于平均就业率的归为一类,低于平均就业率的归为一类。这样,他把本校各个专业分成了明星专业、金牛专业、问题专业和瘦狗专业四类。说到瘦狗专业的时候,很多人都笑了,张处长说："这只是个比喻,希望不要介意。对属于金牛类的专业,如中文、数学等专业,我们的师资力量比较强,但人才市场要求不多,所以保持原来招生人数就可以了;对于明星专业,如英语,我们师资力量强,而且人才市场需求也旺,所以应扩招;对于有些专业,如国际贸易、电子商务,因为新办,所以问题比较多,但人才市场需求旺,应该扩招,但必须同时引进这方面的人才,加强师资队伍建设;对于有些专业,如历史、地理,我们的相对竞争地位不强,人才市场增长率又低,尽管用瘦狗来形容不太恰当,但我还是建议停止招生。"

　　张处长说完后,坐了下来。会场上半天没有人发言,但外语系、经管系的系主任左顾右盼,显得十分高兴;而政史系主任则十分沮丧,想发言可又不知怎么说好。

　　(2)德尔菲法。在决策时为了保证公正和客观,常常用到德尔菲法。这种方法首先选定有关专家,将意见咨询表分发给他们,让他们提意见,然后将意见汇总整理,将初步结论再发送专家分析判断,通过多次反复求得一致的结论。以下就是德尔菲法决策的例子[①]。

　　小王正在读硕士研究生,眼看快毕业了,但他还没有在学术刊物上发表过一篇论文,所以,十分着急,因为根据规定,没有发表过论文是不能拿学位的。这天,小王拿着写好的论文来到他的导师张教授的办公室,想请张教授推荐到学报上发表。小王想,张教授很有名,有他推荐谁还不给个面子。

　　张教授看了他的论文,说这一稿修改得不错,答应推荐,但能否刊登很难说,因为学报最近进行了用稿制度的改革,实行德尔菲法,每篇稿子都要至少经过两名专家进行匿名审稿,导师不能审自己学生的稿子,审稿专家也不知道稿子作者是谁,因为送审时打印稿件在作者姓名这一块开了"天窗"——用小刀抠掉了。作者也不知道由哪几位专家审他的稿,专家也不知道审同一稿的还有谁,编辑部有纪律,不能向外透露。审稿专家看了稿之后将自己的意见填在一个表格上交给编辑部,如果大家意见一致了就可确定是用还是不用;如果意见不一致,还要将这些意见归纳起来,然后再反馈给各位专家,让他们有机会修改自己的意见,有些文章比较重要,有不同意见还要反复几次才能确定。

　　经过这一番解释,小王才知道:要想发表一篇文章可真不容易呀!

---

　　①　崔卫国,刘学虎.管理学故事会.北京:中华工商联合出版社,2005,61,62～63

6.1.6 领导决策的评估

1. 领导决策评估的含义

所谓领导决策的评估,是指对整个领导决策活动过程中的各种因果关系以及决策效果进行的评价。它涉及决策问题评估、决策规划评估、决策执行评估、决策影响评估等一系列活动和内容。

在现实中,政府制定了决策,并投入人力、物力去实施,但是最终并未获取成功的例子比比皆是。这就促使人们去思考这样的问题:为什么决策未能获得成功和成效?由于对领导决策认识的偏差、决策环境的变化、时间的推移、新问题的产生,或由于决策人员的素质、决策资源等因素,可能使原有的决策目标无法达成,甚至产生副作用,引起不良的恶性循环。新问题的产生及其结果,更导致问题趋于严重和复杂化。因此,要求人们重新认识、发现问题的症结,再做决策。这一切都要以原有决策的评估为依据。

对于决策者或领导者而言,制定决策、付诸实施、获得成效,是领导绩效的表现。决策者或领导者,应尽可能地表现出领导的绩效、成绩,以获取人们的积极支持。对于民众而言,任何一项决策,都影响着他们的生活、利益,他们也急于了解一项决策的最终实施状况及结果,以及对自己利益的影响,这一切也只有通过决策评估来进行。

诸如上述问题,都说明进行决策评估的必要性。领导决策评估的主要目的,从科学的领导决策角度来说,是为了向领导决策者、执行者和其他有关人员提供有关决策的客观信息和资料,以作为科学决策的依据,从而发展更有效和经济的决策方案[①]。

2. 领导决策评估的内容

由于评估者的着眼点、重点不同,决策评估就有不同的内容。依据决策评估的对象,我们将评估的内容分为三大类:预评估、过程评估、结果评估。

1) 预评估

预评估,从字面上来讲,是提前进行分析与判断的意思。具体地说,是在领导决策进行之前或在规划阶段,以及在执行不久或一段时间内,对有关事情进行分析与判断。现代社会生活对政府提出了新的要求,要求政府能够超前预测出社会发展的态势,社会大众未来的需求和即将来临的要应付的一系列问题,以便政府能通过一系列科学方法,预知情态,及时纳入政府决策的议程,这便是预评估的主要内容。

2) 过程评估

过程评估是指对决策问题认定的整个过程、决策方案的设计和选择过程,以及决策执行过程进行评估。简单来说,过程评估是对整个领导决策行为进行系统、完整的评价,主要有

---

① 许文惠,张成福,孙柏瑛.行政决策学.北京:中国人民大学出版社,1997,221~222

以下三个方面。

（1）决策目标评估。具体包括目标的确定是否具有科学依据，目标明确程度，目标是否具体，目标体系的完整程度、平衡程度，目标是否恰当、客观，是否具有衡量目标达成的具体标准。

（2）决策规划评估。具体包括：相关的单位和人员是否均参与了决策规划；在决策规划中，是否将主要的相关因素均考虑进去；是否将相关信息资料收集齐全；决策方式是否妥当；决策是否遵循科学程序；决策规划是否采用科学方法；领导决策体制是否健全、责任是否明确。

（3）决策执行评估。领导决策执行评估所涉及的行为主要包括：存在性，即执行决策的条件是否存在，存在的程度如何。这些主要条件包括执行人员的安排、资金的筹集和组织设施等。覆盖面，即执行机构是否已涉及或达到决策方案所期望的对象或实施领域。执行力，指有效贯彻决策的程度，包括工作效率、绩效。一般性，指在执行决策的过程中所采用的各种措施是否按照决策设计的内容进行。副作用，指决策执行对非决策对象的影响，以及因执行因素而产生的副作用。

3）结果评估

结果评估是整个决策评估中最为关键的环节。政府的决策是否达到预期目标，是否实现其效果，只有通过结果评估才能表现出来。一项决策对社会发展产生了什么样的影响，也只能通过结果评估表现出来。结果评估是延续、终止一项决策的依据，也是新一轮决策循环过程的开端。

决策结果是决策执行后解决某一社会问题，满足决策对象需求的程度以及对社会系统、政治系统及其环境产生的影响的总称，就是某一项决策，对个人、团体、社会、自然环境、政治系统的结构与运行方式、政治系统的输入和输出等方面所引起的变化。简言之，即对社会环境的作用效果。具体来说，决策影响包括对社会公共问题的直接作用效果；决策的连带效果；决策的历时效果，即决策影响的时效问题；决策的系统性影响。

3. 领导决策评估的方法

决策评估的途径选择，取决于决策问题的性质和评估方法的可行性。一般而言，有下列几种途径。

1）听证法

这是最为普通的评估方法，是领导者或领导机关的成员就有关决策完成的情况质询行政人员。通常是由决策执行者写出并提供有关报告。但是，这个报告可能是非客观的、可能出现夸大成绩，少报失误和损失的情况。

2）与专门的标准相比较

专门的标准是指由专门机构研究制定的专门用以衡量绩效的指标。这些标准通常表现了较为理想的产出水平。如每个教师教导学生的数目，每1 000个人中医院病床的数目。但这样的比较只是着眼于决策的产出，而未能涉及政府活动对目标群体或非目标群体的影响程度。另外，这些标准往往也是理想化的，与现实有些距离。

3）民意调查与测验

这是为了了解民众对政府决策执行情况的态度、意见而进行的调查和测验。民意调查与测验一般是选择一定数量的调查对象，征求他们对政府决策执行效果的意见，做出统计与说明。民意调查与测验一般采用"信访法"和"面询法"。其基本程序是：设计方案、抽样、拟定意见征询表、发信、打电话或派员面询意见、整理、统计、分析、综合调查结果。

4）前后比较

这是评估决策影响最普通的方法之一。政府决策的影响程度，就是决策对象接受决策前后的变化值之差。但是，这仅是粗略估计，因为很难分清楚变化的结果是由决策本身引起的，还是由于其他因素引起的。

5）理想与实际比较法

在规划决策时，人们都希望决策达到什么样的目标和效果，因而有一定的意向。在决策执行之后，可以将实际发生的效果与理想状态（意向）相比较，实际效果减去理想效果便得出决策的影响和效果。这里，关键的问题是理想中的标准一定要客观，否则无法得出准确的结论。

6）受决策影响的目标群体与不受决策影响的群体比较法

这个方法是把参与到决策中的人与未参与决策的人，或将受决策影响的城市地区与未受决策影响的城市地区相比较。

7）类似方案比较法

就数个类似方案的实施结果进行比较，以观其差异。如水污染防治决策计划与空气污染防治计划之比较。

6.2 决策体系

6.2.1 领导决策系统

1. 领导决策系统的任务

领导决策系统，也称决策中心或政府首脑机关，它是领导和组织整个决策活动的领导集团，是现代决策体制的核心。围绕领导系统这个核心，主要有信息系统、咨询系统，它们都是在领导者的领导下活动并为其服务的。领导决策系统具有最高权力，负有全面责任。无论什么样的决策体制,也无论是哪个政府层次,领导决策系统是必不可少的,并且各领导决策系统互相关联,形成严密的组织系统。

领导决策系统的重要地位是与它所担负的重要任务密切相连的,具体来说,领导决策系统的主要任务有以下三点。

1) 确定决策问题和目标体系

这是决策的方向问题,因而也是领导决策系统首要的、有决定意义的任务。领导决策系统要通过调查研究搜集大量的信息,以便把握具体实际情况,对现实情况尤需从系统科学的角度把握其总体,抓住其主要方面,这样确定目标体系才会有现实的、可能的依据。目标体系是否科学、正确,对整个决策过程中的一系列活动是有决定性影响的。

2) 选定决策方案

抉择方案是决策过程中的关键一步,领导决策系统对咨询机构提供的各种方案,要进行辨别、比较、分析、平衡、验证,这也是决策者的才智、品格、能力、经验等综合情况的体现。确定决策目标之后,领导决策系统就要组织拟订方案,充分发挥咨询、研究机构的作用,对方案从多方面作可行性研究和论证。同时还要根据决策所要解决问题的繁杂程度、价值标准的差异、方案的多样性来确定选择方法。

3) 监督决策实施,反馈完善决策

由于主观客观多种原因,对有的决策方案或决策目标要做根本性修正,或追踪决策,这也是领导决策系统的一项必要的任务。最后确定的决策方案,要在实施中验证,根据实施情况反馈信息,对决策进行必要的修正和完善。尤其是一些重大的战略决策,要通过局部试验成功,才可进入全面普遍实施阶段,并要在实施中负责检查监督。

2. 领导决策系统的决策方式

领导决策系统主要是由该组织中的领导成员配以少量具体工作人员组成的,一般来说,某一组织中的领导机构就是这个决策中枢的组织形式,如我国中央人民政府由总理、副总理、国务委员、审计长、各部委的部长、主任、秘书长组成的国务院领导机构,也是中央人民政府的领导决策的中心。某一级政府只能有一个领导决策系统,否则容易出现多头领导、政出多门的弊端。

现代的单一首长决策方式并非个人专断、不考虑别人的意见、不与别人交流思想商讨问题。相反,在决策者个人做出最后决断之前,要听取不同意见,甚至要设法激发别人提出反对意见,挑起争论。一个优秀的领导人,欢迎意见分歧,反对周围的人唯唯诺诺,思想僵化。来自不同方面的不同声音能为科学决策提供一个主体的参照系数,对决策者行使权力起制约作用。美国法律虽然规定,政府最高层次的决策权完全掌握在总统个人手里,部长们只有不多的建议权。但美国总统也是在听取总统办公机构的大量官员和专家们的意见后才最后拍板。我国1982年宪法规定各级政府实行行政首长负责制,这是在充分发扬民主基础上的首长负责制。我国法律规定,国务院在做重要决策之前要召开国务院全体会议或常务会议讨论,并听取各方意见,最后才由总理负责做出最后决断。

6.2.2 决策咨询系统

1. 咨询系统在决策中的作用

决策咨询指智囊团接受委托,就重要决策事项进行研究,提出科学的建议或比较方案,供委托人决策选择。现代领导咨询机构繁多,可以从不同角度加以分类。如从隶属关系不同可分为领导机关内的与领导机关外的;从工作性质不同可分为咨议性的与设计性的;从工作任务不同可分为综合性的和专业性的。但不管从哪个角度去区分现代领导咨询机构,有一点是所有领导咨询机构的共性,就是它只是为决策服务的机构,不是决策机构,也不是政府的职能机构。

决策咨询系统具有相对独立的特点,能为领导决策提供公正的咨询服务。咨询虽是围绕决策者的需要开展工作,为决策者服务的,但咨询只依据事实真相,绝不以领导意图为转移,更不为领导的错误意见所左右。正是现代领导咨询本身的这一特点,使其做出的分析和判断可靠性强,具有科学价值。这一特点也最适合领导决策的需求。领导决策者由于身处其境,容易受到各种利益关系的干扰,因而不易做到如咨询人员那样旁观者清,无所顾忌。利用智囊团,重视咨询正可弥补此不足,从而获取公正、客观、科学的咨询服务,提高决策质量。

2. 发挥咨询系统作用的途径

咨询系统是现代决策体系中的重要组成部分,在决策的科学化中起着不可替代的作用。要使领导咨询系统更好地发挥作用,成为领导决策中心的好帮手,必须从领导、组织、人员、环境等各方面加强建设。根据我国当前的具体情况,要充分发挥领导咨询系统的作用,应作如下努力。

1) 加强常务性咨询机构的建设

政策研究室、调研室、经济研究中心等组织,都是隶属于政府部门的咨询机构。它既为领导决策问题进行调查研究咨询,又直接参与和协助领导者执行决策。因而这类常务性咨询机构掌握丰富的实际材料和信息,了解上级领导之所急,其咨询研究更有针对性、实用性,对领导决策的影响和作用也最大。但是由于传统领导方式的影响,一些政府部门的政策研究室常常被当作秘书班子,被日常琐事所束缚。为此,应尽快使这些政策研究室从秘书班子转变为真正从事决策研究的咨询组织,才能发挥咨询系统中这支主要力量的作用。

2) 充分利用其他咨询机构和社会咨询力量

除了常务性咨询机构之外,我国还有半常务性咨询机构、学术性咨询机构、民间咨询机构等,这些力量都要加以重视,积极利用。我国人民政协的人才、智力有明显优势,是很有权威的智囊团,尤要注意发挥其作用。咨询机构不可能罗致所有专业人才,而研究课题的综合性又需要多学科的专家,解决这个矛盾的好办法就是实行完备的兼职制度。

3)领导者应注意发挥专家的作用

加强政府与咨询机构和人员之间的联系,改善咨询工作环境。领导人要允许和欢迎咨询人员和自己唱对台戏,让专家独立地工作。决策者和咨询人员之间通过对话等方式沟通思想,增进理解,给咨询人员提供基本研究资料和必要的研究条件。

4)加强对咨询人员的培训和调整

我国当前咨询力量很弱,不仅人员不足,而且缺乏高水平的研究人员和辅助人员,专业结构单一。有些领导咨询机构偏重文科人才而轻理工和管理专业人才,有的部门把整编下来的干部安排去搞咨询,以致加重了咨询人员素质低的困境。为此,必须对咨询人员做一定的调整,训练制度化,以加强咨询队伍的水平。

6.2.3 决策信息系统

1. 决策信息系统的重要性

决策信息系统,在这里是指由专职人员、设备及有关工作程序组成的专门从事信息的搜集、加工、传递、储存工作的综合机构。信息系统的工作任务是按一定程序搜集、处理决策信息,为领导活动的各个环节提供必要的信息,保证领导系统的正常运转。

随着社会经济和科技的发展,信息量不断增加,当代世界信息以加速度膨胀,社会信息化已成一种大趋势。为此,必然要求建立专门的信息系统,形成网络,以获取大量的信息。领导决策对信息质量的要求随着科技发展而越来越高,只有信息系统可能给予满足。领导决策成功与否,同信息的质量关系极大。现代领导决策要求的信息并非只是数量上多少,而是要求信息要准确、及时、系统、适用。信息不真实,没有如实反映客观事物的实际,反而是对决策的一种干扰。现代领导决策对信息的这些要求,必须通过信息系统对原始信息进行科学处理,才可能向决策者提供符合要求的信息。科学处理浩繁的原始信息,工作量很大,技术性很强,应有专门的机构、设备和人员。

信息是领导决策的基础,是决策思维的原料。信息质量的高低决定决策的可靠性、可行性,信息越多、越全面、越准确、越及时,领导决策思维的广度、深度就越大。毛泽东同志曾指出:指挥员的正确部署来源于正确的决心,正确的决心来源于正确的判断,正确的判断来源于周到和必要的侦察,以及对于各种侦察材料的连贯起来的思索。这是从军事上阐明信息与决策有机联系的道理。经济上、政治上、文化上也都是这个道理。国外有的学者甚至认为,决策科学化的关键是90%的信息加10%的判断。

2. 改善我国领导信息系统的途径

我国目前领导决策的信息工作水平还不是很高,已建立的信息系统还存在许多问题,主要表现在:领导信息系统网络化不够,组织内层次多,沟通渠道不完善,信息沟通方式陈旧,信息管理人员素质不高;有效信息少,成果信息多;经验信息少,活动信息多;预测信息少,会议信息多;反馈信息少,许多信息存在"偏、空、慢"现象。信息工作水平低,必然影响领导决策水平和管理水平。因此,改善我国领导信息系统,提高领导信息工作,是当前领导改革的一个重要内容。根据我国具体情况,改善领导信息系统,除了要提高对领导信息重要性的认识之外,还应做好下面两方面工作。

1) 提高信息人员素质

提高信息人员的素质要从政治思想和科学文化知识、专业管理技术等各方面,加强培训。但首先要加强对信息工作的热诚和对信息的敏感性的培养。对决策问题认识越深,紧迫感越强,对信息的捕捉和吸附能力就越大。信息人员具有非常强大的信息吸附能力,善于从公开的、平淡的报道中找到重要的信息。

2) 尽可能运用现代化的信息手段

领导信息手段是随着生产力和科学技术的发展而发展的。由于现代电子计算机在领导信息管理中使用,才形成了现代化的管理信息系统。这种管理信息系统的好处是,不但可做到数据统一,信息共享,而且减少了信息传递的中间环节,提高了信息的可靠性,从而提高了领导决策的效率。先进的搜集、加工和传输信息的手段,是一个完善的信息系统所不可缺少的技术保证。但是,各级政府部门在采用先进的信息手段时要量力而行,并且要计算效益,提高利用率,不能把购置的高级计算机用来装饰门面,那是违背建立信息系统的效益原则的。健全领导信息的网络体系,通过信息网络,实行信息资源共享,避免信息封锁或堵塞,也可以节约人力物力。

6.3 领导决策的发展

6.3.1 领导决策的现代特点

1. 领导决策科学化

领导决策科学化,就是决策这一主观活动完全要符合客观事物的实际,坚持符合实际的思想路线,运用科学的理论、方法、手段、体制进行决策。决策科学化的提法虽是现代的,但它却是人类长期追求的目标,并非只有在现代科学技术高度发展的情况下,才可能实现领导决策科学化。各国历史上,无论在军事、政治、用人等方面都有许许多多决策是主观活动符合客观实际,取得重大成功的,这些成功的决策就是决策科学化的结果。但是,必须看到随着科学技术的发展,社会生活的迅速变化,领导决策科学化的要求是在不断提高的。现代的电子计算机、数据库、模型库等科技手段,也为现代决策科学化的高要求提供了条件。

领导决策科学化的一个突出特点,就是定性与量化结合决策的趋势。传统的领导决策主要依靠行政首长个人的经验和意志所进行,这种决策以定性分析和定性选择为基本特征,即定性决策。当代新数学和管理新科学及其数量方法的产生,尤其是计算机的广泛应用,为决策科学的发展提供了坚实的基础和必然的前提,定量决策成为领导决策的新潮流。人机结合的量化决策理论和方法,提供了领导决策的新视野,大大提高了人们主观见诸于客观的能力,使人们能够对大量的日益复杂和日益增多的决策信息进行全方位的综合性的定量逻辑分析,将个人定性决策条件下的不确定决策问题,转化为集体定量决策条件下的确定决策问题,从而大大提高了领导决策的时效性、正确性和预见性。

但是,以计算机和数量分析方法为基础的定量决策,其哲学意义在本质上是决策行为主体的主观认识能力的反映。因此,它必然要受到人的主观认识能力的限制,通常表现为对决策行为主体所给出的诸多的复杂关系的量化解析、逻辑推理和结论。在真实的决策中,被决策的对象往往包含许多(不次于无穷多)的因素,而把这些因素全部抽象成数学符号和概念,并构成一种包罗万象的数学模型,不但不可能,而且也不必要。它绝不能代替人的创造性思维,人仍然是决策的主体,尤其是在意见各异或利弊并存的决策方案的选择中,行政首长的个人经验和个性,仍然是决策的决定性因素。在要求最佳决策的前提下,定性决策和定量决策各自的局限性和优越性,决定了二者相互结合的发展方向。这种方向标志着决策和管理活动向更高级形式发展的必然趋势。

当前,我国迫切要求实现领导决策科学化,提高科学化水平。从国际上看,社会经济和科技高速发展,社会组织程度、开放程度提高的也很快,竞争环境剧烈复杂,有挑战也有机遇,决策的难度越大,决策失误的后果就越严重,这些对决策科学化提出了更高的要求。从国内看,我国现代化建设、改革开放和建立社会主义市场经济体制的新形势,给政府提出前所未有的决策难题。近几年的有些决策失误大多数是由于对客观事物缺乏周详调查研究,决策不符合客观实际造成的。为此,国际国内的形势任务都迫切地要求我国政府尽快提高领导决策的科学化水平。

2. 领导决策民主化

领导决策民主化包括决策方式方法民主和决策目标民主两方面,即要使人民群众充分行使决策参与的民主权利,听取各行各业专家、能人的意见,决策目标体现民意,实现人民群众的根本利益。决策民主化是决策目标民主和决策手段民主的统一。

领导决策所以要求民主化,首先是来自领导活动本身的要求。在一定程度上,古代开明君主往往尽可能地在有关统治阶级利益的决策上表现得"民主"一些。如果决策充分反映人民的愿望,人民群众对关系到自身荣辱、祸福的社会重大决策的参与权行使得越充分,人民与政府的行动配合越密切,社会发展的方向受私利、邪恶目的或谬见左右的几率就越小,政府在人民群众中的威信就越高。决策在制定前要交由群众充分讨论,然后再根据最广大群众的意见制定。其次,人民群众参与领导决策,个人的心理与情感的介入,一方面体现尊重知识、人才,能够激励工作动机,提高效率,另一方面使更多的人有一种被尊重的满足感,行动上能与政府密切配合,从而减少实现决策的阻力。再次,现代社会领导决策问题的复杂性,使得领导者单凭自己的判断已无济于事,因此,领导者必须特别重视借助学者、专家的力量,并充分发挥领导组织中所有成员的聪明才智,依靠群策群力来增强决策的可行性、正确性。

实现领导决策民主化,并非到处都由多数人直接参与决策,人人都来实际参加每个具体问题决策的直接决定。恰恰相反,现代社会科技和管理的发展,人数多并不一定就能有高质量、科学的决策工作。因为科学与否同人数多少并不成正比关系。科学的领导决策经常是由人民委托德才兼备的少数人做出,由人民群众进行监督。如果某项决策在利益取向上出现了偏差,违背了多数人的利益,人们可以依法通过一定的途径否决这一决策。政府通过多种形式,加强与人民群众沟通,把与群众利益密切相关的重大问题的决策和工作进展情况向群众通报,听取群众的意见和呼声,体察民情,尊重民意,获得决策的依据。如社会协商对话就是利于人民参政、议政的一种好形式。新闻媒介也是便于群众参政、议政不可缺少的正当途径。通讯设备和电子计算机的发展和运用,使民意测验在大范围也可能进行。无论何种人民参政、议政的形式,必要前提是政务公开。除了某些具有特殊保密要求的数据情报外,重要情况要让人民知道,重大问题让人民讨论。保障人民的知情权,只会有利决策民主化、科学化。群众情绪是领导决策的重要依据,而群众情绪最基本的问题正是反映群众的切身利益问题。但是对群众情绪化倾向要用科学精神做具体分析,对那些非理性化倾向,不仅不能作为决策的依据,而且要善于引导,要"逆"这些"风"、"热"而决策。领导决策民主化与坚持党的领导是一致的,党提出重大决策,只是一种政治领导,而政府依法通过一定程序贯彻党的方针、政策,做出领导决策,具有强制性。

6.3.2 群体决策

1. 群体决策的必然趋势

在现代社会,任何一个优秀的决策者都不能够完全凭借个人的知识、智慧、才干、个性和意志进行准确的决策。单一的决策主体、思想、模式和方法已经成为过去,取而代之以复合的决策主体、思想、模式和方法。在这里,复合决策即群体决策。这种决策是一种以首长为核心的、包括专家和公务人员以及一定的社会行为主体在内的决策。这种决策是社会环境动态化和社会因素及其相互关系复杂化的产物,也是人类教育水平和智能水平提高、民主参与意识增强的产物。

表现这种趋势的,是由单目标向多目标转移的决策趋势,可以从以下四个方面来分析。

(1) 这种趋势是个人决策向群体决策发展的必然结果。决策主体的增多,带来了决策思想和决策利益的多样化,决策不再只以一种思想为指导,也不再只以一种利益为转移。以系统理论为基础的全面综合考虑正在成为一种决策时尚,"综合治理"正在成为公共领导决策的一种信条。

(2) 这种趋势是单目标决策在实践中一再失败的积极结果,表现为对失败的积极总结。传统的领导决策基本上是单目标决策,用俗语说,就是"头痛医头、脚痛医脚",而不考虑在较长的时空决策链中各个环节之间的相互制约关系,因而在实践中常常招致可悲的结果。比如,发展了社会生产却破坏了生态环境,最终招致大自然对人类生命健康的报复。在失败面前,人们变得聪明起来。先觉的公共决策者已经开始习惯于用社会系统工程的观点和方法来看待和处理社会决策问题,在更大的范围和更长的时间里来制定和检验特定领导决策的社会效应。

(3) 这种趋势是人们为了实现更优良的管理效果的结果。现代公共领导管理是一个多因素的、动态的、复杂的系统,这一系统包含着目标和价值次级系统、技术次级系统、社会心理次级系统和管理次级系统自身,以及许许多多的层级更低的要素。为了实现优良的以社会目的为中心内容的管理效果,就必须准确地设置和阐述许许多多的目标,并准确地规定和协调各个目标之间的关系,最终实现一定的整合社会目的,即总目标。在这方面,总目标的综合性是以分目标的多向性为前提的。

(4) 这种趋势是国家领导组织或机关为了在日渐激烈的竞争环境中获得成功的结果。这包括两层意思:其一,政府为了在国与国竞争中提高国家的整体实力和国民的整体素质,扩大国际影响,就必须全面提高国家的由政治、经济、文化、军事等因素合成的整体综合国力,提高全体国民的由教育、道德、精神等因素合成的整体综合素质;其二,地方政府或领导机关为了在横向比较中显示政绩、保持领先地位和获得支持,就必须全面综合治理辖区或领域里的各项领导管理业务,包括提高领导公务人员的素质。

2. 影响群体决策的因素①

1) 意见趋同倾向

在群体决策中,虽然有时人们对决策方案的看法、观点不同,但参与者却不愿或不敢将

---

① 许文惠,张成福,孙柏瑛.行政决策学.北京:中国人民大学出版社,1997,298

不同意见摆到桌面上来,而完全顺从或迎合某一种意见。在这种情形下,群体决策的优势完全被压抑,决策过程变相成为只有一种意见的"一言堂",从而大大降低了决策的质量。造成这种情况的原因主要有以下四个方面。

(1) 领导者的效应。由于居于组织中的重要地位,赋予领导者以权威性,他的意见往往具有更大影响力。一旦领导者提出了某些观点,就会给决策参与者形成某种心理暗示或心理压力。而一些作风比较专断的领导者在群体决策中,好以权威自居,自己说得过多,别人没有机会发表意见,好评价别人的观点却容不得别人反驳;用种种暗示甚至强迫别人支持自己所偏好的方案。有意地人为剪裁各种决策信息,从而抑制了其他决策参与者的思想和创造力,使群体讨论形同虚设。

(2) 专家效应。人们习惯地认为专家是某一领域的技术权威,具有丰富的知识与经验,因此,专家提供的方案也应具有绝对的权威性,毋庸置疑。

(3) 决策参与者自身的心理压力。决策群体中地位比较低的参与者在提出不同意见前,会有较大的心理压力,诸如与领导者意见的和谐问题是否会影响自己的发展,影响与领导的人际关系,自己的意见是不是十分成熟等。如果参与者选择了明哲保身、多一事不如少一事的态度,那么上述考虑只能使他诉诸于保持沉默或迎合权威意见。

(4) 小团体的压力存在。小群体意识对小团体成员具有规范和控制作用,它强制地维护小团体的行为统一性。

2) 平均化倾向

在群体决策过程中,持不同意见的争论各方各执己见,互不相让,谁也没有充分的理由说服对方,各方都不愿意放弃自己的观点,也不愿意接受别人意见中的合理成分。这时,就会导致一种平均化倾向的出现,即群体内部进行自身平衡和调节,双方各后退一步,选择一种折中的意见。这种折中意见往往不是吸收双方方案中合理的成分,其出发点是照顾双方的情绪,避免冲突升级。决策的结果是以能够怎样做为标准,而不是以应该怎样做为标准,从而丧失了决策的原则和目标,使决策的有效性大打折扣。

3) 情绪化倾向

在决策中有两个以上的可选择方案存在,不同成员会对不同的方案产生偏爱。当群体决策要求所有参与的成员必须对各种不同方案和不同意见进行表态时,如果各成员固执己见,在争论中表现出个人情绪色彩时,就可能出现将个人取胜置于获取最佳决策之上的状况。这使关于决策方案之争转换为个人意气之争,从而使整个决策难以理性化地进行。同时,群体决策的情绪化倾向还可能导致群体决策的极端化倾向,即决策方案在两个极端的意见中进行选择,最终以一方的极端意见为决策基础,并使另一方情绪更加激愤,冲突愈演愈烈。

4) "冒险转移"倾向

行为科学研究发现,在群体决策中,人们敢冒决策风险的水平远远高于个人决策冒险的平均水平,这种现象被称为"冒险转移"。研究进一步表明,在竞争与对抗、冲突越来越激烈的环境下,冒险的系数就越高,相反,在非竞争的状态下,群体决策往往趋向于保守。人们通常用以下三种假设解释"冒险转移"现象。

(1)责任分散假设。由于个人决策冒险所承担的责任非常明确,从而加大了决策者的心理压力,使得决策者在行使决策行为时变得胆小慎微。群体决策中,决策的风险和责任是大家分担的,减轻了个人的责任压力。

(2)领导者作用假设。领导者为了显示自己的才能,往往选择冒险水平较高的大胆决策。由于他们对成员的影响力比较大,所以他们的决策会被群体成员接纳,成为集体决策。

(3)社会比较作用假设。在群体决策中,提出有根据的冒险性决策会得到好评,因此,群体中的个体更倾向于提出具有冒险性的决策。

3. 充分发挥群体决策优势的途径

1)创造良好的群体决策气氛

在群体决策过程中,建立平等、和谐、畅所欲言的决策气氛,鼓励所有的决策参与者提出自己的见解和方案论据,提倡专家"唱对台戏",全面听取不同意见。这样,才能更全面地把握决策问题的背景、性质、范围、策略等。

2)领导者善于运用倾听的艺术

在决策中,领导者应注意倾听其他参与者的各种思想。切忌首先提出自己的结论,然后要求其他人补充"事实",或引用"科学道理"来证明其结论的正确性。领导者无论是用强制还是暗示的方法要求参与者论证并接受其观点,都将使言路大塞。当然,领导者倾听众人的意见,并不意味着领导者为各种意见左右,无法形成自己的决策思想。对各种意见加以比较、分析、判断、综合,得出最佳的可行性决策方案是领导者的基本能力和素质。

3)领导者善于运用并控制决策过程中的冲突

如上所述,决策过程中发生冲突具有一定的积极作用,它可形成多种思想的比较。领导者应抓住这一优势,但是又不能任由冲突发展为极端化倾向。因此,领导者可采取仲裁、目标置换、说服、妥协等手段,有效地控制冲突。

4)科学地运用群体决策的方法

人们在不断积累群体决策的经验的过程中,已经发现了规律性的偏差。针对这些偏差,人们创设了一些可行的方法,如头脑风暴法与反头脑风暴法、创造工程法、提问法、列名法、德尔菲法以及各种定量分析方法。群体决策应善于运用这些科学方法,减少决策的失误。

5)建立科学的群体决策体制

在决策群体中,设立有效的分工、协作机制,明确协作部门与人员的职责与权限。科学的领导决策体制有助于保证群体决策行为的规范性、连续性与协调性。

6.3.3 决策智能化

1. 领导决策智能化的意义

现代领导决策无论是首长负责制领导体制,还是委员会制领导体制,客观上都存在一个领导决策集团,通过这一领导决策集团的共同努力构成一种合力,发挥整体效能作用。任何一个领导决策集团都是由具有不同智能优势的人员组合起来的,这里就有一个智能结构是否科学化的问题,就要有不同智能优势的人有机地、合理地组合成一个科学的群体智能结构。

决策集团的智能化可使参与集团的成员都能从各自不同的角度相互协调配合,从而产生大于个体成员智能简单相加的整体效应,即产生 1+1>2 的正系统效应,使集团的任务得以圆满地完成。一个具有合理智能结构的领导决策集团,不仅使各个体人尽其才,扬长避短,互相补充,相得益彰,而且可以使决策集团内部能保持目标的一致性,减少摩擦,形成坚强的内聚力,成员之间互相配合默契、同舟共济,和谐合作,产生"思维共振",提高工作效率,从而形成一个有民主又有集中,有自由又有纪律,有统一意志又有个人心情舒畅的生动活泼、充满生机和活力的集团智能结构,获得整体的最佳效应。这就是领导决策集团智能结构科学化的价值所在。

2. 领导决策的智能化结构

1)合理的知识结构

将具有较高的文化知识而不同的专业方向的成员进行合理组合。现代领导管理是建立在生产和科学技术高度分工、高度综合的基础之上的,领导决策的综合性因素较多,而学科知识则越来越专门化。因此,在领导决策集团中,既要有懂得自然科学方面各类学科知识的领导者,又要有通晓社会科学方面各种专业知识的领导者;既要有学校培养出来的专门人才,又要有从实践中锻炼出来的实干家。知识范围、程度有差别,需要相互之间补充、搭配,形成综合业务和通才。这里强调的集团合理知识结构,并非仅仅指学历文凭要求,无论是从正规学校培养出来获得学历的,还是自学成才的,或是从实践中锻炼出来的,都应看是否确实具有相应水平的文化知识。此外,应根据各部门工作性质的专业特点,如工业、农业、财经、文化、交通、军事等有各自的专业知识要求,要注意形成合理的专业人才组合。

2)合理的经验结构

在决策活动中,经验的积累和升华对于决策者的成熟关系很大。在一个经验结构优化的决策集团中,应有经验较丰富、比较稳重扎实的人,但可能会因循守旧。所以还应有经验较少的人,敢说敢为、激情多、框框少,敢于开拓创新。还应有一些人,介于二者之间。经验结构往往同年龄因素相联系,这是从总体来说的,从个体看,差异性还是很大的。

3)合理的能力结构

人的智慧和能力与一定的知识有关系,但有知识的人,不一定都有能力,具有同等知识的人在实践中运用知识的能力可能相差很大。有的人不仅能从外部感受信息,储存知识,而且能对收到的新信息进行评价判断,在实践中把已有知识同新信息结合起来进行想象、创新。这种人是我国新时期决策班子里非常需要的、必不可少的成员。但是,一个决策集团的合理的能力结构,不能只有这类发现型、创造型能力的人,这就如同一个合唱团全由优秀的独唱家组成一样,是不会有整体和谐的演唱效果的。一般说来,决策集团的合理的能力结构,应当既有敢于开拓创新,善于出点子的、富有想象力的人,也应有实践经验较丰富,善于冷静推敲研究、稳健务实的人和善于组织协调的人,不应是清一色能力类型的人。美国得克萨斯大学行为学家阿格等提出,理想的决策班子应由左脑型、右脑型、均衡型三种不同主脑类型的成员组成。所谓主脑即一个人左右脑有不同的功能,其中有一侧占主导地位,它可决定一个人的兴趣、习惯、特长和思维方法。由于各人的遗传、教育、环境等不同,主脑也就不同,左右脑均衡的人较少。决策先由富于想象力和创新精神的右脑型人提出大胆的、创造性的设想,再由习惯于用推理、统计方法的左脑型人对这些设想进行研究、批评,最后由均衡型人进行裁决。这样合作的结果可能产生一个全面、正确的决策。

4) 合理的个性结构

不同个性的人对问题的判断和处理是不相同的。感情奔放的人与沉着谨慎的人在同一问题同一境况下有不同的态度和主张。在一个领导决策集团中,需要各种不同的气质、性格类型的人,有敢作敢为、反应敏捷、处事急躁的,也有深思熟虑、谨小慎微的人。不同个性,互相协调,取长补短,形成多功能、高效化的决策集团。反之,如果性格相同,都是稳重有余、魄力不足,则可能效率不高;都是遇事欠思虑少冷静的急躁人,也必然容易出差错。所以要根据气质、性格等动态心理因素,组成一个协调的个性结构,才能提高效能。

■ 本章小结

1. 领导决策是指享有领导权力的领导者或领导机关,为达成特定的管理目标,在综合考虑各种需求和可能性的基础上,为处理领导权力范围内的事务而进行的一种决定政策、对策和方案的活动过程。

2. 领导决策的特点主要包括:领导决策主要是组织决策;领导决策主要是非常规型(或非程序化)决策;领导决策主要是风险型决策和不确定型决策;领导决策的内容既包括业务管理决策,又涉及机关管理决策。

3. 领导决策理论内容庞杂,各家各派关于领导决策理论的研究对象和内容体系等看法都不一致。我们主要介绍了几种比较有影响的理论:西蒙的决策程序论,拉斯韦尔的权力决策论,德鲁克的有效决策论,安德森的公共决策论。

4. 领导决策由五个要素构成：决策者、决策对象、决策信息、决策方法、决策效果。

5. 领导决策的程序包括五个阶段：确立决策目标、拟定决策方案、评价选定方案、实施决策方案、追踪决策。

6. 领导决策分析方法通常可分为三种模式：确定型决策分析、风险型决策分析和不确定型决策分析。

7. 领导决策体系包括：领导决策系统、决策咨询系统、决策信息系统。

8. 领导决策要适应社会内外环境现代化发展的需要，适应民主化和科学化的发展趋势，就必须充分发挥群体决策和决策智能化的作用，因此，本章还分析了群体的应用以及决策智能化结构。

■ 思考题

1. 简要说明决策的含义及其构成要素。
2. 决策的过程一般包括哪些基本环节？
3. 决策分析的方法有哪些？如何运用？
4. 简述决策咨询系统的作用。
5. 简述决策评估的作用。
6. 简述群体决策的意义及其影响因素。
7. 简述决策的现代特点。

■ 网上冲浪

1. **决策分析的基本方法** 了解领导决策的过程，访问 www. leaderx. com，在该网站上找到科学决策的基本程序以及成功的决策是如何做出的？有哪些定量分析的方法？分析这些决策分析方法是如何在决策中运用的？它们分别针对什么样的情况才得以成功实施？将你的这些体会写成报告，并在讨论课上提出你的见解。

2. **决策评估与决策咨询** 以"决策评估"或"决策咨询"为关键词进行搜索，你会找到相应的决策分析或评估网（例如中国决策咨询网 www. juece. gov. cn）。访问这些网站，了解决策评估和决策咨询的内容、操作过程与方法。依据你所学的本章知识对某一现实生活中的决策进行评估，并提交你的评估报告，然后将报告交至老师处。

3. **参与式决策** 为参与式决策的小群体从网上搜寻恰当的信息。访问 www. ask. com，键入"What is participative decision making?",从"Ask Jeeves!"提供的链接中选择信息,然后在课堂上与他人讨论你的发现。

■ 案例分析

耐克公司的决策难题

从自己开车销售运动鞋起家,菲利普·奈特(Philp Knight)创建了著名的耐克(NIKE)品牌。如今,耐克公司已经成长为运动鞋行业的巨人。在 20 世纪的八九十年代,它是全世界赢利能力最强的企业之一。耐克聘请享誉世界的篮球健将迈克尔·乔丹担任了产品的形象代言人,从而为公司及其产品树立了时髦酷感的形象,并使"耐克"成为世界各国青少年最喜爱的品牌。长期以来,耐克看起来好像从没有犯过什么错误,奈特过去的决策都促进了公司的成长,提高了公司的利润。所以,面对公司现在发生的变化,耐克的领导者们有点茫然不知所措。

2000 年以来,首席执行官奈特不仅错失了许多耐克能给从中获利的重要商业机遇,而且也没有能够对出现的挑战和威胁做出恰当的反应。由于流行产品供货不足,而过时的产品却积压严重,耐克公司的利润一直在下降,除了没有对消费者需求的变化做出及时反应以外,耐克公司还被指控经营着"血汗工厂",并且在海外的制造工厂里甚至还存在着劳工受虐现象,而奈特对这些指控反应缓慢。看来这次奈特做出的决策出现了问题,耐克公司的经营业绩一路下滑。那么,耐克这样一个历来令人瞩目的企业是怎样滑落到这一步的呢?

耐克公司现存的许多问题,都应归咎于公司领导者所做出的错误决策以及他们没有根据环境条件的变化改变自己的决策基础。耐克公司的领导者都有一种思维定式,就是特别强调自主进行产品开发的重要性,因为他们相信耐克的设计师们是最优秀的,一定能够设计出最流行的产品。他们几乎是在狂热地信奉"耐克之道",以至于在决策过程中常常持有一种孤芳自赏的态度。耐克的强势企业文化妨碍了公司的设计师和领导者去观察消费者需求和环境的变化。

十分有趣的是耐克曾经雇用过一些外来者,这些人带来了很多新思想,并试图帮助耐克做到与时俱进。然而,通常的情况是,外来者提出的新思想会被奈特和其他领导者否决掉,因为这些新想法看起来显然与耐克公司的文化格格不入。戈登·麦克法登(Gordon O. McFadden)就是一个例子,他曾经做过耐克公司户外运动产品事业部的总裁。为了抓住徒步旅行用品市场方兴未艾这一时机,麦克法登建议奈特收购一家户外用品公司——诺斯菲斯公司(North Face Inc.)。他认为,收购诺斯菲斯将把耐克推向户外运动用品市场的领导地位。奈特最终枪毙了这一提议,因为耐克没有靠收购其他公司获得发展的习惯——耐克的企业文化坚信:只有公司的设计师们知道如何开发"正确"的产品。

在耐克的文化思维定式影响下,公司产品设计师们一般都极为重视运动鞋的性能,而对市场上流行什么样的款式却不怎么关注。这导致耐克公司总是看不到某些市场细分部门的转变。例如,为了适应城市生活,白色运动鞋开始让位于用途更广的深色运动鞋。由于过于强调产品性能,耐克公司还投入大量资源开发价格高昂的高档运动鞋,比如牺牲售价在 60 美元到 90 美元之间的中档运动鞋,转而生产每双售价在 140 美元以上的 Shox 系列运动鞋。但是这一做法显然是很不明智的,因为耐克公司年利润的一半左右都来源于中档运动鞋的销售。

尽管公司雇用的很多领导者都曾经试图改变耐克僵化的思维定式,希望帮助它因时而动地进行决策,但是,这些领导者的努力大都遭到了抵制和挫折,通常他们都选择了离去。例如,麦克法登就是在奈特拒绝采纳他的建议之后离开耐克的。同样,埃伦·特纳(Ellen Turner)曾经是 Kinko's 公司的一名高层领导者,后来受雇于耐克公司担任首席营销官。特纳曾经全力以赴,希望对耐克的营销和销售部门进行一次彻底"检修"。但是,她很快就发现,在耐克公司,自己所进行的必要变革根本得不到任何支持。6 个月以后,特纳最终离开了耐克。耐克公司的领导者们必须意识到市场和环境条件的变化,因为时代在变化,在迈克尔·乔丹时代行之有效的领导方法不一定适合当今时代。

资料来源:[美]加雷思·琼斯,珍妮弗·乔治. 当代管理学. 北京:人民邮电出版社,2005,P158

■ 思考与讨论

1. 耐克公司的领导者们为什么会面对公司的变化而茫然不知所措?
2. 耐克的文化思维定式会对领导决策产生哪些不利影响?
3. 如果你是菲利普·奈特,你将如何处理与产品设计师之间的关系?

第7章 领导艺术

■ **学习目标**

通过本章的学习,你应当能够:

- 界定领导艺术的概念;
- 明确领导艺术和领导权术的本质区别;
- 阐述领导艺术的主要内容;
- 了解领导艺术在领导过程中的重要地位;
- 列举领导激励的方法;
- 讨论领导关系的处理艺术。

　　二十多年前,百事可乐公司的 CEO 皮尔森(Andy Pearson)由于善于施加痛苦而被称为美国十大最强硬的老板之一。现在,在百胜全球餐饮公司(百胜运营肯德基、必胜客和 Taco Bell),皮尔森发现一个领导的新方法——一种基于个人谦逊和员工认同的方法。

　　在百胜,75 岁的皮尔森曾看到员工只因为一些简单的赞扬的话而感动得哭泣。在这之前皮尔森可能忽视这类感染情绪的表露,但他现在已经认识到情绪的重要性,这是一个公司保持竞争优势的秘密所在。

　　当皮尔森来到百胜帮助领导这家公司时,他吸取了在 David Novak 担任总裁和 CEO 时采用的方法。皮尔森看到人心是如何驱动公司的成功。他也看到这类成功为何不能从高层强加,而必须通过关注、知觉、认同和奖赏来激发。逻辑很清晰:如果被认同和赞许的需求是人的最基本的需求,那么想要满足这些需求的想法不是一种柔弱的表现。皮尔森说:"伟大的领导者找到获得结果和他们如何获得结果之间的平衡。很多人的错误在于认为获得结果便是所有的工作。他们在得到结果之后就走开了,并没有构建一个有能力变革的团队或者组织。你真正的工作在于获得结果,同时还要使你的组织变成一个很好的工作场所(在这个场所中,人们喜欢工作),而不是仅仅给出命令、达到本月的数字。"

资料来源:[美]安德鲁·J. 杜柏林.领导力(第四版).北京:中国市场出版社,2007,230

上述引例中皮尔森的意见强调了一个领导者在激励员工和帮助员工成长方面的重要性。一个有效的领导者不仅要知道科学的领导方法,还要懂得并运用能使这些科学的方法在领导实践中行之有效的领导艺术。在本章中,我们将在考察领导艺术的基本含义后,分别对领导者在用权、用人、激励下属、处理关系以及运时和开会等方面的艺术进行阐述。

7.1 领导艺术概述

领导艺术,是领导者在实施领导活动过程中提高领导效能的一个重要手段。各级领导者在研究和掌握科学的领导方法的同时,深刻认识领导艺术的含义和特点,全面了解领导艺术的内容和形式,切实把握提高领导艺术的方法和途径,具有重要意义。

7.1.1 领导艺术的本质与特征

1. 领导艺术的含义与类型

领导艺术是一种领导技能、技巧,是领导方法的个性化和艺术化。所谓领导艺术,就是领导者在其知识、经验、才能和气质等因素的基础上形成的,巧妙地运用各种领导条件、领导原则和领导方法的基本技能。领导工作艰巨复杂,客观对象复杂多变,因此领导者进行领导工作不仅要注意采用科学的领导方法,同时也要掌握科学的领导艺术,根据客观情况机动灵活、随机应变地实行领导,善于因地制宜、因人而异、因势利导地进行领导。领导艺术是在实际领导活动中总结出来的,是建立在经验和理论基础上的领导技巧,它遵循了事物一般的发展规律,又依据了不同事物在不同条件下发展的特殊规律,对领导活动产生积极有效的影响。总而言之,它是领导者在工作中结合普遍经验和个人体会而形成的。它属于领导方法论中创造性、随机性、权变性较强的部分。从整体上来看,领导艺术对领导绩效的影响,是通过它本身具有的超规范和非模式途径达到的,是通过领导者对偶发性的特殊情景的艺术化处理而获得的,是将个人经验与科学规则有机结合为领导方法而达成的。领导者掌握了领导艺术,就能对一些随机性大的人、事、物,经过周密的思考,做出相应的、当机立断的判断和决策。

领导艺术的类型,可以从两大视角划分,一是从影响范围上区分,有总体性、局部性、专业性的领导艺术;二是从领导事务的类别上进行划分,有领导授权艺术、领导用人艺术、领导激励艺术、领导关系的处理艺术、领导运时与开会的艺术。

2. 领导艺术的特征

领导艺术,作为各级领导者都应掌握和运用的基本领导技能,虽然同领导者个人的运用技巧关系很大,但领导艺术并非是领导者个人主观臆造的,而是符合客观发展规律,遵循一定科学原则的活动过程。因此,领导艺术不仅具有技巧运用的艺术性,而且还要符合客观规律的科学性。它是领导活动中的艺术性和科学性的完整统一。领导艺术作为经验的积累和实践的技巧,具有以下六个方面的特征。

1) 灵活性

领导艺术不同于一些规范化的领导方法和工作方法那样有严格和固定的程序与模式,它是根据不同的时间、地点和条件,运用已有的经验、知识和判断能力随机应变地采取措施,解决问题。正是这种对随机事件的非模式化、非程序化处理,表现出领导艺术具有灵活性的特点。"运用之妙,存乎一心"中的"妙",就是灵活性的体现。在这个意义上说,领导艺术就是领导者运用已有的知识思考和处理随机事件的一种应变技能。

2) 创造性

领导艺术不是对领导科学知识机械、一般和简单化地运用,也不是墨守成规、照章办事的产物。它是一种层出不穷、丰富多彩、构思新颖、风格独特的技艺。因此,领导艺术往往能产生奇异的效绩和卓越的成功。领导者逐步探索和提高领导艺术的过程,就是一个不断前进、不断创新的过程。领导艺术体现着领导者生机勃勃的创造力,它的运用往往成为领导者发挥主观能动性的用武之地。从这个意义上说,领导艺术就是领导者富有创造性的领导技能。

3) 综合性

领导艺术是贯穿于领导活动过程始终的领导技能,因而也就相应地具有领导活动过程中各个阶段的各种因素的综合性的特点。领导艺术不仅要以领导者的知识和经验作为基础,而且还要以领导者的才能和气质为前提,表现为各种知识和才干等领导素质基于经验的综合运用的能力与技巧。

4) 经验性

领导艺术来源于领导者的阅历、知识和经验,是领导实践中的直接经验和间接经验的积累和升华。作为一个领导者,不管其领导艺术如何高超、如何巧妙,总是不可避免地带有经验的痕迹,而且它往往具有一定程度的个人感情色彩,有着难以言传的感染人、吸引人的魅力。从这个意义上说,领导艺术就是领导者在经验的基础上形成并表现出来的综合运用领导方法的技巧。

5)实践性

领导艺术具有很强的实践性,这不仅是由于它来源于领导实践,并在领导实践中表现出来,不断地得到检验和发展,而且还因为领导艺术的许多内容,尚处于"只可身教,不可言传"的经验形态。领导艺术只有来源于生活,通过实践的检验,才能形成一种经得起时间考验的艺术。

6)科学性

领导艺术无论怎样玄妙和高超,它毕竟不是领导者个人的主观臆造,而是领导者的主观能动性与领导活动实践的客观规律性相结合的产物,是有规律可循的。领导艺术是领导经验和领导科学的综合运用,并不与领导科学的一般原理、原则和方法相矛盾,而是对这些内容的综合地、灵活地、创造性地应用。

7.1.2 领导艺术与领导权术的界限

1. 什么是"权术"

《辞海》中说,"权"为权宜、权变,即衡量是非轻重,以因事制宜,可进一步引申为酌情变通、通权达变、以变应变等意。"术"为手段、策略、方法、心术。"权术"就是权变之术。从其本意来看,"权术"最初并无贬义,它是指因人、因时、因事而变通办法、灵活处理的手段,是一种智术。"权术"是人类社会生产力发展到一定阶段,社会的公共权力被极少数统治者掌握时的产物。在封建社会,由于生产力得到了较大发展,社会财富大量增加并且被地主阶级所控制,封建国家的权力掌握在极少数大地主及其代表手中,统治阶级出于巩固自身统治地位和有效镇压反叛者的需要,"权术"才逐渐兴盛并广泛运用开来。

领导权术从它诞生的那一天起,就为统治阶级所掌握和利用,并忠实地为其服务。领导权术从一开始,就承担了这样的社会角色和历史使命:第一,"权术"要为统治阶级尽"忠"。忠实地为统治阶级的自身利益服务,为巩固统治阶级自身的政权服务。"权术"是统治阶级御用的治政工具。第二,"权术"要为统治阶级尽"责"。掌握国家政权的统治阶级为了防止敌对集团对自己权力的觊觎和争夺,必然要费尽心机地使尽各种"权术",对敌对集团进行有效的分化、瓦解乃至镇压,毫不留情。第三,"权术"要为统治阶级尽"能"。少数统治者代表的是少数政治集团的利益,从根本上说,它背离了人民大众的根本利益,是与人民大众相矛盾、相抵触、相抗衡的。

2. 领导艺术与领导权术的区别

领导艺术与领导权术在性质上有着根本的区别。

(1) 依据的理论有天壤之别。领导艺术是以马克思主义的科学理论为指导,以辩证唯物主义和历史唯物主义为理论依据,并以领导实践和用权艺术为借鉴。而领导权术则是以剥削阶级的统治理论和运权之术为指导,以主观唯心主义和历史唯心主义为理论来源。

(2) 服务的对象完全不同。领导权术是为统治阶级所掌握,为统治阶级和统治集团的少数人服务的。领导艺术则是为广大领导者提高领导水平和技巧,为提高广大公众知政、参政、议政能力服务的。

(3) 使用的目的迥然各异。领导权术是为培养一批忠实于自己统治权力的御用官僚。而领导艺术的运用,是为了提高领导效能而采取艺术化的手段和技巧。

(4) 采取的手段大相径庭。领导权术是帝王将相手中的工具,他们运用"权术",只讲目的,不讲手段。他们强调手段服从目的,只要能够达到自己的目的,任何手段都是对的。因为在权术家们看来,法律、道德、理性只不过是制止自己的政敌实施破坏行为的有利工具。而领导艺术则必须遵循马克思主义领导科学的基本原则,为解决突出的疑难问题而采取的机动灵活但又合乎规范的措施及技巧,达到了真、善、美的完整统一。

(5) 历史的评价自有褒贬。领导权术专搞阴谋诡计,害怕正大光明,和伪诈形影不离。领导权术的施展和传播,破坏了社会的秩序,摧毁了法律的尊严,玩弄了民众的感情,毁坏了政治谋略的名声,损害了健康政治的肌体。而领导艺术的传播和使用,则会给人们解决复杂问题以智慧的技巧和便利的武器。

7.1.3　领导艺术在领导过程中的作用

领导艺术同领导方法紧密结合,反映在领导活动的各个方面,它在提高领导效能中有着重要的作用。马克思在论述领导工作时,曾把领导者形象地比作"乐队指挥"。毛泽东也曾经多次倡导党的领导者要"学会弹钢琴"和"学好弹钢琴"。这里的"好"与"会"所产生的音乐效果的差别,就在于领导者运用领导艺术的水平高低,运用技巧的熟练程度。这形象地说明了领导者善于运用领导艺术的重要性,以及在领导工作过程中起着十分重要的作用。

领导工作是领导者带领人民群众改造客观世界的一种实践活动,是一个不断发现问题解决问题的过程,换句话说,也就是一个从不断确定目标到实现预定目标的活动过程。从发现问题到解决问题,从确定目标到实现预定领导目标,需要经过一系列的中间环节,其中领导艺术的运用,就是十分重要的环节。领导者的领导艺术水平的不同,技巧的熟练程度的差异,关系到预定目标能否实现和如何实现。卓越的军事家可以利用领导艺术,"运筹帷幄之中,决胜千里之外",导演出威武雄壮的英雄史剧。高明的政治家可以利用领导艺术,审时度势,力挽狂澜,调动广大人民的积极性,去实现伟大的社会目标。

领导科学研究的是领导活动的一般规律,主要是研究领导职能及其实现条件和提高领导效能的途径与方法。领导艺术则是实现领导职能、提高领导效能的一个十分重要的手段。在日常生活实践中,我们经常可以看到,在大体相同的条件下,不同的领导者运用同样的领导方法,有的运用自如、得心应手、效果很好,有的却运用蹩脚、机械照搬、效果很差,甚至事与愿违。造成这种差别的一个重要原因,就是领导者的领导艺术水平的不同。可见,领导艺术是关系到整个领导活动进行得顺利与否、成功与否的关键所在。

领导艺术在科学决策,尤其是高层决策中具有更加突出的意义。高层决策者经常面临一些难以定量计算的随机现象。处理这类问题没有固定的具体规范和程序可以遵循,最后的拍板决断,在很大程度上依赖决策者的直观判断能力和对各种知识经验的综合运用能力。

7.2 领导用权的艺术

7.2.1 领导的权力观念

著名哲学家罗素说过:"人类最大的、最主要的是权力欲和荣誉欲。"可见权力这个几乎和人类社会一起诞生的社会现象具有很强的魔力。那么,权力的真正奥秘何在呢?就在于权力可以产生威力,权力可以带来权威。正因为如此,一方面权力可以起着积极的作用,维持着组织的稳定,推动组织的发展;另一方面,权力也可能会破坏组织的稳定,瓦解组织。一方面权力可以服务于人,为大家谋利益;另一方面权力亦可以腐蚀人,给人们带来灾难。可见权力具有很强的双重性。

领导者树立什么样的权力观,是领导者能够正确用权的前提所在。领导者所拥有的职权是以他对职位的占有作为前提的。但是,如果领导者总是凭借职位的权威来行使自己的权力,通过强制性、命令性的手段去支配下属,则是对领导的片面理解。因为权力作为一种影响他人行使某种行为的能力,实际上是作为一种影响力而存在的。马克斯·韦伯讲过,"权力是在实现自己的目标时克服他人的阻力的能力,特别是当这种阻力会影响他们的行为时"。这就说明权力是一种关系,它除了职权之外,还有领导者的个人权力。因此,领导者不能把职权作为支撑领导权威的唯一要素,而是要把个人权力考虑进来,依靠人格的感召力来保障领导活动的顺利进行,这更符合领导的本质。另外,领导者也不是职位的永久占有者,在现代民主社会,领导者充其量是作为权力的代理者从事领导和管理职能的。

因此,领导者应当理智地认识到这一点,树立正确的权力观,避免走入权力误区,为权力所伤。这也是领导者能够取得成功的关键,它在很大程度上决定着领导者的心态、领导方式以及领导信念。

那么,领导者要树立什么样的权力观呢?

1. 民本权力观

领导者树立民本权力观,是领导者能够在职权面前保持清醒和冷静的基础。领导者手中的权力来自人民的授予,这已经是现代民主社会中一个不争的事实。正是这种权力来源的实质,才使领导者认识到职权不是自己的垄断物,而是来自人民的授权,因此,要为人民服务。

2. 代理权力观

领导者并不是天生的,他是受人民的委托来从事领导和管理工作。领导者与人民之间的关系实质上是一种委托人与代理人的关系,领导者仅仅是作为一个代理者从事着一种崇高的实践活动,只不过这种代理者对于整个社会和一个组织的有序发展来说,是至关重要的。代理权力观有助于领导者把自己摆到一个正确的位置上。

3. 责任权力观

责任感是一个人能够成为领导者的关键要素。责任感使领导者能够在日常管理中,特别是在突发事件时挺身而出,完成一个组织或一个国家的使命。正是从这个角度来说,担当领导者这一从社会群体中分化出来的角色,是受一种责任感的驱使,因此,领导者应该把职权视为是责任的外化物。另外,从权力的来源来看,领导者是要对人民负责的。责任权力观有助于领导者正确地履行自己的职能。

4. 积极权力观

领导者是凭借自己的能力和素质与职位合为一体的,即认同于领导者权威的根源在于对其人格和能力的承认和赞许。因此,领导者自身的个人权力也非常重要。只有个人权力和职位权力实现完美的结合,才能使领导者释放出一种积极的力量。

5. 奉献权力观

奉献精神也是领导者所必须具备的基本素质之一。领导者的权力来源于人民,就要服务于人民。领导者应该时刻准备着牺牲自己个人的利益,甚至奉献出自己的生命。

7.2.2　领导用权的艺术

在很多人的眼里,权力似乎是一种很神秘的威势,但实际上我们透过神秘的这一层表象去观察权力时,我们不难发现,权力作为一种社会现象不仅不神秘,而且是有规律可循的。作为领导者如果要理解这一点,就不能不掌握权力艺术中的最重要环节,即学会巩固自己的权力,在权力运用上艺术化地进行权力的分配与管理。通过原则性地、灵活地运用权力,领导整个组织实现既定的目标。领导者在实际巩固权力的技巧中,一般可以采用以下几种比较适用的方法。

1. 巩固权力

1) 创造自己的传奇

创造自己的传奇是指留给别人一些比较成熟和个性化的印象,虽然传奇本身并不能保证使人富有、使人有权力和使人成功,但它往往是成功的先驱,保证权力的稳定。

2) 保持适度的距离感

当然,保持距离的程度要因人、因地、因时而异,其目的应该是要人在不被孤立的前提下,蓄而不发,在不会对成功产生不利影响的前提下,为自己创造一个性格多变的名声。

3) 成为主宰

撒切尔夫人有句名言:"你愿意屈服就尽管屈服,但我不会。"她在西方文化中给人留下了一个理想领袖的印象——坚决果断。对于领导者而言,没有什么比优柔寡断更可怕的了,不管如何,决策果断使一位领导者看上去更像一位领导者。

4) 协调各方面的关系

领导者要处理好上、下、左、右方方面面的关系,使组织中的人际关系内耗减少到最小。在处理好各种关系的同时,也能巩固自己的权威地位。

2. 分配权力

领导者的权力分配艺术,是融用权、用人等艺术于一体的艺术,是领导者灵活有效地运用各种权力分配方法的艺术。权力的分配,要求领导者既不能大权旁落,无所用心,又不能全权独揽,事必躬亲。那么,如何才能不走这两个极端呢?这就是走集权与分权的"中庸之道"。当然领导者在进行权力分配时,一定不能拘泥于定规,而要善于灵活运用各种原则,善于创造性地运用各种分配方法与艺术。

1) 大胆放手

领导者应该懂得放手授权,"将在外君命有所不受"的道理,应该清楚哪些事应该自己管,哪些事应该交给下属去管。

2) 适当超脱

权力分配是领导者一种重要的超脱艺术。一个领导者如果长期陷于日常琐事,势必疏忽于领导职守。领导者必须拔冗去繁,择人授权,才能做到干本职工作游刃有余,取得良好的领导效果。

3）知人善任

知人善任是领导者权力分配中的用人艺术。知人，就是要求能全面地了解别人的长处、短处；善任，就是能够科学地、合理地任用人才，授之以权，以做到人尽其才，才尽其用，从而有效地发挥人才的作用。知人是善任的必要前提。

4）虚怀宽宏

虚怀宽宏是领导者在进行权力分配时要容人之短而用人之长，更重要的是指领导者在权力分配后，能对下属的小是小非和暂时性失误宽宏对待。虚怀若谷，大度宽容，不仅是领导者的重要作风，也是一种高明的无形的谋略手段和领导艺术。

3. 管理权力

领导者对权力的管理，实际上是对掌权人、用权人的管理。因为权力不是独立存在的，它只是工具，依附于人，被人所掌握和使用。所以，对权力的管理，说到底是必须加强对人的管理，提高各个级别领导者的素质。这就需要建立一套规章制度，并且具有很强的操作性。具体来说，对不同岗位，不同层次的领导者，在权力管理中应各有侧重，区别对待。如在对高中低不同级别的领导者权力效应的管理上，就应有所差别和侧重，高层的领导者主要担负决策和指挥，应重点管理和考核其权力的组织效应；中层领导者担负综合协调工作，应重点检查其权力管理效应；而低层领导者主要担负执行政策，组织实施，应重点管理其权力行使的操作效应。而对同一领导者的考核也要注意条件的变化，并且坚持动机与效果的统一的原则。总之，权力的管理是非常复杂的，且没有固定模式，它需要领导者从长远的角度结合当前的客观条件灵活地制定自己部门的管理方法、考核规章与原则。

7.2.3 领导授权的艺术

领导者是部门的负责人，处于部门中心地位，有很多的事情需要领导者去处理，如果领导者事无巨细都去关注的话，那么，到头来很有可能"拣了芝麻，丢了西瓜"。所以，领导者要腾出精力和时间去抓大事、想全局，这就必须授权。

1. 授权的含义

授权（empowerment）是领导者通过与下属和员工共享相关信息，并让其控制影响员工工作绩效的因素，给员工和下属提供更多自主权的过程。通俗地说，就是领导者根据情况将某些方面的权力和责任授权给下级。对领导者来说，授权是应该掌握的一项基本的领导技能，对于下属来说，有助于增强下属和员工的自我效能感。授权允许下属和员工应付各种局面，当问题出现时，下属和员工能进行控制。

2．授权的原因

授权是领导者普遍采用的一种领导艺术。领导科学把授权这一领导方式称之为"委托式领导"（或称为"授权式领导"）。这主要取决于以下领导活动的三个特性。

1）领导行为与目标的间接性

这决定了领导者必须依靠授权调动下属的积极性，才能有效地完成组织目标。

2）组织活动的多样性和专业性

当代组织活动的这种特性，使得任何一个领导者都不可能是穷尽所有信息、具有完备的知识结构和专业能力的专才，故他必须在某些领域通过授权，依靠那些具有管理能力的专才，去完成组织目标。

3）领导活动的参与性

现代领导活动不再是以领导者为原点的垄断型活动，而是下属与领导者融为一体的参与型、互动型的活动。下属正是通过参与和有效的管理，获得一种自我归属感和主体价值的实现。因此，如何制定决策和执行决策有效的连为一体，就成为现代领导活动的重要特征。

3．授权的类型

授权的类型主要有以下四种。

1）刚性授权

即对所授权力、责任、完成任务的要求、时间，均有明确规定与交代，被授权人必须严格遵守，不得有任何逾越。这是一种特定的授权，对一些重大事项宜采用这种授权类型。

2）柔性授权

即领导者向被授权者不做具体的分派，仅指示一个大纲或轮廓，让被授权人有较大的自由做随机应变的处理。它宜用在事情复杂多变、领导对情况也不甚清楚、被授权人精明强干的任务上。

3）模糊授权

它与柔性授权有些相似，只是给予被授权人的权力限度和权力容量比较模糊。这种授权有明确的工作事项与职权范围，领导者在必须达到使命和目标方向上有明确的要求，但对怎样实现目标并未做出要求，被授权者在实现的手段方面有很大的自由发展和创造余地。

4）惰性授权

即领导者将自己不愿也不必处理的繁杂事务，交由下属处理，其中包括领导者本人也不知道该如何处理的事务。

4．授权的原则

领导者在授权的过程中，必须灵活地掌握以下的原则。

1）相近原则

领导者应把适当的权力授予工作性质最接近的决策人员和执行人员，因为他们了解情况,熟悉业务,能够有效地行使上级授予的权力。

2)适中原则

委托下属去办的事情的重要性要适中,不能只是一些鸡毛蒜皮的小事,而是应该比较重要的工作。否则,下属会感到领导不重视自己,从而丧失积极性。

3)明责原则

领导者必须向被授权者讲清其所担负的工作的责任、权力的范围和具体的目标,这样,他们才能在规定的范围内有充分的自主决策权和临时处理权。

4)适度原则

授权要适度,就是要分层授权,只向自己的直接下属授权,而不是越级授权。它具体包括三个方面,即授权不是将自己的领导权力全部授给某人,而是将有关事项适当分授予若干适合被授权的人;授权不能超出范围,不属于自己权力范围内的事,不能授权;授权一般是一事一授,有关任务完成了就及时收回权力。

5)责任原则

领导者下授权力,但并不因此而脱离责任。即可以充分发挥被授权人的积极性,但行动的后果必须由领导者承担,不能在下授权力的同时逃避责任,否则授权便丧失了应有的激励功能。授权留责并不意味着领导者处于一种被动局面,领导者虽不能干涉被授权人的工作,但也不等于让其放任自流,领导者还会给予被授权人必要的监督控制,以免其偏离组织目标的方向,或出现权力的滥用。

6)量力原则

要因事择人,视能授权。唐太宗关于“为官择人者治,为人择官者乱”的论述说的就是这个道理。授权的工作量,既不能超过被授权者的能力所承担的限度,要防止其疲于奔命,又要使所授的工作难度略大于被授权者平时的工作能力,使其能挑起担子的同时又需尽力而为。

7)关系原则

在授权时,应注意下列关系:一是上下级之间的直线关系;二是授权某些专家对某一问题进行咨询的横向咨询关系;三是注意对秘书、助理等人的授权不应与直线授权发生矛盾;四是注意平级之间的相互协调关系。

8)动态原则

授权在相对稳定的前提下,可依实际需要进行变动。一般有两种情况:一是单项授权,即把解决某一特定问题的权力授予某人,待问题解决后将权力回收;二是定时授权,即在一定时间内将权力授予某人,时间一到,权力回收。

9)激励原则

领导者在授权的同时,应对下属进行适当的激励,这种激励包括物质激励和精神激励。根据具体情况选择灵活的方式对下属进行激励,以充分调动其积极性。

10) 分类原则

为方便授权,提高工作效率,可按工作程序、类别等分设工作机构,进行分类授权。

5. 授权过程中应注意的事项

在授权过程中,除了要灵活地掌握上面的原则外,下面四种情况要特别注意防止发生。

1) 不可把授权当成推卸责任的"挡箭牌"

现实中有些领导者不知"士卒犯罪,过及主帅"的道理,误以为授权后,事情自有被授权者全权负责,领导者可以高枕无忧了,这是非常错误的。领导者在授权的同时,必须对被授权者的行为后果承担责任。诸葛亮误用马谡,失守街亭,班师回来自己上书引咎自责,请求贬官三级,以负"用人不当"的责任。

2) 防止反向授权

领导者在承担责任的同时,也要防止下属什么事情都往领导者头上推,以致领导者纵有三头六臂,也难以招架。这种反向授权背离了授权的主旨,是组织结构不健全、授权艺术失败的必然结果。领导者必须防止成为反向授权的牺牲品。

3) 不可越级授权

高层领导者不可把属于中间领导层的权力直接授给下属,否则会造成中间领导层工作上的被动,扼杀他们的负责精神。授权只能逐级授权,切不可越级授权。

4) 不可权责不一致

主要表现为在授权的过程中既授权又不授权,也就是说,领导者在授权时总是放心不下,总对下属有疑虑,经常干涉被授权者,阻碍权力的正常行使。还有一种表现就是领导者授予下级的权力与下属所负的责任极不相称,使下属面临"责大于权"的状况。

7.3 领导用人的艺术

7.3.1 领导用人的理论基础

领导用人是领导活动中非常重要的一个环节。爱才、识才和求才最终都是为了用才。领导用人也有深厚的理论基础,领导者只有了解了这些理论,才能更好地利用人才。用人的理论基础主要有以下两个方面。

1. 领导活动与目标之间的间接性

领导活动不同于其他社会活动的一个特点是,领导行为和领导目标之间存在着间接性的关系人。即制定和规划目标的领导者本人并不是目标的实现者,相反,他是依靠用人和调动下属的积极性使目标得以实现的。领导活动的这一特征就集中体现为以如何用人为核心的艺术化过程,如何鼓励和激励下属自觉地实现组织目标便成为领导活动不同于其他社会活动的最重要的特征。正是从这个角度,我们可以得出以下两个结论:第一,那些事事都身体力行的领导者并不是优秀的领导者,领导目标依靠下属来实现是领导活动最为重要的一种特性;第二,一个不懂用人艺术的基层领导者也注定成不了一个优秀的高层领导者,因为领导过程中的用人艺术,并不因为行政层次的高低而不同,领导用人艺术从本质上来说是相通的。

2. 人是唯一一种能够扩大资源的资源

管理学大师德鲁克说过这样一段话:"企业必须有能力生产出比构成企业的全部资源更多或更好的东西……它的产出必须大于所有的投入。"但他又说,企业的经营不能像 19 世纪的经济学家那样,认为"按照程序把资源放进去,然后打开开关把资本投进去"就能使产出大于投入,它是"不可能从资本这样没有生命的资源中生产出来的"。任何一个组织,包括企业,有许多的资源,但是,所有这些资源都是受机械的法则支配的。人们可以把这些资源利用得好些,或者差些,但绝不可能使产出大于投入,所以德鲁克的结论是:有可能扩大的资源,只能是人的资源。在所有的资源中,人是唯一能增长和发展的资源,这是一种独一无二的资源。人之所以是能扩大、增大或发展的资源,根源于人的创造力。因此,怎样使用创造型的人才,怎样激发人的创造力,使平凡的人也能干出不平凡的事情就成为领导艺术的关键。

7.3.2 领导用人的原则

用人,对领导者来说是一个十分重要的职责。从大的方面看,用人关系到国家的兴亡;从小的方面看,用人可以决定一个组织能否顺利达到目标。领导者要做到善于用人,必须坚持用人不疑、任人唯贤、用人之长、人尽其才的用人原则。

1. 用人不疑

人们常说:"用人不疑,疑人不用。"就是说在经过全面考察之后决定选用的人,就要授予其一定的职权。不仅要大胆放权,使其在一定的范围内能够自主决断,而且要设身处地为其着想,勇于承担他们在工作中的失误。不要获得成绩就是领导有方,出现了过失,就是下属无能。人都有自信心,都有成就感,都抱有通过自己的努力去完成某项工作或某种事业的心情和愿望。领导信任,他就能发挥自己的聪明才智,在工作中做出很大的成绩。反之,领导如果不信任他,就不能真正做到放心、放手、放权,即使授了权,也是有名无实。在现实生活中,有的领导者在工作中包办代替下级的工作;越权指挥,给中层领导造成被动;不懂某一方面的专业知识,却干涉下级的具体业务。下级一面努力工作,一面又被怀疑,其心理状态如何,是可想而知的。下级知道自己不被信任,也就不敢、不愿意、不会认真地工作。所以用人不疑很重要,这也是以心换心。

当然,用人不疑还必须有疑人不用作为补充。用人时一定要以拟任的工作职务,全面地、慎重地考察预选的使用者,看其在德才等各个方面是否具备所需要的条件。否则,绝不能将其放在重要的工作岗位上,或者担任主要领导职务。但可以按照具体情况,将其妥善地安排在其他能充分发挥本人特长的工作岗位上。

2. 任人唯贤

任人唯贤,还是任人唯亲,这历来是两条根本对立的用人原则。什么是贤?自古以来相关的论著很多。总的来说,"贤"就是指有道德、有才能、有干劲人。所以,人们常说"德才兼备,方为贤者"。在社会主义建设中,这类人的特点应当是具有全心全意为人民服务的强烈愿望、思想作风好、为人正派、不搞歪门邪道;具有雄厚的知识基础和特殊的才能;具有独立分析问题和解决实际问题的能力;具有敏锐的眼光,善于开拓研究新的领域;具有敢于怀疑和抛弃传统观念、传统做法的勇气等。

实行任人唯贤,就必须坚持德才兼备。"德"与"才"是一个完整的统一体。离开"德","才"就失去了方向;没有"才",就没有建设社会主义的本领,"德"也就会成为空洞的东西。"才者,德之资也;德者,才之帅也",这二者是统一体中的两个方面。在德与才的关系上,应当把"德"放在首位。德优才弱,可以通过努力逐渐提高"才",从而达到德才的统一。美国管理学家德鲁克认为人的品德与正直,其本身并不一定能成什么事,但一个人在品德与正直方面如果有缺点,则足以败事。所以在这一方面如果有缺点,不能仅视为绩效的限制,有这种缺点的人,应该没有资格做管理者。尽管封建社会的历史学家和一些管理学家对"德"的理解并不一致,可是在"选人应以德为首"这一点上却是相同的。但是,没有真才实学,不具备一定的专业技能,也是不行的。因此,要德才兼备。

实行任人唯贤,就要破除论资排辈的思想,敢于大胆培养和破格使用那些确有才能的中青年。实行任人唯贤,对领导者来说就是要敢于任用那些有争议的人,比自己高明的人。有些人才华非凡,但常常不拘小节,可能会因种种原因成为有争议的人物,领导者就要力排众议,敢于任用这些人。实行任人唯贤,就要反对任人唯亲。在选人用人问题上以个人好恶、亲疏为标准,徇私舞弊、搞宗派主义、裙带关系,这完全是一种庸俗恶劣的作风。

3. 用人之长

任何人都不会十全十美,人有长处,也有短处,这是由于人的禀赋、环境和素质决定的。

事物有长短,人才有高低,这是古往今来的客观事实。所以司马迁很有感慨地说:"尺有所短,寸有所长。"清代诗人顾嗣协曾说:"骏马能历险,犁田不如牛。坚车能载重,渡河不如舟。舍长以就短,智者难为谋。生材贵适用,慎勿多苛求。"这些都说明任何事物都有长短,我们要用其所长,避其所短。对人来说,任何人都不可能全部占有人类已有的知识和经验。达尔文是生物进化论的奠基人,可是他却对化学一窍不通;诸葛亮擅长运筹帷幄,可是他在阵前却无力交战。这说明每个人都有自己的长处和短处。从用人的角度来看,在"扬长"与"避短"问题上应求其所长。德鲁克在讲到这个问题时明确指出,用人的决策不在于如何减少人的短处,而在于如何发挥人的长处。中国古人也曾说"金无足赤,人无完人"、"君子用人如器,各取所长"。齐人晏婴说:"任人之长,不强其短;任人之优,不强其拙。"唐代陆贽说:"人之才行,自昔罕全。苟有所长,必有所短。"魏征用人的主张是:"因其才以取之,审其能以任之,用其所长,掩其所短。"当然,避短并不护短,扬长也还要提高。

4. 人尽其才

人尽其才就是各安其位,各尽所能。工作有行业之分,职位有层次之别。人的才能大小和类别也各不相同。首先,在用人时要因人而异把他们安排在适当的工作岗位上,做到职能相称、适才适用、适人适职、并使其有责有权。这样,各类人才就能如鱼得水,他们的才智就会在不同层次、不同领域、不同岗位上得到充分发挥。也只有这样他们才能心情舒畅地做好本职工作。绝不能因人设事,因事废人。或者小材大用,力不胜任,贻误工作;或者大材小用,人力有余,浪费人才。为了有效地使用人才,作为领导者,首先要了解人,而且要了解得非常彻底。对人才的思想、性格、专业、优点和缺点等各个方面的情况了如指掌,甚至在不同时期和不同阶段,人才在想什么都十分清楚。这样才能区别对待,合理地任用人才。其次,要允许人才在国家的统筹安排下合理流动。一个优秀的人才长期在一个单位工作,容易形成轻车熟路,因循守旧,产生惰性。合理流动可以使干部在新的环境和新的条件下开阔视野,拓宽思路,充分发挥个人的作用,达到人尽其才,才尽其用。

7.3.3 领导用人的境界

在现实生活中,领导用人境界的高低往往能折射出一个人是否具有高超的领导艺术。不管领导者用人的技巧有何区别,其领导境界几乎是一致的,具体包括以下几点。

1. 使员工和下属接受远景目标

领导科学大师丹尼斯曾提出,领导者应具备正面的激励能力。领导者应具有创造令人殷殷期盼的远景,将之转化为行为,并贯彻达成的能力。因此,领导用人的境界首先体现他提出的远景目标能不能转化为下属为之奋斗的目标。丹尼斯提出把下属接受领导者提出的远景目标以及通过动员支持将远景目标转化为行动和成果,是检验领导艺术高低的一个重要标志。因此,领导者首先要得到下属的支持,使下属主动为其工作,否则目标便无从实现。无论什么样的领导者,他们都在谋求支持。动员成功之后,便可通过激励促使下属以其自觉行动完成组织目标。否则,只能通过强制性的手段迫使其完成,这就违背了领导学的基本原理。

2. 使组织目标转化为个人目标

领导活动能够顺利展开的一个前提就是组织目标必须通过一系列激励机制转化为个人目标。如果组织目标的实现与个人的生活与发展没有什么联系,那么员工的积极性也就难以充分显现出来。一般来说,成功的领导活动必须依赖于三个条件,即目标对组织有利、对个人有利、对领导者有利。只有做到这三个方面,才能将领导者的智慧、组织的整体利益以及个人的积极性完美地结合在一起。一般来说,高超的用人艺术必然是建立在组织目标转化为个人目标这一基础之上的。

3. 建立能令人才脱颖而出的机制

从"伯乐相马"到"赛马而不相马"的用人新境界。我们前面讲的用人理论都是建立在领导者能够发现人才、使用人才的基础之上的,其前提就是对领导者识人断人的能力给予了充分的肯定。但是,在现实生活中,领导者的这种能力往往会具有一定的局限性,这主要体现在以下两点。

(1)领导者断人、选人、用人难免会受到其价值观、个人性情以及偏好的影响;

(2)领导者所能涵盖的视野也是有限的,即领导者不可能将所有的人才都纳入到其用人体系之中。

因此,从"相马"到"赛马"的提升,从而使人才的选拔与使用确立在一种机制上,而不是单纯地依赖领导者自身的识人断人。如果领导者自身的识人、断人能力与赛马机制实现有效的整合,将是一种高超的用人境界。

4. 选用比自己更强的人来为自己工作

选用比自己更强的人来为自己工作是领导用人的最高境界。领导者也不是万能的,领导者之所以会成为领导者,不在于其无所不知、无所不晓,而在于他能够通过组织、协调以及用人,使社会有限的资源通过一定的规则聚合在一起,释放出更大的效用。可见,一个人能否成为优秀的领导者,关键在于他是否能使比他自己更强的人来为他工作。

5. 让每一位下属感觉到自己是最重要的

一般来说,领导用人的关键就是让每一位下属都感觉到自己是最重要的。下属之所以感觉到自己最重要,关键在于其才能能够得到充分的发挥,而他的这一种才能又是其他人所不可替代的。领导者将每一位下属的长处发挥到极限,这就为下属对其重要性的领悟提供了深厚的基础。

7.4 领导激励的艺术

7.4.1 领导激励的含义

激励是领导工作中非常重要的一部分。研究表明,人的潜能是很大的,人们表现出来的现实能力仅占了一个人能力的30％,还有70％的潜能未发挥出来。各级领导者的重要任务之一就是如何充分地开发和利用人们的潜能,这也就是激励。所谓激励,即指通过了解人的需要,激发人的内在动机,使其朝向所期望目标的心理活动过程,亦即激发、调动人的积极性的过程。可见,激励就是刺激需要、引发行为、满足需要、实现目标的一个动力过程。它一般是指一个有机体在追求某些既定目标时的愿意程度,含有激发动机、鼓动行为、形成动力的意义。激励是个体与环境相互作用的结果,它是通过高水平的努力实现组织目标的意愿,而这种努力以能够满足个体的某些需要为条件。

领导激励,就是领导者从一定的目标出发,通过一系列的措施和手段来引发人们产生某种动机或愿望,推动激发人们为达到某一目标而采取积极行动的一种领导行为。一个完善的领导激励机制应该包括以下几个方面。

(1) 洞察需要。这是领导激励机制的源头。领导者要实施激励,首要的前提是洞察下属的需要。因为人的动机与行为完全根源于他的需要。因此,是否能够洞察下属的需要,就成为领导活动是否成功的决定性力量。

(2) 明确动机。这是领导激励机制的起点。动机是指推动人们各种活动的愿望和理想。它驱动人们和诱发人们从事某种行为,规定人们的方向。

(3) 满足需要。这是领导激励机制的建立。满足人的需要,实际上就是将个人目标和组织目标统一在一起,建立激励机制的过程。这也是现代管理和现代领导的一个重要的特征。

(4) 激励机制与反馈机制、约束机制的相互补充。激励行为必然会对下属产生一系列影响,而且不同的人对这一激励机制的评价也是不同的,激励的结果是否符合领导者的意图,这些要素都需要在反馈过程中加以明确,从而为领导者的递进式激励提供必要的信息。

7.4.2　领导激励理论

领导激励理论主要有以下几种。

1. 泰罗的经济人理论

泰罗被称为"科学管理之父",为管理学的发展做出了重大的贡献,他在激励理论上的贡献有以下两点。

(1) 人是经济人。人是需要金钱和奖励的,因此金钱和物质利益是刺激积极性的唯一动力。

(2) 要把激励的法则与员工结合起来。在领导和管理部门与员工之间建立良好的合作关系并实行奖励制度。泰罗特别强调任务和奖金这两个因素的激励作用,他认为任务和奖金构成了科学管理结构上的两个最重要的因素。

泰罗过于偏重于技术和管理,强调经济目标、高工资、低成本、强调物质刺激,而忽视了人的因素。这就直接导致了梅奥的社会人理论的产生。

2. 梅奥的社会人理论

梅奥通过霍桑实验提出了人际关系理论和方法,其主要观点包括如下三点。

第一,人是社会人。与泰罗的观点相反,梅奥提出了"社会人"的论点。他认为,人是独特的社会动物,只有使自己完全投入集体中,才能实现彻底的"自由"。人们的行为并不单纯出自追求金钱的动机,还有社会方面、心理方面的需要,即追求友情、安全感和受人尊敬等,后者更为重要。

第二,正式组织与非正式组织。霍桑实验的结果表明,企业中除了存在着为了实现目标而明确规定各成员相互关系和职责范围的正式组织外,还存在着非正式组织。它们之间存在着重大差别,在正式组织中,以效率的逻辑为重要标准,而在非正式组织中,则以感情的影响为重要标准。

第三,新的领导能力表现在通过提高职工的满足度,激励职工的"士气",从而达到提高劳动生产率的目的。

由此可见,梅奥意在寻求一种以社会和人的技能为基础的新的领导方式。这就要求要培养一种新的人际关系型的领导者,其办法是:通过在各级进行有关人际关系技能的训练,理解逻辑的和非逻辑的行为,通过善于倾听意见和信息交流的技能来理解员工的感情,培养一种在正式组织的经济需要和非正式组织的社会需要之间维持平衡的能力。员工通过社会而被人承认,获得安全和满足,从而愿意为达到组织目标而协作和贡献力量。

3. 马斯洛的需要层次理论与优势需要理论

马斯洛把人的各种需要归纳为五大基本需要,并按照其重要性和发生先后次序排列成一个五级阶梯,即生理需要、安全需要、爱的需要、尊重需要和自我实现需要。以上五个层次的需要对于领导者在用人时,提供了一幅清晰的画面。即领导者必须对下属需要层次的提升及其实现的限度有深刻的了解,从而有的放矢、分门别类地进行激励活动。

需要层次理论与优势需要理论对激励的启示主要有:第一,对人的需要不能一下子全部满足,因为需要一旦得到满足就丧失了它的激励功能;第二,需要是分层次的,因此领导者要善于开发下属更高层次的需要;第三,激励是没有终点的,领导者应该奉行"连续激励"的原则,使下属的潜能得以递进式的发挥。

4. 赫兹伯格的激励—保健理论(亦称双因素理论)

赫兹伯格认为,个人与工作的关系是一种基本关系,个人对工作的态度在很大程度上将决定其成败。他曾调查了这样的一个问题:人们想从工作中得到什么。结果表明,人们对工作满意时的回答和对工作不满意时的回答大相径庭。员工倾向于把对工作满意的因素归于自己,而把不满意的因素归于外部和组织。由此可见,带来工作满意的因素和导致工作不满意的因素是不相关和截然不同的。赫兹伯格把政策、人际关系、工作环境和工资这样的因素称为保健因素。当具备这些因素时,员工没有不满意,但是它们也不会带来满意。如果领导者想在工作中达到激励下属的目的,就必须强调成就、认可、责任和晋升等激励因素。

5. 麦克莱兰德的需要理论

麦克莱兰德的需要理论区分了三种需要:成就需要、权力需要、合群需要。麦克莱兰德的需要理论提出了如下四点结论:第一,具有较高成就需要的人更喜欢具有个人责任、能够获得工作反馈和适度的冒险性的环境;第二,具有较高成就需要的人不一定就是一个优秀的领导者或管理者;第三,合群和权力需要与领导者和管理者的成功有密切关系;第四,激发下属的成就需要是极为有效的激励手段。

6. 认知评价理论

以往的激励理论认为内部激励因素独立于外部激励因素,且两者之间互补影响。但认知评价理论认为当组织把外部报酬作为对良好绩效的奖励时,来自个人从事自己喜欢做的工作的内部奖励就会减少。这一理论的结论如下:第一,在现实中,当外部奖励被取消时常常意味着这个人不再是组织的一分子;第二,事实表明,非常高的内部动机水平可以抵制外部奖励的不良影响。当然,认知评价理论对工作组织的应用性是有限的,因为大多数低层次的工作实质上并不能够带来较高的内部乐趣,只有许多管理职位和专业职位可提供内部奖励。认知评价理论可能与那些既不十分单调也不十分有趣的组织工作相适应。

7. 目标设置理论

目标设置理论是爱德温·洛克提出的,他说一个目标的工作意向是工作激励的主要源泉。目标设置理论探讨了目标的具体性、挑战性和绩效的作用。其主要观点是:第一,具体的、困难的目标比笼统的目标更具有激励作用;第二,目标越困难,绩效水平越高;第三,当人们在朝向目标的过程中其绩效得到及时反馈时,人们会做得更好;第四,员工参与目标设置不一定会产生激励作用;第五,这一理论受到目标承诺、适当的自我效能感和民族文化的影响。

8. 强化理论

与目标设置理论相对的一个观点是强化理论。前者是一种认知观点,它假设一个人的目标指引他的行为。强化理论则认为强化塑造行为是激励过程的核心。它认为人的行为是由环境引起的,关心内部认知活动是没有意义的,而控制行为的因素是外部强化物,它在激励过程中具有最为重要的作用。但是,强化理论因为忽视了人的内部状态而受到很多指责。

9. 公平理论

公平理论注重公平在激励过程中的作用。该理论认为,个人不仅关心自己经过努力所获得的报酬的绝对数量,也关心自己的报酬和其他人报酬的关系。他们会对自己的投入与产出和其他人的投入与产出的关系做出判断。对于领导者来说,应该注重公平在激励过程中的影响和作用。领导者应该对分配公平与程序公平都有所兼顾。分配公平即个人间可见的报酬的数量和分配的公平,而程序公平用来确定报酬分配的程序的公平。事实表明,分配公平比程序公平对员工的满意感有更大影响。相反,程序公平更容易影响员工的组织承诺、对上司的信任和流动意图。所以,领导者需要考虑分配的决策过程应公开化,应遵循一致和无偏见的程序,采取类似的措施增加程序公平感。总之,公平理论表明,对大多数员工而言,激励不仅受到绝对报酬的影响,还受到相对报酬的影响。

10. 期望理论

维多克·弗隆姆的期望理论认为,一种行为倾向的强度取决于个体对于这种行为可能带来的结果的期望强度,以及这种结果对行为者的吸引力。具体而言,当员工认为努力会带来良好的绩效评价时,他就会受到激励而付出更大的努力。良好的绩效评价会带来组织奖励,如奖金、加薪或晋升,这种组织奖励会满足员工的个人目标。期望理论的主要观点如下:第一,个人和环境的组合决定一个人的行为;第二,人们决定他们自己在组织中的行为;第三,不同的人有着不同的需要和目标;第四,人们根据他们对一个假设的行为将导致的期望被满足的程度,在变化的情况下做出他们的决定。

另外,麦格雷戈的"X 理论"和"Y 理论",威廉·大内的"Z 理论"等,也是领导激励理论的构成部分。鉴于在第 3 章的内容中已做过相关介绍,所以在这里不再赘述。

7.4.3 领导激励的方法

领导激励的方法主要有以下几种。

1. 需要激励

解决需要是调动人的积极性的重要方法。正确地实施需要激励,需要把握以下三个环节。

（1）调查了解并正确认识人们的需要，这是需要激励的前提。马克思曾指出："人们奋斗所争取的一切，都同他们的利益直接相关。"因此，需要是激励的逻辑起点，找准了需要，激励的前提和基础也就找到了。

（2）对人们的多种需要进行综合分析，这是需要激励的关键。组织成员的需要是多种多样的，有的是有形的，有的是无形的，有的是潜在的。分析需要的过程也就是解决需要的过程。在这个过程中要分清组织成员的个人需要与国家需要、目前需要与长远需要的关系。要分清组织成员的个人需要，哪些是合理并有解决条件的，哪些虽然是合理的，但不具备解决条件的，哪些是不合理和不能解决的，并在实践中区别情况分别对待。

（3）根据不同层次需要采取不同的物质激励和精神激励。领导者在运用物质激励中应当注意：第一，以多种方式满足物质需要；第二，物质奖励程度要与人们的贡献相当；第三，奖励要及时；第四，要创造良好的奖励气氛。除了物质激励以外，精神激励也起着非常重要的作用。它主要有下面三种：第一，情感激励，主要是满足人们对交往和友谊的需要，建立起良好的组织内部关系，从而调动人们的积极性，提高工作效率；第二，尊重激励，是人们希望具有一定的社会地位，有一定的威望，受到他人尊重、信赖和高度评价的需要，这种尊重既包括人们内在的自重，也包括来自外部的社会尊重。因此，不论职位高低，领导者都应一视同仁地对待下属，满足人们尊重的需要，激发人们的工作热情；第三，支持激励，一般包括四个方面的内容，它们是：支持人们开拓进取精神，信任人们的工作能力，让人们承担与其才能相应的责任，以及领导者应勇于为下属承担责任。

2. 工作激励

美国心理学家赫兹伯格认为，工作本身就是一种非常重要的激励资源，它是调动人的积极性的最根本、最活跃、最有效的因素。领导者的重要责任就在于启发和增强人们对工作的兴趣或者对工作结果的兴趣。这就要求领导者应努力做到以下几点。

（1）给人们安排与其自身素质、能力、兴趣、追求相匹配的工作；

（2）让人们了解本职工作的重要性；

（3）使岗位工作具有挑战性；

（4）使工作扩大化、内容丰富化；

（5）使人们对工作有更多的自主性；

（6）提供人们更多的参与管理的机会；

（7）让人们及时获取工作结果的信息；

（8）以工作绩效作为评价贡献、决定奖惩的主要依据。

3. 目标激励

目标是行为的方向，行为都是围绕目标而展开的，如果目标不确定，行为就会出现混乱，激励则会盲目。美国心理学家维克多·弗隆姆的期望理论认为，目标激励理论必须坚持两个原则：第一,目标的效价,即目标能否满足人们需要并且能在多大程度上满足个人需要。因此,设置的目标应该与人们的物质利益与精神需要相联系,使人们能够从组织目标中更多地看到自身的利益,这样的目标效价才会大。第二,目标的期望值,即人们对目标实现可能性大小的判断。只有经过努力可以实现的目标对人才有激励。

4. 评判激励

评判激励是对人的某种行动做出一定的反应,如肯定的奖励、表扬,或否定的惩罚、批评,以及什么都不做的"沉默"。运用评判激励要注意求实、及时、中肯,要根据正确的标准和价值观念,以及人的不同的需要层次和同一需要的不同阶段,给予不同类别的评判。公开评判应该注意其他人对被表扬或肯定的下属的反应,因为领导者公开的表扬与肯定实际上是展示了领导者的追求或偏好,它对整个组织起着一种导向性的作用,不恰当的表扬可能会误导下属分化群体。所以,领导者在做出肯定性评判(表扬)或否定性评判(批评)时,一定要对评判之后的社会效应和心理效应做出准确的判断。

5. 榜样激励

榜样激励也就是通常所说的典型示范。榜样是人们行动的参照系。作为领导者如果能够建立起科学、合理的"参照系",就会把人们的行为引到有助于组织目标实现的轨道上。我们常说,榜样的力量是无穷的,就是这个道理。领导者在实施榜样激励时,要坚持如下原则:一是要明确榜样激励的动机;二是要引导下属一分为二地对待榜样,不可使榜样人物自身承受不必要的压力;三是分析榜样形成的条件和成长过程,为下属指明学习榜样的正确路径和心态;四是关心榜样的成长,使之不断进步;五是要保护榜样。

7.5 领导关系的处理艺术

7.5.1 领导关系的含义

领导关系,是领导者在进行领导活动的过程中,相互之间发生、发展和建立起来的一种工作和感情交往的关系。领导关系作为一种特殊的人际现象,又不简单地等同于一般的人际关系和公共关系,它们既有联系也有区别。

人际关系,顾名思义,是指人们在物质和精神活动过程中的一种普遍的交往形式,包容的对象十分广泛,具有较强的社会多样性。它可以包含领导关系在内的整个人际关系现象。从这个意义上讲,领导关系根植于人际关系这棵理论大树的整体性之中,领导关系是揭示和反映人际关系领域中的一种特殊现象,是人际关系的一个分支。

公共关系,其概念本身是指组织机构必须与它面临的各种内外公众建立良好的关系。国际公共关系学会曾把公共关系明确定义为:"公共关系是一项经营管理的功能,属于一种经常性与计划性的工作,不论公私机构或组织,均通过它来保持与其相关的公共之了解、同情和支持,亦即审理出公共的意见,使本机构的政策与措施尽量与之配合,再运用有计划的大量资料,争取建设性的合作,而获得共同的利益。"公共关系也就是一个组织运用各种传播手段来沟通社会公众的活动。由此可见,公共关系包容领导关系这一范畴,但又不能完全取代,因为公共关系反映的是和经营管理相关的整个公共关系,领域较宽。而领导关系则是抓住其中的一个方面,进行更深层次的探析。

领导关系不同于一般的庸俗关系学。领导关系是探求领导者在领导活动中处理多边关系的最一般规律的行为准则、方法和途径,以客观规律为依据的新型应用科学。而庸俗关系学是人们对拉关系、走后门等不正之风的贬称。庸俗关系学产生的基础是落后的封建经济和封建思想观念,其行为方式和活动手段是隐蔽的、非公开的,虽然它有各种各样的表现形式,其实质只有一个,这就是谋私,因而其产生的社会效果也是破坏性的。所以说领导关系学和庸俗关系学有着本质的不同。

领导关系作为社会关系网络的一种特殊历史现象,有下列几个主要的特点。

(1)客观性。领导关系作为领导活动过程中相互交往方式的一种现实结果,是历史的必然;它不是主观愿望的产物,而是客观存在的科学反映。在领导人之间发生的相互关系,是伴随领导者处于什么样的工作岗位、履行什么样的工作职责而产生相适应的交往关系,并受这种关系的影响和制约。

(2)社会性。领导关系作为一个集合概念,本身就反映了它具有社会属性这一本质特点。

(3)复杂性。领导活动中的相互关系的复杂性,是因为工作职能的交错、物质利益的得失、人际关系之间的差异以及外部环境的影响等几个方面的原因交织在一起而造成的。

(4)动态性。领导关系的发生、建立和发展不是一成不变的凝化物,而是一个不断变化的动态过程。

7.5.2　领导关系对领导活动的影响

领导关系作为社会关系网络中的一种现象,贯穿于整个领导活动的过程,对领导活动有着举足轻重的影响。如果能够正确处理领导工作中的相互关系,可以使领导活动始终处于一个轻松、和谐、有序的环境中,从而保证领导工作的有效性。如果处理得不好,将会产生很大的内耗,极大地影响领导工作的顺利进行。因为领导关系相互作用的多维性和复杂性,领导关系对领导活动的影响也是多方面的,其主要的影响体现在以下三个方面。

1. 对领导力量的影响

领导力量,从某种意义上讲是领导关系的功能体现。在领导活动中,如果领导关系的各个方面的相互关系融合、协调、配合,那么就会产生各个分散的部分无法比拟的整体领导力量。反之,如果领导活动中相互关系处理不好,不仅影响正常的领导力量的发挥,相反,还会抵消一部分领导力量,甚至出现负数,无法形成有效的领导力量。

2. 对领导效能的影响

领导效能作为领导关系的最终体现,在很大程度上与领导关系有着密切的关系,并受到它的影响和制约。如果在领导活动中,领导群体的相互关系良好,互相支持、互相帮助,就能够充分发挥他们各自的优势,调动各方面的积极性、主动性和创造性,加快工作的节奏,提高办事的效率,最大限度地增加领导工作的有效性。反之,如果在领导活动中,领导群体中各成员之间的相互关系不正常,甚至紧张,缺乏信任感和凝聚力,形同散沙,就不会形成合力。因而在领导工作中就会出现互相推诿、扯皮、拆台等互不负责的不协调现象。毫无疑问,这种状况下的领导活动,其效能显然是非常低的。

3. 对领导行为的影响

领导行为作为领导关系的一种具体表现形式,是其外化的必然结果。有什么样的领导关系,就会产生与之相适应的领导行为,并在很大程度上影响领导工作的进展。在领导活动中,如果领导群体的相互关系很好,那么,领导者就会在这种正常和谐的人际关系环境中,严格要求自己,坚决摈弃庸俗关系学等不正之风对领导活动的不良影响。明确领导关系建立的目的,不是单纯为了追求个人的愿望或动机,而是为了满足工作的需要。因此,领导者之间相互交往的主旨是沟通信息,增进彼此的了解,寻求双方的支持与合作得以完成自己的本职工作,进而自觉地调节自己的行为规范,做到一言一行以大局为重,一举一动以公众的利益为最高准绳,在处理领导工作的方方面面的关系时,表现出一个领导者应有的行为规范。

7.5.3 领导关系的处理艺术

领导关系作为领导活动中各种关系的高度概括,是一个集合性的现代化概念。领导关系的对象是各种不同的领导者。领导关系的本质内容就是运用多种多样的方法,维持各组织之间、各领导人之间、领导和公众之间的良好关系。因此,领导关系有很多种,其中,最基本的关系是领导者在工作中与上级、同级和下级的关系。无论是处理哪一种关系,都要遵循一定的原则,但是要在方方面面协调得恰到好处,还需要领导者具有相当高的领导艺术水平。协调领导关系,只有原则性,没有灵活性,不一定能把各种关系处理得很好;离开原则性,片面强调所谓的灵活性,也不能处理好各种关系。

1. 与上级关系的处理艺术

领导者对上级来说,本身就是被领导者。因此,对待上级应持尊重的态度,要服从上级领导的正确指挥,要维护上级领导的威信。对待上级交办的任务,要尽职尽责,保证质量,遇到重大问题或特殊情况,要及时请示报告,并主动提出自己的处理意见供上级参考,职责范围内出现的矛盾不上交。这样,上下级的关系才能融洽、协调,才能促进工作的健康发展。当上下级发生矛盾,或者工作中出现了问题,受到上级的批评时,应该冷静地实事求是地考虑自己的思想和工作方法是否正确,要持谦虚谨慎的态度倾听上级的批评和意见。如果对上级安排的工作持不同意见,可选择适当时机反映情况,开诚布公地交换意见,但是要注意处理的方法和效果,不能操之过急。

2. 与同级关系的处理艺术

在处理同级关系中,要互相尊重、互相支持、互相谦让、互相谅解。要尊重其他部门的职权和其他领导者分管工作的职权,维护他们的威信,不干预其内部事务。相关的事要多商量,但也不要强加于人。各部门间、同级领导者之间应做到权力不争、责任不推、困难不让。当同级领导者之间发生矛盾时,既要坚持原则,又要互相谅解,不宜把矛盾公开化,甚至扩展到下级和公众中去。同级领导者相处,要严于律己,宽以待人。在一个领导集体中,要取长补短,形成新的合力,充分发挥优势,努力减少内耗。

3. 与下级关系的处理艺术

领导者对待下级要特别注意讲究领导艺术。实践证明,一个部门、一个单位的领导者的领导艺术水平如何,直接关系到下级的积极性、主动性和创造性能否得到充分的发挥。领导者在处理与下级的关系时要注意以下几点。

(1) 领导者要正确地运用个人的影响力。作为一个领导者,其职务和权力是由上级授予的,但个人的影响力,是凭自己给下级做出的,通过自己的言传身带逐步形成一种影响力。领导者靠个人影响力推动工作,调动下级的积极性,比只靠领导权力所产生的效果更好。

(2) 领导者要正确地开展对下级的批评。一定要在弄清情况的基础上,开展必要的批评,要注意分寸、程度,但不可笼统含糊。

(3) 领导者要广开言路,听取各种意见。要明确地支持下级提出的正确意见,实事求是地修正和完善原来的意见。

7.6 领导运时与开会的艺术

7.6.1 领导运时艺术

运时艺术,既包括领导者对自己本职工作事务处理的时间安排,也包括他对本组织各类事务处理的时限了解和运筹。总的来说,对提高领导效率大有帮助的运时艺术主要有以下的几个方面。

1. 科学运筹时间

这是提高领导效能的主要途径。领导者想要完成组织目标,并争取获得最佳的领导效能,就必须科学地运筹自己的时间。在领导工作中科学地运筹时间,是一项重要的领导艺术。对于领导效能来说,赢得了时间,就等于赢得了胜利。

2. 合理安排工作程序

合理安排工作程序,就是领导者应把要完成的工作,依据轻重缓急、规模大小进行分类,按年、季度、月、周、日、小时的先后次序安排好,然后按预定计划逐步完成。合理安排工作程序的基本要求有:①要有明确的次序,一定要先做主要的后做次要的,同类工作要先办费时少的再办费时多的;②应有严格的时限要求,要规定出每项工作的完成时间,一定要按时处理完,并按预先规定的时限检查或总结完成情况;③最重要的是安排处理好按周、按日排列的日常工作计划。西方管理专家莱金提出了一个"A、B、C"法,就是把一天需要处理的诸多事务按轻重缓急把它们分成 A、B、C 三类。

3. 努力提高时间利用率

其基本要求和办法有:①利用最佳时期去办最难和最重要的工作。这样可以达到事半功倍的效果。另外,在精力状况较差时,处理一些内容相对较轻松的事务。②处理工作事务,要专心致志,努力提高每一单位时间的利用率。③要善于挤时间。④充分利用现代化的科技手段。

7.6.2 领导开会的艺术

会议是领导者实施领导的常用工具,任何领导活动都离不开会议,依靠会议咨询、决策,依靠会议交流沟通,依靠会议安排布置工作,依靠会议鼓动人心等。但会议能否开好,却和领导者能否掌握驾驭会议的艺术有很大关系。

1. 开会必须遵循的原则

为了避免不讲效率"滥开会"和无效果的"瞎开会",领导者在召开会议时必须遵循一定的原则。

1) 超前性原则

会前要做好与开会相关的一切准备。要有问题、有观点、有分析,不开无准备的会议。因此,领导者在开会之前要弄清五个"W"和一个"H"。

Why——为什么开会,即目的、理由、要求;

What——开什么会,即内容、议题;

When——什么时候开,即开会时间从何时到何时;

Who——哪些人开会,即与会人员;

Where——在什么地方开会,即开会地点;

How——怎样开,即方法、步骤、程序、手段。

2) 有效性原则

一是会议期间要提高效率,保持言简意明的会风,力争用最短的时间解决问题。二是会议要讲究效果,会中有议,议而有决,使会议真正达到目的。为此,要明确开会的目标,即会议的中心议题,围绕中心议题进行。因此,领导者要讲究开会的艺术,以达到自己预期的目标。召开会议要严格执行"四不开",即没有明确议题的会不开;没有准备的会不开;可开可不开的会不开;与自己工作关系不大的会不开。确实要召开的会议,要做到会前有准备,会中有控制,会后有布置。

3) 善后性原则

开完会要做到议后有决,决而有行,行要有果。同时,还要做到后果的信息反馈,检查落实,使会议能达到预期的目标。开会的意义在于会后的执行,如果是议而不决的会,那就失去了开会的意义。

2. 领导开会的艺术

领导者开会的艺术主要包括两个部分:一是领导者主持会议的艺术;二是领导者参加会议的艺术。我们主要介绍领导者主持会议的技巧。领导者主持会议的技巧主要有以下几个方面。

1) 要善于控制会议的进程

首先,领导者主持会议时要明确自己的职责,以最有效的方式解释议题,引导大家围绕议题展开讨论。其次,要排除干扰,保证会议的顺利进行,掌握会议的逻辑过程,适时总结。最后,要控制会议的时间,做到准时开会,适时闭会。

2) 保持言简意明的会风

要达到与会者言简意明,主持者的言简意明是关键。言简意明的会风,在客观上可以造成会议的严肃气氛,使每个人的精神都处于高度集中、专心致志的状态。

3）言行举止要适当

主持者发言声音要洪亮,以表现出领导者的信心和魄力,形成一种无形的感染力。同时,在发言中,要避免炫耀自己的业绩,以防止削弱与会者的积极性。另外,领导者还应当注意细节,举止要适当。

4）处理会议问题的技巧

首先,要正确处理"冷场"。"冷场"的原因主要有两方面:一方面是与会者对议题不清楚、缺乏理解、无从开口;另一方面是态度有问题,或漠不关心,或对主持人有意见等。如果是前者,领导者要详细说明议题,进行启发、引导;如果是后者,领导者要注意讲话的艺术性和趣味性,或安排有威信者发言等。其次,正确处理"离题"现象。可根据离题的情况,或接过离题议论中的某一句话,或插上一句话使话题自然转回,或联系议论中的某一层意思,提出新的话题,使议论者在有意无意中回到正题上来。最后,正确处理会上的"争持"。如果争持由逻辑问题所致,可先肯定各方的有理之处,然后指出逻辑上的错误;如果是含攻击成分的争吵,可以用目光、手势示意,或起身以引起注意,或直接仲裁,或者进行调停等。

■ 本章小结

1. 领导艺术是指领导者在其知识、经验、才能和气质等因素的基础上形成的,巧妙地运用各种领导条件、领导原则和领导方法的基本技能。其特征包括:灵活性、创造性、综合性、经验性、实践性、科学性。

2. 领导艺术与领导权术有根本区别。主要表现在:依据的理论有天壤之别;服务的对象完全不同;使用的目的迥然各异;采取的手段大相径庭;历史的评价自有褒贬。

3. 领导者树立什么样的权力观,是领导者是否能够正确用权的前提所在。领导者应树立民本权力观、代理权力观、责任权力观、积极权力观和奉献权力观。

4. 领导者要想做到日理万机,必须学会授权。在授权过程中应注意的几种情况有:不可把授权当成推卸责任的"挡箭牌";防止反向授权;不可越级授权;不可权责不一致。

5. 领导用人是领导活动中非常重要的一个环节。领导者要做到善于用人,必须坚持用人不疑、任人唯贤、用人之长、人尽其才的原则。

6. 领导激励,就是领导者从一定的目标出发,通过一系列的措施和手段来引发人们产生某种动机或愿望,推动激发人们为达到某一目标而采取积极行动的一种领导行为。一个完善的领导激励机制应该包括以下几个方面:(1)洞察需要;(2)明确动机;(3)满足需要;

（4）激励机制与反馈机制、约束机制的相互补充。

7. 领导关系是领导者在进行领导活动的过程中，相互之间发生、发展和建立起来的一种工作和感情交往的关系。它具有客观性、社会性、复杂性、动态性等特征。

8. 领导者在运时方面，要做到科学运筹、合理安排，并努力提高时间利用率；在驾驭会议方面，要做到超前、有效，并安排好善后工作。

■ 思考题

1. 谈谈你对领导艺术在领导活动中的重要性的看法。

2. 如何理解领导艺术与领导权术的区别？

3. 领导用人的理论基础是什么？谈谈你对用人境界的理解。

4. 谈谈你对"赛马而不相马"的理解。

5. 物质激励是否是最有效的？

6. 为什么有那么多人认为获取权力是件好事情？

7. 请说出你认为非常杰出的企业领导者或体育领导者，向大家介绍这位领导者是如何实施领导艺术的。

■ 网上冲浪

1. **授权** 访问中国人力资源开发网 http://www.chinahrd.net/，你会了解到授权是给每一层的工作人员新的提升机会。把握好上级给予你的权利，获得更多的责任感和荣誉感，就能从每一次授权中学习和成长并走向决策层。可以参考以下网站选择相关内容进行讨论：中国人力资源网：www.hr.com.cn 在搜索中键入"授权"并选择查找范围，察看相关内容，你会有收获的。

2. **激励** 访问激励一生网 http://www.jili13.com/article/12/Article_12_1.html，阅读一些成功者的激励故事，从中体会激励对于领导者走向成功的作用，并谈谈你对激励的看法。也可登陆创业网，点击"成功激励"网页 http://www.tntpic.com/。

3. **领导艺术** 登陆惠聪网 http://info.ceo.hc360.com/list/qygl-ldl.shtml，浏览一些成功者的领导方法与艺术。并指出你最赞赏的领导者，与大家分享并讨论。

■ 案例分析

"小詹妮"缘何能经营起"大商店"

詹妮(Jenny Parsons)在一个零售商家庭长大。她妈妈和爸爸拥有几个零售店,包括一个五金店和一个家居装饰店。当她的父母 65 岁左右的时候,他们经营的两家家居装饰店与家得宝和 Lowe's 这样的全美国连锁店直接竞争。在那个时候,詹妮已经为家族企业工作五年了。

詹妮和她的父母决定修改他们的经营模式。他们的目标在于一个更低端的市场,而不是与传统的家居装饰商店竞争同一个市场。新商店命名为"你的次品",特点是以一般商人不会接受的利润来出售制造商的不合格品和"次品"。这个商店也会从因某种原因歇业的五金店和家居装饰店购买商品。"你的次品"典型的特色商品包括 37 美分一块的煤砖,39 美元的 13 英寸黑白电视机,25.95 美元的折叠桌。

Parsons 家族认识到经营两家"你的次品"店有利可图,经营成本将会大大降低。詹妮的父母成为商店采购员,年薪 15 000 美元,詹妮的薪水是 40 000 美元,负责经营商店。任何新的雇员的薪水都几乎是最低薪水,因此有时候不得不雇用其他零售店不要的员工。这些员工被拒绝的原因可能是学历较低,语言能力较差,或外表不够职业。

爸爸对詹妮说:"我们计划的经营预算肯定是低得不能再低了,但是你承担了太多的责任。每个店大概占地 15 000 平方英尺,货物分类工作量非常大。你也许需要一个店长来负责每个出口,特别是那些需要检查的货物。"

"别担心,爸爸妈妈,我有一个计划。我们把员工组织起来,任命一个团队领导,每小时多付他们 1 美元。然后,我授权团队领导和助手作管理决策。你们读过关于授权的文章吗?"

妈妈回答说:"噢,是的,我读了关于授权的内容,但我们不是沃尔玛也不是 Target。对于那些不把做零售作为自己真正职业的人,我们怎么才能对他们授权呢?"

詹妮说:"别那么肯定,'你的次品'店已经为管理商店准备好了现代化方法。"

詹妮会见商店的工作人员,告诉他们她的授权计划,各人的反应不同。一个负责回答客户问题,对家居装饰店的项目提出建议的高级职员说:"很适合我,詹妮,我在屋子附近做了40 年修理工,所以我认为我能承担责任,我不需要老板的太多帮助。"

一个刚刚入职的 18 岁大的收银员说:"听起来好像是你要求我做一个主管做的事,但是仍然支付给我最低的薪水。我觉得我的工作需要主管。"詹妮向她保证团队领导会帮助她,但是团队领导的主要责任是应付顾客,安排货物。

六个月后,詹妮开始想知道她是否作了一个正确的决定。两个商店的经营状况良好,詹妮甚至有几个星期天下午偷了闲,而通常这是最忙的时候。然而有几个问题出现了。一个收银员收到的3张支票被银行退票了。每次收银员都没有核准接收支票所需的三个识别标准。收银员向詹妮辩解说:"这不是我的错,每个顾客都有说法,他们看起来都老老实实的。你告诉我我有权收支票。而且,你和你的父母也不在旁边帮忙。"

另一个问题是存货量降低,一些顾客往自己的车里装的货物好像比他们所付的钱要多得多,特别是那些购物量很大的货物,比如木材、煤块、花园用土。一个团队领导解释说:"要同时安排商品、帮助顾客,又监督客人装货可不容易。我好像要一下子做很多事。"

詹妮告诉下属说:"看起来我们有好几个漏洞要补上。但是我非常相信你们,不会收回对你们的授权。"

资料来源:〔美〕安德鲁·J. 杜柏林.领导力(第四版).北京:中国市场出版社,2007,219～220

■ 思考与讨论

1. "你的次品"店里,詹妮在授权中的关键作用是什么?
2. 你怎么评价"你的次品"店采用的商业模式(经营的基本理念)?
3. 詹妮最后的做法可能会有怎样的效果? 说说你的看法。

领 导 效 能

■ **学习目标**

通过本章的学习,你应当能够:

- 界定领导效能的内涵;
- 明确领导效能测评的主要方法及其适用条件;
- 列举领导效能的组成部分;
- 阐释领导效能测评的基本原则;
- 总结影响领导效能提升的各种因素;
- 了解领导效能测评的基本程序与步骤;
- 比较封建制、科层制与权变式领导效能理论的核心思想与主张。

2001年11月,长安集团总经理尹家绪到韩国考察汽车工业时,韩国同行告诉了他一则连他自己都还不知道的消息:"长安"已被国际汽车制造组织评为世界第20大汽车品牌。应该说,"长安"——这个曾是"人心涣散,纪律松弛"的边陲汽车公司的声誉飙升,离不开美国福特公司这个世界汽车工业巨头。

2000年4月,在欧美主要国家的汽车市场不断萎缩,而中国汽车产业却持续增长并成为世界第8大汽车生产国的背景下,美国福特公司与长安汽车集团公司签署了合作开发生产轿车的合资合同。

长安与福特"联姻",当时震动了整个中国汽车业界。因为业内人士十分清楚,这一"联姻"将使长安集团迅速成长为中国汽车行业的一支生力军。此前,长安已经与日本铃木开始了合作,但其影响力远不及它与福特联姻的震动效应大。这说明中国的国有企业在国际市场上不仅有足够的魅力,还具有无可比拟的竞争力,其结果必然是中国长安开始走出国门。合资后的第二年即2001年,长安的出口车就达到了近3 000辆的水平,名列当年国内微型汽车企业出口量之最。迄今为止,长安集团借此已经在国外建设了多条生产线。

如今,长安集团拥有 7 大汽车制造企业:"长安汽车股份有限公司"、"长安福特汽车有限公司"、"长安铃木汽车有限公司"、"南京长安汽车有限公司"、"河北长安胜利有限公司"、"河北长安汽车有限公司"、"长安跨越车辆有限公司"。现在,"长安"品牌价值高达 46.18 亿元,成为国内微型车行业最有价值的汽车品牌。这些业绩是在尹家绪上任后短短几年内取得的,令企业界刮目。

资料来源:http://www.hymvs.com/jxjx/3/news_view.asp? NewsID=331&page=1

从上述引例可以看出,长安集团之所以能有今天的辉煌,就是因为长安集团的领导者把聪慧的头脑用在了"借力"之上,它站在了巨人的肩膀上,奠定了以后自己成为巨人的基础。现实生活中的领导者同尹家绪一样,都要面临着领导效能问题,因为领导效能是与领导活动相伴而生的重要方面,是领导活动的最终目标和归宿,也是评价和衡量领导活动有效性的基本维度。那么,什么是领导效能? 关于领导效能的研究主要有哪些理论? 怎样全面考核和评估领导效能? 有效提升领导效能的途径是什么? 本章将对这些问题进行探讨。

8.1　领导效能的概述

8.1.1　领导效能内涵的界定

领导是小到一个组织,大到一个国家由小到大、由弱到强的根本。有效的领导是组织顺利灵活运转的前提,也就是说,任何领导活动都要求具备一定的效能。效能(effectiveness)是指在一定程度上实现了既定的目标。对现实中的许多组织进行观察,我们会发现,有些组织中的领导活动开展得十分顺利,成员的信心和士气十分高涨,十分愿意作为集体的一分子齐心协力地工作,而有些组织却人心涣散,对集体的使命和活动无法形成共识,难以形成强大的合力。综合来看,不同组织中领导活动的效能存在着巨大的差异。在感性认识的基础上,经过进一步提炼归纳,我们可以得到如下的认识:领导效能是评价领导活动有效性的基本维度,它是指组织中的领导者实施领导活动的目标和现实绩效之间的接近程度,它反映为领导活动进行的状态和结果。现实生活中不同组织间领导效能的差异,就体现为实施领导活动的目标和现实绩效之间的接近程度有大有小,从而各自外在的状态和结果呈现出明显的差别。

为了更深入地认识领导效能的内涵,我们可以将其分解为两个基本层面:首先是领导效率。按照管理学大师罗宾斯的说法,"效率是领导和管理的重要组成部分,它是指输入与输出的关系。"[①]对于给定的输入,如果能够获得更多的输出,就提高了效率。同样,对于较少的输入,能够获得同样的输出,也是同样提高了效率。对领导者而言,组织中可供利用的输入资源是稀缺的,因此,要使得资源成本最小化,提升领导活动的效率就显得至关重要。领导效率在直观的意义上体现为完成一定数量和质量的领导任务(或实现目标)的速度。但是,具备效率只构成领导效能的一个方面。领导活动要具备一定的效能,还必须在一定程度上实现预定的目标,即具备领导效益。当领导者实现了组织的目标时,我们就说他是有效益的。比较来看,效率涉及的是活动的方式,而效益涉及的是活动的结果。领导效益包括经济效益、活动效益、文化效益、人才效益以及社会效益等,是一个综合性的概念。

8.1.2 领导效能内涵的分解

领导是人类社会中最为引人注目的活动之一,但也是最不容易被充分把握和认识的活动之一。之所以如此,是因为领导活动往往被人为地蒙上了一层神秘和令人敬畏的色彩。领导效能的状况也是如此。但事实上,任何一种客观现象的内部都有一定的逻辑法则可循。从领导效能的本质出发,我们可以将其进一步分解为四个方面,这样我们便可以对其获得更为全面立体的理解。

1. 决策效能

决策是一切领导和管理活动的精髓。诺贝尔奖得主西蒙甚至认为:"管理就是决策。"对决策有效程度的评估构成领导效能评估的一个重要方面。决策效能是指领导者是否在明智的时机、明智的条件下做出了明智的决断,讲的是领导者选择目标正确与否,以及正确的程度如何。领导者的魄力与能力首先体现为决策的水平。让我们把目光回溯到历史的长河中,那些在人类历史上留下深刻的记忆、扭转一个组织乃至共同体前进方向的精英,无一不具有超人的决策能力与才华。20世纪30年代,美国总统罗斯福在经济大萧条、举国一片悲观的情况下果断而明智地提出实施"新政"计划,充分运用政府的力量挽救经济,改变了政府不介入市场运作的传统。尽管"新政"受到许多持有传统思想人士的批评和一些利益集团的

---

① [美]罗宾斯著.黄卫平等译.管理学.北京:中国人民大学出版社,2002,6

反对,但这项重要的决策极大地增强了美国的力量。毛泽东在1935年的遵义会议上及时提出改变长征方向的建议,挽救了党,挽救了红军,挽救了中国工农革命,体现出高超的决策效能。此等事例在历史上不胜枚举。无数事实证明,领导者深谋远虑,审时度势,以战略性的眼光做出明智的决策,是实现领导效能的先决条件。

2. 组织效能

组织效能指在领导活动中组织管理、指挥协调方面所显示的成效。在领导活动的实施过程中,能否使整个组织尽可能少地偏离预定目标,形成一种齐心协力的团队精神,以尽可能少的投入得到最大的产出,要靠领导者的组织才干以及指挥协调能力的发挥。一个组织为完成一定任务和达到既定目标,必然要花费相当数量的人力、物力、财力和时间。高超的领导者应当明确如何将这些人力、财务、物力等要素进行最有效地配置,以最少的消耗发挥最大的功效。这种配置能力充分显示着组织效能的好坏。当然,正如上文所言,领导效能体现为效率和效益两个方面。领导活动是否具备充分效能,最终要以目标的实现与否作为标准。成果必须符合目标的要求,它应当回答目标是否达到、在多大程度上达到以及花费了什么代价达到的问题。只有以目标作为参照系和衡量尺度,成果的质量才能得以确定。

3. 人事效能

领导所面临的问题在本质上说是如何让人快乐地做事,以一种无形的力量将众人联合起来,以集体的作用去完成任务。因此,人员的调配与使用就显得十分重要,而如何识人和用人则显示出领导者的能力和眼光。人是一切管理要求中最活跃的分子,是关系到领导活动能否顺利进行,充分实现既定目标的关键,用人能力的高低关系到领导活动的成败。用人效能的强弱是考察领导效能高低的重要指标。用人效能的评价可以从两个维度去进行。首先是是否知人善任,把最适当的人配置到最适当的岗位上。这就要求领导者具有伯乐一样的眼光,能够敏锐地洞察下属的长处和短处,做到用当其才,用当其时。其次是下属的实际工作发挥能力与其潜在能力相比发挥的程度。优秀的领导者善于利用一切可行因素充分调动起下属的潜力。正如西方谚语所云,"一只狮子率领的绵羊的队伍,要比一只绵羊率领的狮子队伍更有战斗力"。下属的工作潜力调动得越充分,领导效能也就越大。反之,下属的积极性受到压抑,潜力无法调动,领导者的人事效能也就越小。

4. 执行效能

领导活动涉及决策、组织、用人等各个方面,但最终实施结果是否良好要看执行的情形。执行环节是将策略与设想转变为现实行动的关键。在现实中我们经常可以见到这样的情形:某项政策方案的提出经过了充分论证和严密考察,方案若能顺利实现也会对提升公共福利起到良好的促进作用,但最终未见产生明显的成效。原因往往在于执行力度的缺乏。当然,领导者不必事必躬亲,但领导者却需要对计划方案的实施过程保持充分的关注与清醒的洞察,有效把握活动运转的方向,及时纠正可能的偏差。由于执行效能直接关系到领导效能的高低,我们有理由把执行效能作为领导效能的一个重要方面来考察。

8.1.3 领导效能与领导活动

领导效能是一切领导活动的出发点和最终归宿。一切组织的灵活运转均有赖于有力的领导。一切领导活动的展开最终都要实现一定的目标,亦即要实现一定的领导效能。无论行政领导目标的确定,各项方针政策的制定,各种领导方法和艺术的运用,领导队伍构成的优化组合,都是有组织、有目的的,本质上都是以追求一定的领导效能为出发点。公众对领导活动成功与否的评价,也是建立在对领导效能评价的基础之上。领导效能关系到领导群体存在的合法性,尤其在资讯日益透明、民主化程度不断深入的现代社会更是如此。2003年上半年我国爆发的"非典"事件就为此提供了很好的说明。在这大规模突发性公共卫生事件的冲击面前,政府的反应是否及时,政府领导公众抗御危机的能力是否足够,更明确地说,政府的领导效能如何,直接关系到公众对政府的信任度和满意度的评价。

确立领导效能作为领导活动的最终归宿还有其独特的意旨在内。公共组织的领导者面对的问题从本质上概括,是如何实现有限的组织资源和不断扩张的公共事务需求之间的平衡。效率和公平是评价公共组织运行绩效的标尺。当一项具体的行政领导活动即将展开的时候,由于影响领导活动因素的复杂多样,以及现实世界中不同行动团体之间利益吁求的差异,领导者需要考虑的问题很多,但是,首先要考虑的问题是怎样才能使自身的行动更有绩效,实现尽可能高的领导效能。一个清醒的领导者在充分明了实现目标的各种可能途径和前进道路上的各种大小障碍的基础上,总是选择距离最短、障碍最小的途径来部署工作。因此,把领导效能作为领导活动的最终归宿,有利于促使公共组织树立更为明确的效能观念,更为灵活并按质按量地完成公众所赋予的各项任务,满足来自社会各个角度的期待和吁求。

8.2 领导效能的理论

理论是现象背后的逻辑凝结。关于领导效能问题,有许多学者进行过研究,试图从不同角度对其内在逻辑给出深刻全面的概括。这些研究形成了三种主要的理论,即封建制领导效能理论、科层制领导效能理论和权变式领导效能理论。这些理论均来自西方。东方虽然也出现过许多关于领导效能的精彩思想,给人以深刻的启发,但由于东方思维传统的局限,很少形成系统化和理论化的成果。

8.2.1 封建制领导效能理论

封建制领导效能理论并不是一个单一的理论,它更多的是一种探索的思维路向,在这种路向中,领导被视为一种领导与领导者之间的个人关系,而领导活动的效能与这种个人关系的性质有关。早期的封建制领导效能理论十分注重对领导者个人特质的研究,具有浓重的附魅色彩。从这种理论看来,领导者之所以能成为领导者,是因为他们具有其他人所不具备的独特品质与个性。由于人类社会历史悠久的封建主义传统,这种看法的背景就不难理解。在封建传统中仆人对主人的忠诚程度是近乎宗教崇拜,这种忠诚已超出了理性的界限。与封建制领导相联系的早期领导理论注重对个人特质和领袖魅力的研究,试图在领导者和他们的追随者之间划出一条清晰的分界线,确立具有领袖气质的领导者(如马丁·路德、恺撒大帝等)与无领袖气质的群众之间的行为差异。在他们看来,领导者之所以成为领导者,是因为他们具备常人不具备的一些要求,例如智慧、人格魅力、决策能力、热情、勇气、正直与自信等。正是这些因素的存在,导致那些超凡的领导者具备不同一般的领导效能。但是,这种看法的缺陷是显而易见的,因为单纯的特质对解释领导绩效来说并不充分,完全以特质差异为基础的解释忽视了情境因素。具备恰当的特质只能使个体更有可能成为有效的领导者,但是还需要采取正确的行动。因此,从 20 世纪 40 年代开始,这些看法便已经不占主导地位了。关于领导绩效新的研究开始偏重于对领导者行为方式的考察。

在 20 世纪 30 年代末,当人际关系方法被应用于领导学研究时,对领导绩效的研究进入了一个新的阶段。麦格雷戈的"X 理论"和"Y 理论",利克特的系统理论,都使领导研究的视野与内涵大大拓展。他们根据下属的参与程度对领导方式加以分类,将领导方式分为独裁型、民主型与放任型,并进一步认为民主的、参与的行为可以使下属感到自己的责任,进而提高群体与组织的领导效能。这些看法对人们进一步认识领导效能做出了贡献,在一定程度上影响了管理理论与实践,尽管这些观点缺乏更多客观证据的支持。

行为理论是封建制领导理论发展过程中的重要一环。由于在以往领导特质论的"矿山"中未能挖掘到"金子",研究者开始把目光转向具体的领导者表现出的行为,希望了解有效领导者的行为是否有什么独特之处。这方面的研究很多,我们选取最典型的两种理论作以介绍:美国俄亥俄州立大学的研究和密歇根州立大学的研究。

20 世纪 40 年代末在美国俄亥俄州立大学工作的一批学者从大量的对领导行为的描述

中归纳出了领导者行为的两大维度：定规维度和关怀维度。前者(initiating structure)指的是为达到组织目标,领导者用较为规范和严格的方式构造与下属的角色关系的倾向程度。具有定规特点的领导者会向组织成员分配具体工作,用清楚的标准要求他人,并强调工作的期限和绩效目标。后者(consideration)指的是领导者建立与下属间信任和尊重关系的程度。他们的研究认为,一个在定规和关怀两方面均高的领导者常常比其他类型的领导者更能实现满意的工作绩效。与这项研究同期,密歇根州立大学也在确定领导者的行为特点以及他们与工作绩效的关系方面进行了研究。密歇根州立大学的研究小组也将领导行为划分为两种维度,分别称为员工导向和生产导向。员工导向的领导者重视下属的需要和人际关系,而生产导向的领导者更倾向于关心生产技术和工作任务。研究结论认为,员工导向的领导行为与高群体生产率和高工作满意度成正相关。而生产导向的领导者则与低群体生产率和工作满意度相联系。

以上理论都呈现出一个共同的特点,即认为有效的领导在很大程度上与领导者的人际交往能力有关。具备高效能的领导者具有关怀他人、富有亲和力的行为风格。领导行为因此在更多意义上不能被视为理性的过程。然而,正是在这一点上,这种研究取向受到了许多的批评。例如有人认为,不同的环境导致不同的结果,因此很难做出概括性的陈述。但这些研究毕竟为人们全面地把握领导绩效提供了一个独特的视角。

8.2.2 科层制领导效能理论

与封建制领导效能理论重视个人关系和行为风格不同,科层制领导效能理论十分推崇理性化的组织形式设计,而从根本上否定以领导和下属之间个人关系主导组织运行的有效性。科层制理论的信奉者视人类活动为在理性主导下的有秩序的运作过程,并相信有效的领导活动应是在明晰的程序和规则引导下的产物。这种理论强调,以领导者和被领导者之间的关系来影响组织绩效十分不可靠,而制度和条款的作用比什么都重要。科层组织中的个人是整个理性化网络的一部分,领导者的作用、任务、责任和特权应有详细的规定,领导者和下属都要忠诚于组织和组织目标。"非个人化"成为这种理论的前提预设。

这种思想取向应该说源远流长。早在文明发育之初,人类便已看到理性化组织的作用。古埃及的金字塔修建工程就是一个生动的例子。建造一座金字塔要动用 10 万人干 20 年,那么,谁来吩咐每个人去干什么？谁来保证在工地上有足够的石料让每个人都有活干？这些都要靠计算与程序来实现,需要建立和维持层级严密的大型组织。而罗马天主教组织则鲜明地把科层观念体现到极致。教会今天的组织形式基本是在公元 2 世纪形成的,在那时教会的目标和教义就已规定得十分严格。古代东方的庞大官僚制组织也是一种科层制组织。总而言之,在这种思想传统与管理实践中,工作被明确地制度化,经常被强调的是对岗位和组织的忠诚,而较少是对个人的忠诚。

在许多人看来,对科层制影响最大的还是产业革命。它使机械力迅速取代了人力,并且使在工厂中制造商品比在家庭中更为经济。从此,大规模的流水线生产成为生产的主要形态,并进一步控制了生活的常规秩序。分工与市场经济的深化促进了贸易和商业的发展,传统的基于家族和亲情的联系纽带被商品利益基础上的经济纽带所取代。个人的特性被极大地削弱,整个社会发育成为一个基于非个人化基础的超大规模的理性铁笼。韦伯提出的科层制领导理论充分适应了这个时代的需要。他眼中的科层制是一种体现劳动分工原则的、有着明确等级和详细规则,以及非个人关系的组织模式。例如,管理者是职业化的个人而不是他所管理的单位的所有者,他领取固定的报酬并在组织中追求职业生涯的成就。为了确保一贯性,管理者必须倚重正式的组织规则,避免掺杂个性与个人偏好。由于人的个性被忽略了,因此,科层制主要关心的是组织结构,包括组织的沟通系统、工作与任务的设计等。领导者的职权被控制在一定范围之内。工作条件、绩效标准和对工作不满的反映程度都有明确规定。对领导效能的评价是建立在实现组织目标的客观基础之上。

当前最具代表性的科层理论是结构理论,这一理论的代表人物是伍德沃德、普格、西克森、海宁斯、特纳以及西蒙等。他们认为,领导效能取决于组织的特性而不取决于组织中领导者的特性,组织中有各式各样的"领导替代物"存在。也就是说,组织中健全的任务与结构以及受过专门训练的人员,可以完全取代领导者的作用,使其成为不必要。这些"领导替代物"的存在可以使我们创造一种这样的环境,如允许信息的畅通、有效地制定决策,并且在没有特定领导者的情况下运用权力。

应该说,强调去除感情色彩和个人偏见的科层制理论对我们认识领导效能有很大的帮助。尤其对于存在长期封建传统的中国来说,这种理论更有其独特的现实意义。我国传统领导方式是重视个人关系式的,这种方式的弊端已在长期的行政管理实践中暴露无遗,迫切需要增强程序和规则在领导活动中的地位。但同时也毋庸讳言,科层制领导效能理论在矫枉的同时也走向了过正。事实上,在任何正式组织的领导中都不可能彻底抹杀人格和行为特性的作用,希望完全去除个性的影响使领导以完全理性化和非个人的方式运行,无异于空中楼阁。更为明智的方式也许是在领导者和组织结构之间寻求一种适当的平衡。

8.2.3 权变式领导效能理论

封建制领导效能理论与科层制领导效能理论的偏差使人们意识到,更为适当地把握领导效能的途径或许是将两者适当结合。权变理论就在这个方向上做出了有益的尝试。它描述了具有特定人格特性的领导者在一定的组织环境中发挥作用的条件。权变理论正确地提出了这样一个问题,即为什么在相同的领导情境中,某些人的工作绩效要好于其他人? 这个问题的提出激发了权变理论的迅速发展,其中一些理论获得了人们广泛的认可。其中最具代表性的就是豪斯的路径—目标理论和菲德勒的权变理论。这两个理论我们在第 3 章的内容当中已做过一般性的阐释。在这里,我们结合它们对领导效能的内容再加以详细的介绍。

路径—目标理论是当前较受关注的一种领导效能理论。该理论认为,领导者的工作是帮助下属达到他们的目标,并提供必要的指导和支持以确保各自的目标与群体的总体目标相一致(如下图所示)。豪斯首先将领导者的行为方式分为以下四种。

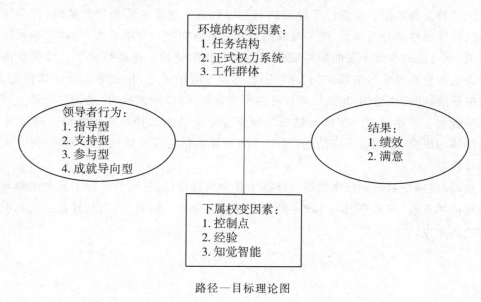

路径—目标理论图

(1) 指导型领导(类似于俄亥俄州立大学的定规维度)。

明确地告知下属完成任务的时间要求,以及完成任务的具体方式,并且明确提出任务的目标描述。

(2) 支持型领导(类似于俄亥俄州立大学的关怀维度)。

十分友善,并表现出对下属需求的关注。

(3) 参与型领导。

与下属共同磋商,并在决策前充分考虑他们提出的观点和建议。

(4) 成就导向型领导。

设定富有挑战性的目标,并期望下属发挥最大的潜力。

然后,他提出了两类情境权变因素作为领导者行为—结果关系式中的中间变量,一是环境中的权变因素(任务结构、正式权力系统与工程群体),二是下属个体中的权变因素(控制点、经验和知觉能力)。在他看来,当环境因素或下属因素与领导者行为不能很好地匹配时,领导效能均不佳。他还更具体地列出了从路径—目标理论中引申出的一些假设性推论,进一步对各种可能匹配方式的绩效做出了详细的评价。总体而论,只有当领导者的谋略与行为风格适合于工作的特点、适应下属的能力和人格时,领导绩效才会最佳。实证研究在相当大程度上验证了他提出的许多推论假设。

菲德勒也提出了他的权变模型,这个模型因其全面性和说服力强也受到了广泛的关注。菲德勒提出,领导效能取决于与下属相互作用的领导者风格,以及情境对领导者所产生的影响两者之间的合理匹配。他设计了详细的问卷以调查发现基本的领导者风格,调配结果显示个体的领导风格可分为两类,即关系取向型和任务取向型。在他看来,个体领导风格是固定不变的,不可能改变某个人的领导风格去适应变化的情境。他还列出了三项权变因素用以确定决定领导有效性的情境,它们是:①领导者—成员关系,指领导者对下属信任、信赖和尊重的程度;②任务结构,是指工作任务的程序化程度;③职位权力,是领导者拥有权力变量的影响程度。菲德勒进一步依据这三个权变变量细分出八种不同的情境。通过对1200个工作群体的研究,菲德勒得出结论,当个体的领导风格与权变情境相匹配时,便会实现最佳的领导效能。

显然,权变理论对领导效能的看法显得十分全面且自信,它充分考虑了复杂的领导行为中各种可能的方面,而不是以一种单一的不变看法去分析一切问题,因此日益成为当前领导效能理论的主流。

8.3　领导效能的评估

有效的领导是社会与组织顺利运行的根本,因此进一步对领导活动的绩效进行测度评估就显得十分重要。人类在长期的组织化生活中已经总结出大量行之有效的关于领导效能测度的方法。然而,几乎所有的研究者与实践者都承认,要对领导的效能进行纯粹客观的测度是一件十分复杂的事情。这是因为领导之所以为领导,并不在于它是一种可以无限次复制重复的机械操作,而是在很大程度上包含着勇气与创造在内的开创性行为。但是,尽管如此,我们还是可以从领导活动的本质出发,找出一些具有规律性的测评方式,从而尽可能减少主观干扰和人为因素带来的误差。让我们首先从测评应遵循的基本原则说起。

8.3.1　领导效能的测评原则

1. 民主参与原则

　　领导活动开展的成效如何,下属和其他被作用的主体的评价价值最大。因此,要保证测评结果的客观准确,必须充分体现测评过程中的民主参与。这包括两个方面的含义。首先,领导效能的测评过程要尽可能赋予下属和其他被作用主体的意见以较高的权重,让他们广泛积极地参与测评的过程。公共组织领导者的行动目标是为公众的福利服务,在其工作过程中要与广大的被作用对象发生大量的接触,因此,对于领导活动的目标是否实现、领导者的工作能力与效率如何、领导者是否真正把公众利益放在首要位置、领导者是否具有与任务相称的开创性与灵活性等问题,下属与其他被作用对象的评价是最重要的。由于所处的角度不同和利益关系的差异,他们的评价与来自上级的评价相比具有更大的参照价值。其次,领导效能的测评过程要充分接受广大被作用对象的监督。公共组织的领导者作为公众的代表行使权力,但是,由于领导活动自身在一定程度上的专门性与封闭性,民众对相关的众多复杂信息并不能做到完全了解,这在经济学中称为"委托—代理"过程中的信息不对称难题。要保证领导者作为被委托人能够充分体现民众的意旨,一个重要途径是领导效能的测评应当接受民众的充分监督,避免出现暗箱操作和少数人决定的局面。具体来说,要看考评是否在规定的程序下严肃进行,考评的标准与尺度是否公正统一,考评的操作是否受到非正常因素的干扰,有没有充分避免可能的片面性与主观随意性等等。

2. 适度集中原则

　　领导效能的评估应当把民主参与作为基本的原则,充分听取广大被作用主体的意见;另一方面,在评估过程中也需要适当的集中。有效的效能评估应是充分民主与适当集中的合理统一。之所以如此,有两个方面的原因。首先,领导效能评估过程中的民主参与意味着下属与其他受作用对象可以充分从各个角度表达自己的意见,但是,公众的意见并非一致的整体,为使公众的反馈意见进一步明晰化,需要一个收集各个方面信息并做出初步归纳的装置和机制,而这意味着要进行必要的集中。其次,领导者在决策与行动过程中要处理方方面面的利益呼求,常常面对局部利益与整体利益、长远利益与暂时利益之间的平衡与选择,而公众作为直接受作用对象,代表着一个方面的效能评价的视角,但是要做出全面的评估,还需要来自上级的"居高临下"的评估与之相结合。领导者的上级由于处于不同的角度,能够从整体的角度去看待下级领导者在整个系统中所做的贡献,以及对局部与整体关系的处理。将民主参与与适度集中相结合,有利于对领导活动的效能做出更加客观与科学的评估。

3. 重视实绩原则

领导效能评估的结果形成对领导者的激励,因此确立实绩原则作为评估的基本方面具有十分重要的意义。首先,有利于激励领导者在管理活动中更加注重效率与效益的结合,形成扎实进取的工作作风。改变"不求有功、但求无过"的求稳心态,树立"无功即是过"的新观念。公共组织的领导者一切行动都要以是否有助于实现组织的最终目标作为标准,将有限的资源充分发挥出最大的效益,也就是要重视领导工作的实绩。其次,有利于避免或减少领导效能评估过程中的主观性与随意性,使评估建立在一个客观可操作的基础之上。领导者的行为所引起的客观变化是可以测度的,通过客观地把握领导者在一定的任期和一定的岗位上所做贡献的内容与质量,掌握相关的资料与数据,就能够看出被考评者在履行应有职责和实现组织目标方面的实绩,从而对领导者的工作效能做出客观的评价。

4. 独立客观原则

领导效能的评估包括决策效能、组织效能、人事效能与执行效能四个方面,而独立客观原则事实上应当贯穿领导的评估过程的始终。也就是说,应当使评估的程序做到尽可能独立,而评估的结果尽可能客观。坚持领导效能评估的独立客观原则应体现在两个方面。首先,测评主体应当坚持实事求是的原则,抛弃个人角度的好恶思想,从组织的整体利益和最终目标出发,用整体观念替代派系观念,用深入了解替代主观想象,用事实根据替代道听途说,用制度规则替代主观偏见。其次,应当尽量做到测评过程的程序化与制度化,形成相应的考核规程与考核准则。制度的运作往往比单纯依赖于某个个人的运作更为有效,因此,应当对考核的目的、期限、范围、对象、步骤等做出具体的规定,并采取有力措施确保这些规定能够得到切实的执行,使考评不因少数个人的意志而改变。只有做到以上两个方面,领导效能的评估才能如实反映实际状况,发挥应有的效果。

8.3.2 领导效能评估的方法

领导效能的评估应当充分体现民主参与、适度集中、重视实绩与独立客观的原则,而要使这些原则充分地转化为现实,必须采取科学的评估方法。在长期的摸索与比较中,人们形成了一些全面合理,而又便于操作的测评方法。现将比较常用的几种方法做一介绍。

1. 群众评议法

中国共产党一贯坚持"从群众中来,到群众中去"的工作方针。长期的实践证明,一切依靠群众、密切联系群众是领导工作取得成效的根本。在领导效能的考评中,也应当充分发扬这一作风。让群众对领导者的工作能力、工作方法、工作作风与工作成绩进行评估,并将评估结果作为考核领导者活动绩效的重要方面,有利于促使领导者真正在内心中确立以群众为服务对象、以公众利益为行动目标的意识,也有利于广大群众对领导活动过程的监督,防止权力的异化与低效运作。大量的事例已经证明,凡是在联系群众比较密切、群众对领导活动的了解和约束比较多的部门,工作作风就比较好,工作状况比较让人满意。相反,在领导者一人独断、工作考评只由上级说了算的部门,往往领导与群众之间关系冷漠,信任气氛缺乏,下属缺乏工作积极性,工作潜力难以充分调动。

群众评议可以通过调查研究、民意测验等方法来进行。调查研究法是由上级有关部门在一定的方针指引下,通过各种方式,例如走访、座谈、实地了解等,密切与被领导对象进行接触,对领导者的工作表现与工作绩效进行测评的评议方式。运用调查研究法,必须真正深入下去,与群众深度接触,对有关情况进行细致研究,不能只看到一些表面现象,否则就难以得出实事求是的结论。民意测验法是在现代社会中得到广泛运用的一种测评方法,包括投票法、问卷法等。投票法是指由测评主体发动群众对被测评的领导者的工作绩效按一定的表现等级(如好、比较好、中、一般、较差等)进行投票,并进行汇总统计的方法。参加投票的人员依据需要而定,可以是组织中的全体成员,也可以只在部分代表中进行。问卷法是指测评主体事先依据一定的测评目标,将问题分门别类,制作有关问卷,发给相应的组织成员,并在收回问卷后进行统计分析。这一方法成功的关键在于问卷设计的针对性与填写者的态度的客观性。缺点是问卷回答质量不易把握,有时可能会因种种细微原因使问卷反馈与事先设想不能完全吻合。

2. 自我述职法

自我述职法是在东西方的公共组织管理中得到广泛应用的一种测评方法。它是由领导者本人对领导活动的绩效与问题进行总结分析,并将基本结果向测评主体进行汇报的一种自我鉴定方法。例如,省(直辖市)党政领导班子在年度终了或任职届满之际,分别向省委、省人大(常委会)做工作报告,汇报在职期间各项工作的履行情况、工作成效、存在的问题及今后构想。在进行工作报告之后,再由与会代表对其报告内容进行评议,对领导者的绩效与能力进行考核。这种测评方式的优点是测评内容由于经过事先比较认真的准备,测评工作进行得比较集中;缺点是花费成本较大,并且有可能流于形式。由于测评主体往往作为被领导者的领导对象而存在,在缺乏广泛民主的前提下,对领导者本人难以形成有效的监督,对领导者述职报告内容也难以进行充分的了解。

3. 目标测评法

目标管理已经成为当代管理中被广泛使用的方式。在领导效能测评中,目标管理也受到了很大的重视。目标测评法是指事先确立领导活动所要实现的目标体系,然后由测评主体依据此体系检查领导者工作的完成情况,从而评定领导活动绩效的方法。目标测评法可以分为两个阶段。第一阶段是领导与管理目标的确定。这是目标测评法有效开展的前提与基础。目标可以被分为若干不同的层次,既包括全局性与长远性的目标,也包括局部性与操作性的指标。不同的目标之间应当相互联系,同时具备各自的分工功能,以形成一个有机的目标体系。第二阶段是对照目标体系进行的测评。测评的方式多种多样,既可以由测评主体来单独进行,也可以采取民主参与的方式,动员广大群众对领导者的工作绩效进行评估,还可以采取领导者述职的方式,由被测评人主动进行准备,将在职期间的工作表现与问题进行汇报。而测评结果以及对目标体系的意见反馈又可以成为下一轮目标测评过程的重要参考,通过测评发现上一阶段目标测评中的不现实和不完善之处,并进行及时修改补充。

综合采用目标测评法的成功经验与失败教训,有两个方面值得特别注意。首先要提出的是测评目标的制定应当充分发动下属与群众的参与,不应简单片面,甚至应付了事。合理具体的目标确定是目标测评管理方法成功的前提,这一阶段必须充分利用下属人员的智慧。目标要具有鼓动性,同时还要具有可能性。要达到这一点,一个有效的途径就是将目标制定的过程分解为由上而下和由下而上同时进行。领导者本人要提出大体的可能目标,同时被领导的各层人员也要结合自身岗位特点与能力状况提出各自的具体目标,然后逐步将其进行汇总,并与自上而下的目标相结合,直到将模糊的目标具体化、明晰化。这样提出的目标才能有效地转化为组织中不同层次人员的主动期待,而不是领导者的一厢情愿。其次,在使用目标测评法时,应当防止"目标替换"现象的发生,即以行政领导者决策范畴之外的目标替代行政领导者所要追求的目标,或者说,组织中的成员将其子目标视为最终目的,严格僵硬地遵循分目标的要求,扰乱总体目标的实现。因此,在对工作效能进行测评时,应当将对分目标的效能考评与总目标的效能考评结合起来进行。

4. 定量测评法

传统的领导效能的测评方式大都是以定性测评为主,但目前定量测评的方法正在越来越多地受到重视。定性与定量的结合有利于使领导效能测评的结果更加科学客观。定量测评法是指依据领导活动的各个方面的量化表现,运用统计方法对领导效能进行相对精确的测度。采用定量测评的方法有其合理的方面。用较为现实的眼光来看,领导活动是一种资源聚合与分配的过程,这个过程会引起作用对象在各个方面的改变,而这种改变的程度与性质在许多时候能够以定量的方式加以测度。例如,通过对一个地区国民生产总值、人均国民收入、企业利润率、年征收税收总量、财政收入、教育普及率等指标的统计分析,就能大体看出该地区行政领导者的经济管理绩效。通过对一个地区公共交通、基础设施、空间规划以及生活质量的定量分析,能够对该地区领导者的城市管理效能进行评价。运用定量测评的方法有其不可替代的好处,它能够比较客观全面地对领导活动的绩效进行评估,避免主观价值判断与个人好恶对评估过程的影响,符合现代社会发展的理性主义倾向。尤其是在一些专业性较强的部门(如宏观经济管理、医疗卫生、教育等)的效能评估中,其有利之处表现得十分明显。因此,定量考评的方法已经在越来越多的领导效能评估工作中得到运用。

但是,在运用定量评估的同时也要注意,定量方法的运用必须建立在对领导活动的本质和基本倾向具有清楚认识的基础上,定量分析应当与定性判断良好地结合。而且,领导活动中的某些难以用数字表达的部分,例如个人角色在组织运作中的影响,当前利益与长远利益的平衡,主观努力与环境影响的关系等,单纯依靠定量评估方法是无法得出有价值的结果的,这时只有依赖定性分析,才能做出符合实际的评价。总之,任何一种方法都不能被强调至极端,而应灵活把握。

5. 模拟测评法

领导效能的考评往往会遇到领导者个人贡献与组织整体所起的作用之间难以区分的问题,而模拟测评法对解决这个问题很有益处。所谓模拟测评法,是指把被考评者置于一个模拟的工作环境中,要求他按照给定的前提要求进行模拟操作,观察他的心理反应和行为表现,以测度其领导能力。这种方法首先在企业管理人员的选拔中得到广泛应用,之后在公共组织中也大量引入了这种测评方式。

模拟情境测试的方法大体上有以下几种。

1) 案例分析与处理

由考评主体向被考评者提供一个具体的现实领导案例,要求其模拟处理其中涉及的某些领导问题,以观察把握其在各个方面的能力。

2) 小组讨论

5~6 名被测试者被编成一个小组,以无主持人的方式进行讨论。这个小组被模拟成党委会、办公会、企业方案讨论会等,给予一个案例,要求各人就此案例发表意见,并与他人进行讨论及合作。考评者从中了解每人的思维能力、合作能力与领导能力。

3) 答辩

通过模拟记者招待会、答辩会等方式进行,口试题目多种多样,依据被测评者岗位特点而设置。通过答辩,可以看出被测试者的思维反应、语言能力、主动精神以及对工作事务的了解等情况。

8.3.3 领导效能评估的程序

领导效能的评估应当是一项科学严谨的工作,而要做到这一点就必须遵循一定的程序。总体来看,领导效能的评估可以分为以下六个环节。

1. 宣传准备

宣传准备包括思想准备、组织准备与内容准备三个方面。首先,在评估开始之前必须进行一定的舆论准备和思想动员,让被测评者充分认识测评活动的重要性,端正观念,打消顾虑。其次,要将考评工作的人员配备和组织方式确定下来,明确考评者的工作职责与具体分工,将有关工作纪律和制度公布清楚。最后,要根据测评工作的基本目标和测评对象的具体情况,确定测评的具体内容和将要采取的工作方法。被测评者的职务层级不同、工作岗位不同、工作性质不同,测评内容也应有所不同。应当在测评开始之前充分做好各项准备工作,保证测评工作的针对性。

2. 自我总结

在这一阶段,被测评者应当依据自身岗位的职责要求,总结分析自己在任职期间的工作业绩和问题教训,以及今后履职的设想规划和对组织的建议,撰写成书面材料,全面地向主管领导和上级报告。在总结中,既要恰当认识工作所取得的绩效进步,同时也要清醒认识存在的问题和不足,通过这种全面的总结使上级和群众充分了解自身的工作情况,同时也能使自己对过去的工作取得更深一层的认识,明确今后主要着力的方向。

3. 民主评议

参加民主评议的人员,既包括被测评者所在单位和部门的其他领导者,也包括下属单位的负责人与群众代表。民主评议的目的是从被领导者和其他领导者的角度,对被测评人的绩效表现从多个角度和多个层次进行充分的评价,保证测评结果做到实事求是。为使民主评议工作落到实处,避免走过场,开展评议时应注意两个方面的问题。第一,参加民主评议的人员应当尽可能地广泛,具有充分的代表性,防止只挑选局部范围和群体人员参评的现象出现,避免因参评对象的片面性影响测评的客观公正。第二,民主评议过程应实事求是,重点突出,尽可能做到深入细致,避免泛泛而谈,或者只说好话,回避问题。

4. 组织考评

组织考评是指负责测评工作的组织和人员,在前面进行被测评者个人总结与民主评议的基础上,以全面深入和客观慎重的态度,依据各种材料和反馈,对被测评的领导者在任期中各方面的表现做出考核和评价。这一程序是领导效能评估的关键环节。经过这个环节,对被测评者领导效能的评估意见得以形成,并成为下一阶段奖惩和调整使用的根据。

5. 结论反馈

考评者将经过整理归纳后的测评结论向被测评者通报,进行测评者与被测评者之间必要的沟通,并做好被测评者的思想政治工作。之所以把结论反馈作为领导效能测评中的重要一环,是因为领导效能的测评最终应当有利于领导绩效的改善。在正面的意义上,对领导者绩效的肯定与鼓励有利于增强其工作的积极性,进一步挖掘工作潜力,在接下来的工作中再接再厉,开拓前进。在负面意义上,对领导者工作过程中暴露出的问题和不足及时反馈,有利于帮助其调整方向,改进工作方法,避免错误继续发展下去引起大的失误。结论反馈的实施应当讲究一定的艺术。

6. 考评总结

在整个领导效能考评工作结束之际,要针对此次考评进行必要的回顾总结,总结考评活动的优点与不足,以及相对于考评目标的完成情况,为此后的测评提供借鉴参考,使领导效能的测评工作不断完善。

8.4 领导效能的提升

研究领导效能的目标在于更深刻地把握领导效能的本质与结构,从而为有效促进领导活动绩效的提升进行帮助。要探寻领导效能提升的途径,我们首先要弄清影响领导效能提升的因素。

8.4.1 影响领导效能提升的因素

影响领导绩效提升的因素很多,综合起来主要有如下几方面。

1. 目标的恰当与否

一切领导活动的目的都是要实现某种现实的目标,这种目标是人们行为的最终目的,是激励人们努力工作的动力。然而,目标的价值,不仅在于它的正确性,而且相当大程度上还在于它的恰当性。一个符合实际的、可实施的目标体系是有效进行领导的基础。当人们明显感到标准可望不可即时,就会失去卓有成效地完成目标任务的动力。而当一个目标定得过低时,又难以把人的潜能激发出来。日常生活中出现更多的是前者。在现实中,有的领导者政绩欠佳,甚至出现难以容忍的失误,很多时候主要的原因就在于决策过于主观随意,好大喜功,从迎合上级需要和某种不切实际的愿望出发,片面将目标拔高,结果在一开始就埋下了工作失误的种子。

2. 领导者的素质能力是否与任务相称

领导是一项具有高度复杂性与创造性的活动。领导之所以在许多方面不同于单纯的管理,主要在于领导活动不仅要求完成常规的组织与协调工作,还要求充分的勇气与开创能力。一个有效的领导者应当能凝聚起群体成员的内在潜力,齐心协力,奋勇向前,将纸上的规划构想转换成现实的操作。这对领导者的能力素质提出了很高的要求。然而,在现实生活中,并不是每个领导者的能力都能与其自身所处的岗位很好地相称,这就使得集体中各个成员的力量难以被充分汇合起来,群体中出现不信任和涣散情绪,从而影响到绩效的发挥。

这里需要指出的一点是,不同层次岗位对领导者的能力有不同的要求,而最佳的状况是使领导者素质与岗位要求合理匹配,各得其所,不会出现"高才低用"和不称职的状况。

3. 相应的资源和条件是否具备

任何领导活动总是在一定的物质环境和现实条件中开展的,需要消耗一定的物质资源与人力资源,而客观条件的欠缺会使得许多合理的目标无法实现,有价值的活动难以充分开展。例如,所在部门和单位的财政收入状况、经费开支约束等都会影响决策方案实施的程度,下属人员的文化程度、工作经验也会制约领导效能的发挥。宏观政策环境的存在也常常是影响领导活动目标能否实现的一个因素。

4. 下属的潜力与能力是否被充分调动

我们常常可以观察到这样的情况,在一些组织中,领导者对于工作开展投入了很大的精力,任劳任怨、勤勤恳恳,但整个组织的工作氛围却并未出现所期待的局面,绩效不尽如人意。其原因在于领导者事必躬亲,大事小事一律过问,从而剥夺了下属人员在各自范围内决策活动的权力,极大压抑了下属的积极性与创造性。事实上,如果领导者在每件事情上都身体力行,那么就不需要领导,也不需要组织。另一种极端的情况是,领导者只把精力放在自己的私利上,凡事只考虑自己是否能获得好处,而对组织的整体利益漠不关心,因而极大伤害了下属努力工作的热情,感到干好干坏一个样。这种情况的存在,使组织成为一盘散沙,更谈不上领导效能的发挥。

5. 环境的不确定性

哲学家曾指出,一个人不会两次踏入同一条河流。领导活动也有它自己的"河流",即组织所处的环境。组织存在于社会环境的大系统中,从外部获取资源,在内部进行加工,输出能被外部接受的产品。外部环境的变化很大程度上影响着组织领导效能的发挥。当今的环境变化尤为迅速,不确定因素无法避免。尤其是中国正处于政治经济转型时期,社会结构、经济结构处在不断的变化之中,同时,作为一个开放的体系,与国际社会的联系和互动日益增多,国际上的风险和不确定因素也会通过种种途径传到国内,这些都给领导活动的进行带来了相当的挑战,无论是谁都无法避免不确定的环境对领导效能发挥的影响。

8.4.2 提升领导效能的途径

1. 确立现实可行的目标

目标应当具体、明确、可行,这是改善领导效能的第一步。所谓可行,是指领导者在制定目标时要符合实际,不应头脑发热,只凭空想,像过去的"大跃进"、"跑步进入共产主义"一样,不具备实现的基础。要做到这一点需要注意两个方面。首先,在目标的确立阶段,应当经过充分的论证和决策,广泛听取各方面不同人士,包括专家和实际工作者的意见,确定最合理可行的方案,不能依靠领导意志和主观臆断行事。应当充分考虑的内容包括:组织期望的结果,存在的问题,成功的机会,把握这些机会所需的资源和能力,自己的长处、短处和所处的地位等。例如,在引进外资发展本地经济问题的决策上,应当全面考虑本地的资源条件和要素禀赋,外资区位选择的主要因素,本地的产业结构与企业集聚格局,与其他地区相比本地引资的有利方面和不利方面,然后结合本地产业发展战略确立引资的目标规模和目标产业,不应片面攀比,好高骛远。其次,目标的确定不应被视为一个静态不变的过程,而应结合环境因素的变化不断修正,以使主观目标及时适应变化的客观条件。人的理性是有限的,表现之一就是在决策时无法获得所有可能的信息,对环境的改变也缺乏百分之百的估量能力,因此,为了避免决策目标可能的滞后和失误,应当及时把握形势的发展,尽量避免变动与不确定性对组织活动的冲击,从而有效提升领导效能。

2. 塑造共同愿景

所谓组织的共同愿景是指组织中所有成员共同发自内心的意愿,这种意愿不是一种抽象的东西,而是具体的能够激发所有成员为这一共同意愿而奋斗的任务、事业或使命,它能够创造巨大的凝聚力。真正的共同景象或愿望能够使全体成员紧紧地连在一起,淡化人与人之间的个人利益冲突,从而作为一个有机的整体发挥效能。愿景具有价值导向、行为约束、文化凝聚、精神激励四个方面的功能。一个组织一旦形成共同的愿景并不断强化,就能不断增强合作工作的效益,从而有效地提升领导效能。塑造共同愿景,首先应当把组织的现状真实地告诉每一位成员,让他们知道组织的处境,从而产生一种克服困难和障碍的冲动。其次,领导者应努力将组织共同愿景发送到组织成员的心中,以推动他们为实现共同愿景而全身心奉献,并充分听取成员对愿景的不同反映。最后,将组织中的共同愿景具体化、个人化,让成员经过透彻的思考,把组织愿景与个人期待结合起来,提出在各自岗位上所要实现的个性化愿望和目标,从而塑造每个成员积极向上的动力源。

3. 改善领导者的能力素质

领导者的能力是保证领导效能的关键因素,领导者必须具备一定的能力才可能完成领导过程。这种能力不是单一的能力而是各种能力的集合,是具有多种功能、多个层次的综合体,其内在构造可以分为四个部分:创新能力、转化能力、应变能力和协调能力。创新能力表现为领导者善于敏捷地发现现状中存在的问题,准确地捕捉新事物的萌芽,提出大胆新颖的推测和设想,并且化为可行的计划。转化能力是指优秀的领导者将创新思想转化为可操作的具体方案的能力,转化的方法包括综合、移植、改造、重组等。应变能力是指领导者适应变化的现实、与时俱进的能力。领导者应当能够善于判断形势与潮流的新动向,在变化中产生应对的方针与策略,时刻居于主动地位。协调能力是指领导者有效整合组织内部各项资源、团结下属成员共同工作的能力。组织中的个体都有自己不同的利益要求,具有分散的取向,但分散的个体必须与整体协调一致,才能形成整体的能力,保证领导目标的顺利实现,因此领导者的协调能力就显得十分重要。

4. 善于授权

一个组织中需要面对和处理的问题很多。作为领导者不可能也无必要事事过问,这样会使其陷入琐细事务的汪洋大海之中,还会使得下属无所适从。要提高领导活动的效能,领导者必须善于分清并抓住主要问题,同时善于授权,将次要的问题和由他人来做会干得更好的问题交付他人。这样,一方面能够使领导者在众多琐碎小事中脱开身,集中精力思考最重要的问题,把握住对组织发展来说最关键的地方;另一方面也有利于增强下属和成员的效能感,充分调动他们的积极性,让他们感觉到通过自身的努力能够为组织做出适当的贡献。尤其在当代,社会发展的专业化倾向日益增强,从事特定岗位对专门信息掌握的要求不断提高,及时而充分的授权对保证领导活动的高效进行更显重要。在充分授权的同时,还要注意进行必要的控制,确立相应的控制标准,及时把握事务的发展动向,以使事务的运转沿着领导者期待的方向进行。

5. 有效利用时间

这是有效的领导者的一个明显特征。时间的稀缺是领导者常常深切感受到的问题,领导者必须善于对自己的有限时间进行综合统筹,把它用在最主要的工作上。这里特别要提出的是,注意把握办不同事情的时机,有的事时机未到,过早地去办,效果不好;时间已过才去办,效果也不好。领导者应当在最适宜的时刻办最应该办的事情,以争取更好的绩效。

为了有效利用时间,有的研究者经过分析提出了一个简单有效的办法,可供领导者参考。第一步是记录时间,连续几天或几周记录自己每天的时间耗费状况,可以自己去记,也可以请别人帮助记录。第二步,对自己每天的时间记录进行认真的分析,发现其中可以改进的地方,例如,有些事可以找人代办,有些事由于缺乏事先计划和预见性而造成了时间浪费。对于这些事情应当找出各自的原因,并及时更正。第三步,合理安排时间。在分析了时间利用状况,消除了各种浪费时间的潜在因素之后,就可以找到自己可以自由支配的时间,并加以合理安排,将有限的时间资源配置于最重要的问题上。

■ 本章小结

1. 领导效能是评价领导活动有效性的基本维度,它是指组织中的领导者实施领导活动的目标和现实绩效之间的接近程度,它反映为领导活动进行的状态和结果。它是领导效率和领导效益两个方面的综合。领导效能可以进一步分解为四个方面:决策效能、组织效能、人事效能与执行效能。

2. 领导效能是一切领导活动的出发点和最终归宿。一切领导活动的展开最终都要实现一定的目标,亦即要实现一定的领导效能。把领导效能作为领导活动的最终归宿,有利于促使公共组织树立更为明确的效能观念,更为灵活和富于质量地完成公众所赋予的各项任务,满足来自社会各个角度的期待和吁求。

3. 在领导效能方面形成了三种理论,即封建制领导效能理论、科层制领导效能理论和权变式领导效能理论。在封建制领导效能理论中,领导被视为一种领导与领导者之间的个人关系,领导活动的效能与这种个人关系的性质有关。科层制领导效能理论相信有效的领导活动应是在明晰的程序和规则引导下的产物,领导者的职权被控制在一定范围内。权变式领导效能理论描述了具有特定人格特性的领导者在一定的组织环境中发挥作用的条件。

4. 领导效能的测评应当遵循民主参与、适度集中、重视实绩与独立客观的原则。效能的评估方法比较常用的有群众评议法、自我述职法、目标测评法、定量测评法、模拟测评法等。在测评程序上,要经过宣传准备、自我总结、民主评议、组织考评、结论反馈与考评总结等环节。

5. 影响领导绩效提升的因素主要有如下几方面:目标的恰当与否,领导者的素质能力是否与任务相称,相应的资源和条件是否具备,下属的潜力与能力是否被充分调动,环境的不确定性等。提升领导效能的途径包括:确立现实可行的目标,塑造共同愿景,改善领导者的能力素质,善于授权,有效利用时间。

■ 思考题

1. 如何认识领导效率与领导效益的关系?

2. 领导效能包括哪几个方面的内容?

3. 科层制领导效能理论相对于我国的现状来说具有什么样的意义?

4. 试说明群众评议法、自我述职法、目标测评法、定量测评法、模拟测评法等各种领导效能测评方法的含义,以及这些方法的适用条件。

5. 哪些因素会影响领导效能的提升? 如何有效提升领导活动的效能?

■ 网上冲浪

1. **平衡计分卡**　平衡计分卡是一种解决发展绩效问题的工具。据统计,世界 500 强企业中有 80% 在不同程度上应用了平衡计分卡。访问 www.icxo.com(世界经理人网站),你会详细了解到平衡计分卡的相关情况。打印有关资料,并和你的同学一起讨论。

2. **领导风格**　测试你的领导风格,访问 www. leaderx. com,在该网站上找到一份问卷,以测试你的领导风格。当你完成评估时,请按提交键,你会拿到一份针对你的领导风格报告。打印出来以便自我评估。写一份 1～2 段的鉴定,说明你对这一结果的认可程度,以及你对哪一项感到吃惊,你从中学到了什么,然后将两份报告交至老师处。

■ 案例分析

沈阳各职能部门领导干部面临"绩效考评关"

时下"绩效工资"被企业广泛采用,干得好赚得多,干得不好赚得就少甚至被炒鱿鱼。如今,沈阳市的领导干部也将面临"绩效考评关"。2006 年 11 月 29 日,《沈阳市工作目标绩效考评办法(试行)》(以下简称《办法》)出台,其核心意图就是要对沈阳市各职能部门进行绩效考评,超额完成任务者加分,相反减分,连续两年排名后三位的市管单位主要负责人,将被进行组织调整,而连续两年排名末位的单位主要负责人,将被免除职务。据悉,这是沈阳为推进领导班子和干部队伍建设,首次对领导干部实施这种绩效考评制。

管理——被考评单位分四类

《办法》指出,绩效考评坚持突出重点、分类管理、合理赋值、量化考核、总分排序、奖罚分明、末位处置的原则。并成立沈阳市工作目标绩效考评委员会(以下简称考评委),下设办公室。为使绩效考评具有可比性,按照情况和职能大体相近或类似的原则,对被考评单位分为A、B、C、D四类,分别进行考评管理。A类是指区、县(市)及开发区;B类指经济管理部门;C类指行政审批、执法部门及司法机关;D类指部分驻沈执法部门及公共服务单位。

考核——有腐败大案局部一票否决

绩效考评包括基础考评、动态考评和社会评估,并分别予以赋值。基础考评按 A、B、C、D类分别设定分值1 000分。动态考评则按鼓励先进、鞭策后进的原则,设置加减分及局部否定因素。

《办法》指出,对超额完成任务、工作取得重大创新成果、年度工作受到省委省政府以上机关表彰、在全国某些范围内排名位次前移、为经济社会发展做出特殊贡献、支持经济发展成效显著、完成市委市政府主要领导交办的重要任务成绩突出的,给予加分。对未完成工作任务、工作出现明显失误、外商投诉及腐败案件发案较多、受到市委市政府及上级机关通报批评的,给予减分。一旦出现"重大的信访事件、外商投诉案件、腐败案件和治安灾害性事故",将被实行局部一票否决,即扣除所在考评项目的全部分数!这很可能导致这个单位在该年度的考评中名次靠后。

奖励——单位进三强领导可授劳模

基础考评、动态考评和社会评估三项分值之合为考评总分,总分上不封顶。按总分多少确定被考评单位在不同类别中的名次。考评结果将作为考核被考评单位及其领导班子、领导干部政绩的重要依据,作为调整使用干部的重要依据,作为对干部奖惩的重要依据。具体说,对绩效考评总分当年排名前三位单位的主要负责人,分别授予劳动模范等荣誉称号,并给予记功;对绩效考评总分当年排名后三位(D 类最后一位,下同)的市管单位主要负责人,进行组织谈话;对排名末位的主要负责人,给予警告。对绩效考评连续两年排名后三位的市管单位主要负责人,进行组织调整;对连续两年排名末位的市管单位主要负责人,免除其职务。

监督——考评结果全市通报

《办法》指出,对市管单位绩效考评结果及奖惩情况,在全市通报。对驻沈单位的绩效考评结果,向其上级机关通报。工作目标绩效考评由市考评委办公室统一负责,其子项目考评分别由有关单位负责。子项目考评单位应保证考评结果客观真实。对经查实弄虚作假的,给予责任人通报批评,并对该单位绩效考评予以减分。年终考评结果经市考评委同意后,被考评单位可在一周内到市考评委办公室查询、核对分数。对被考评单位提出的异议,应予以复议。

资料来源:http://www.xinhuanet.com/chinanews/2006-11/30/content_8657891.htm

■ 思考与讨论

1. 沈阳市针对各职能部门开展绩效考评有何意义?
2. 请结合所学知识来评价案例中领导绩效考评的基本程序。

领 导 创 新

■ **学习目标**

通过本章的学习,你应当能够:

- 界定领导创新的含义;
- 描述领导创新的特征;
- 列举对领导创新活动有着重要影响的环境因素;
- 阐释领导创新的内容;
- 理解领导创新在现时代的重要意义和作用;
- 熟悉领导创新的过程;
- 分析在领导创新的过程中有哪些值得注意的问题;
- 思考现阶段我国的领导体制和领导行为应当如何进行创新。

　　思科的 CEO 约翰·钱伯斯(John Chambers)认为商业竞争的新规则需要新的组织形式:基于变化而不是稳定,以网络而不是僵化的等级为基础组建,并且建立在与伙伴公司的合作关系上。

　　作为世界上路由器、转换器和其他网络设备产品的主要制造商,思科公司几乎在其经营的所有方面都使用互联网,从营销到招聘。此外,公司的技术能够让公司在世界上50 多个国家的17 000 多名员工保持紧密的联系,而且能让他们获得任何需要的信息。网络同时可以帮助公司与它的合作伙伴轻松地保持关系,使得公司众多的供应商、合同制造商和装配厂看上去或者在实际运行过程中都是一个紧密联系的公司。

　　但是,思科的成功并不只是因为公司采用的技术。对思科来说,同样重要的还有公司的文化和理念。钱伯斯知道技术不能代替员工之间的互动,他大力提倡所有员工和管理者之间公开和直接的交流。他每季度都会召开会议;在员工生日时会邀请所有员工参加"生日早餐聚餐会",在聚会时所有人都可以畅所欲言。此外,钱伯斯将自己55%

的工作时间用于和顾客沟通。思科的战略来自于公司的员工、顾客和伙伴共同组成的网络。例如,当波音公司和福特汽车公司告诉思科的销售代表,思科无法满足他们未来的网络需求时,思科就努力了解他们的需求,寻求有可能帮助解决问题的公司进行收购。思科首先收购了一个地方性的转换器生产商格里森多通讯公司(Crescendo Communictions)。这次收购使得思科进入了一个全新的市场,这个市场每年为思科带来的收入高达数十亿美元。

　　一个强调平等的组织文化是思科成功的关键所在,因为这种文化建立了团队,也提高了士气。正如钱伯斯所说:"你永远不能要求你的团队去做那些你自己也无法完成的工作。"为了取消特权,钱伯斯经常乘坐公交车,而且取消了在自己总部的停车位。此外,思科的上层领导者努力让所有员工都感觉到他们是真正的伙伴关系。这种努力的结果使公司出现了一个充满活力和动力的员工群体,而且他们都同意钱伯斯的信念——他的员工和组织都处于"甜蜜地带",因为技术和未来已经改变了公司和日常生活。

　　资料来源:[美]理查德·L. 达夫特.领导学.北京:机械工业出版社,2005,P295.

　　上述引例表明,组织要很好地适应今天瞬息万变的环境,领导者就必须努力地改变他们的组织并不断进行创新。本章将首先阐述领导创新的基本含义,其次分析领导创新都包括哪些内容以及环境因素,最后阐述如何进行领导创新。

9.1　领导创新概述

　　"创新"(innovation)是一个在当今时代被论及频率愈来愈高的词语,这也充分反映了创新在现实环境中的重要作用以及人们对其意义的认识。一个组织如何将创新的精神和实践引入组织的领导实践中,从而提高领导活动的绩效,增强领导活动与组织内外部环境的适应性,进而提高组织的生命力,就成为领导创新活动的重要内容及目标取向。

9.1.1 领导创新的含义

论及领导创新,首先需要界定创新的概念。约瑟夫·熊彼特在其 1912 年出版的著作《经济发展理论》中最早探讨了创新的含义,并将这个概念纳入其对经济发展的研究之中。他认为,创新是:①采用一种新的产品——也就是消费者还不熟悉的产品或一种产品的新的特性。②采用一种新的生产方法,也就是在有关的制造部门中尚未通过经验检定的方法。这种新的方法绝不需要建立在科学上新的发现的基础之上,并且,也可以存在于商业上处理一种产品的新的方式之中。③开辟一个新的市场,也就是有关国家的某一制造部门以前不曾进入的市场,不管这个市场以前是否存在过。④掠取或控制原材料或半成品的一种新的供应来源,也不问这种来源是已经存在的,还是第一次创造出来的。⑤实现任何一种工业的新的组织,比如造成一种垄断地位,例如通过"托拉斯化",或打破一种垄断地位。

尽管创新更多体现在科技和经济发展,但我们不能将创新仅仅理解为发生在科技和经济领域,从广义上来说,所有革新与淘汰旧的事物,创造与促进新事物产生的过程,都属于创新的范畴。创新的含义特别体现在实现既定目标的活动过程中,引入新的方法、思维、工具、程序、变更实现目标的资源配置方式。在此基础上,我们认为:领导创新是创新活动在领导理论以及实践中的应用,指的是将新的思维、方式引入领导活动中,革新原有的领导关系和情境,创造新的领导方法和途径,塑造新的领导者与被领导者,从而提高领导活动的绩效,更好地实现领导活动的预期目标。它包括领导观念创新、领导关系创新、领导方式创新等多个方面。

9.1.2 领导创新的特征

领导创新有着自身独特的面貌和属性,既不同于其他领导行为和领导活动,也不同于其他的一般创新行为。

1. 首创性

领导创新不是在原有的组织领导活动的基础上进行简单的模仿和修改,创新意味着突破与创造,因此,领导创新活动必然要产生首创性的成果,比如新的领导方式、新的领导观念、新的领导关系等。这其中虽然有继承和延续,但是必然包含过去所没有的新的因素在内。

2. 风险性

领导创新是对当前领导活动的扬弃,对未来的安排和规划。而未来总是充满了诸多变数。在领导创新过程中,人们详尽地总结过去,评估现在,预测未来,可是仍然很难精确地预期未来及其发展趋势。特别是当今环境的变动越来越呈现加速度的趋势,而人们是不能左右环境的变化及其发展的。环境的变动性决定了领导创新具有相当的风险性。一方面,领导创新一旦成功,可以改变整个领导活动的面貌,提高组织的活力和效率,取得可观的物质和精神效益。另一方面,如果创新没有取得成功,不仅在创新过程中投入的所有资源无法收回,而且考虑到领导活动在组织运行中的统率作用,将不可避免地在一定程度上带来组织运行的紊乱,甚至给组织带来不可预期的损失,这种损失有时是难以弥补的。另外,新的领导方法、领导方式、领导观念尽管具有先进性,但是能否适应组织的现状,能否被组织成员所接受,能否融入组织的运行流程和制度中,都不以人们的意志为转移。因此,风险性使得创新成为高收益与高风险并存的双刃剑。

3. 应用性

领导创新的组织者必须明确创新本身不是目的,我们不是单纯为了创新而创新。将创新成果应用于组织,提高组织的绩效,这既是创新活动的出发点,也是创新活动的最终归宿。为此,任何领导创新必须从组织的现实需要出发,根据组织的现状、领导活动的弊端与不足、组织的发展趋势以及领导活动的客观规律,有针对性地开展创新活动,进行创造和变革。创新成果不一定必须具有技术上的先进性,只要能适应组织的需要、提高领导活动的绩效,就是好的创新。应用是创新的首要目的。

4. 收益性

创新成果应当具有一定的社会价值,能取得相当的收益。领导创新最终体现在改善组织的领导关系和现状,增强组织的活力和环境适应性,使得组织能以更少的资源消耗实现更多的产出。这种收益性既可以体现在经济收益方面,也可以体现在非经济性收益方面,比如增强组织的凝聚力,改善领导活动的方式和程序,实现组织的持续发展等方面。收益性应该体现在领导创新的整个过程之中。

5. 整体性

任何创新都是一项系统性工程,需要组织各部分力量和组成因素的协同作用。各自为政、单打独斗只会无谓地消耗组织的资源,带来组织的混乱,这是不以人的意志为转移的。领导创新活动的顺利进行,需要组织物资、资金、文化、战略、内外部环境等因素的协同,需要整合组织的内外部各种资源。另外,必须明确的一点是,领导创新并不是组织的领导者单方面的工作,了解被领导者或组织成员的需要和想法,双方共同参与、集思广益,创新活动才能取得切实的成效。领导创新是组织所有成员的共同使命,被领导者的参与程度往往决定了领导创新的成败。

6. 进步性

在领导创新活动中产生了新的领导方式方法、领导观念,这些毫无疑问具有新颖性。但是一项创新不能仅仅追求新的想法、新的事物出现,追求标新立异。领导创新的成果必须要比原有的领导方式、领导观念更适应组织的环境,特别是组织未来可能面对的环境,能改变组织运行过程中原有的痼疾,明显提高组织的绩效,这些都是原有的领导活动所不可能产生的。新事物代替旧事物,必然体现了其中的进步性。进步性体现出更好的适应性、效益性和前瞻性。

9.1.3 领导创新的作用

领导创新的作用体现在许多方面,不仅可以对领导活动的其他层面产生深远影响,促进领导活动的活力和效率,而且对组织、对外界环境都产生着巨大的影响作用。21世纪是一个创新的世纪,创新在整个人类的发展和进步过程中都发挥着不可替代的重要作用,成为改变世界的最强有力的力量。同样,没有创新的领导必然是僵化的领导,停滞的领导。领导创新的作用一般体现在以下三个方面。

1. 使领导活动能更好地适应不断变动的环境

领导活动是认识世界、改造世界的活动,它必然要面对组织内外部的客观环境因素,包括一切影响领导活动的政治、经济、历史、文化传统等环境,还包括组织内文化、权力关系、惯例、制度等。人们创造自己的历史,但是他们并不是随心所欲地创造,并不是在他们自己选定的条件下创造,而是在直接碰到的、既定的、从过去继承下来的条件下创造。领导活动能否适应客观环境、符合客观的发展规律,是决定领导活动最基本最首要的客观因素。进入新的世纪后,在科学技术进步和发展的推动下,环境的变动越来越呈现出加速度的态势,由此增加了环境的动荡性和复杂性。环境的变动推动了领导活动的变革,过去的领导活动适应的是当时的组织环境,新的环境因素需要用全新的领导方式、领导制度和领导活动来配合。环境的发展变化决定了领导活动是一个动态的发展过程,环境变化的加速度对领导创新的速度和时效性也提出了更高的要求。

2. 提高领导活动的绩效

领导活动绩效包括领导活动的效率和领导活动的效果。领导活动的效率是指领导活动过程中支出的成本和取得的收益之间的比率。领导活动的效果则是领导活动对环境产生的影响程度,或者说领导活动在多大程度上实现了预期的目标。领导活动的绩效既取决于领导者和被领导者的素质、领导方式、领导手段、领导制度等领导活动的内在因素,也取决于组织文化、组织凝聚力、组织资源状况、创新活动的开展等组织内部环境,以及组织可以从外部环境获取的资源、外部环境的变化等组织外部环境。领导创新活动正是将领导活动与外部环境连接起来的纽带,所以对于提高领导活动的绩效起着特殊重要的作用。领导创新可以提高领导者和被领导者的素质,提供新的领导方式和领导手段,改善领导关系中领导者和被领导者的关系,进而使得领导活动能够更加适应变动的环境,从而保证领导活动目标的顺利实现,不断改善和提高领导活动的绩效。

3. 在领导者与组织成员间建立起更加融洽和谐的关系

领导活动的实质是一种影响力,领导活动中的双方——领导者和被领导者之间是一种互相影响和互相制约的关系。这种影响力不仅来源于领导者在组织的特殊地位——领导者掌握着组织的资源分配的权力,而且也来源于领导者自身的素质,最重要的也是最为关键的在于被领导者对于这种影响力的认同和接受程度。没有这种认同和接受,领导活动是不可能顺利进行的,领导活动中的绩效提高和目标实现更是无从谈起。领导活动创新可以改变传统的僵化的领导方式,特别是在领导活动创新的过程中可以积极建立和发展民主的作风和制度,鼓励所有组织成员积极参与组织创新,提出对领导活动的设想和意见,从而增强员工在领导活动中的主人翁意识,提高员工的积极性和主动性,激发领导者和被领导者的创造性,从而使得领导活动的认同程度和接受程度不断得到提高。领导者在组织领导创新的过程中,也会更加关心组织事务,关心环境变化对组织领导活动的要求,主动发掘领导活动中的问题,改变一些僵化的不合理的传统作风和领导方式,使得领导方式不断趋于合理,领导关系更加融洽。领导者在创新过程中通过表率作用可以激励和鼓舞组织成员,树立自身的威信和影响力。

9.2 领导创新的内容和环境因素

领导创新的内容主要着眼于领导创新活动的范围和任务,主要解决的是领导创新行为在哪些领域内进行,有哪些需要创新的方面。而环境因素主要是组织内外部对领导行为和领导创新活动产生影响的客体,不同环境因素组合可以带来促进或者阻碍的影响力。同时,领导创新本身也和环境因素产生互动的影响作用。

9.2.1 领导创新的内容

1. 领导观念创新

观念是行为的先导,人们的行为都是受着一定思想观念的支配和约束。观念的创新就是运用新的观点、新的思维方法去研究组织领导实践中出现的现实问题,寻求解决问题的新途径,利用全新的创新成果来改造组织的领导活动过程,为组织领导活动开辟新局面。观念创新也意味着思想解放,需要使每个组织成员果断地摒弃陈旧、僵化的观念,不断使自身的思想跟上时代进步和环境发展的步伐,以用来指导组织的领导实践,更好地参与领导活动。观念创新是整个组织的共同使命,不仅仅是领导者,每个员工都应将观念创新作为自己的职责。

2. 领导方式创新

领导方式是领导者从事领导活动所遵循的比较稳定的领导模式。一般组织中常见的领导方式有:集权式领导、分权式领导、重事式领导、重人式领导、人事并重式领导、专断式领导、民主式领导、放任式领导等。一个组织在长期发展过程中,往往形成比较固定的领导模式,有着一套习惯的领导方式方法。显然,这样的领导方式是适应当时的组织环境、工作任务特点、领导者和被领导者的状况的。随着客观环境的变化、任务性质的变化,领导方式不是教条式一成不变的。领导者要根据对各种因素的分析掌握,因地制宜、因时制宜、因人制宜,根据不同的对象和情况,进行领导方式的创新。领导方式创新既包括在领导活动中探索出具有突破性的全新的领导方式,也包括在组织中引入已经产生但从未在本组织运用过的领导方式。由于思维和制度的惯性,对原有领导方式的摒弃和新的领导方式的引入必然存在着较大的阻力,领导者应该知难而上,协调有关因素,善于将压力转化为动力。

3. 领导环境创新

环境是客观的,不以人的意志为转移的,但这并不意味着人们在环境面前是消极被动的。环境创新首先,需要正确认识环境,这是人们能否驾驭环境和开展创新的基础和前提。创新者必须对领导活动环境中的各个因素进行把握,既要看到有利的方面,也要看到问题和困难的方面;既要了解历史和现时的环境,又要预测和把握未来的环境。只有全方位、多层次、多角度的认识环境,才能为环境创新打下基础。其次,环境因素的客观性,决定了在领导活动中必须遵循环境及其客观发展规律。适应环境,要求适应环境的发展规律,要求按照环境的客观规律办事。违背了环境发展的趋势和力量,注定是要碰壁的。再次,环境创新不能局限于适应环境,它不仅包括组织为适应外界环境变化而调整组织自身的领导活动和关系,而且要发挥人的主观能动性,通过领导创新活动去影响、改变环境,使环境更加有利于未来领导活动的顺利开展。最后,领导环境创新不仅要积极改变组织内部的小环境,比如工作氛围、工作关系、领导者与被领导者的关系,也要积极改变组织外部的大环境,这需要有意识地去组织开展一系列的公关,与环境积极沟通,参与社区活动等。

4. 领导制度创新

这里的领导制度主要是指组织日常领导活动中各种具体程序规则的总称。其中分配制度具有重要的意义。分配制度是对组织权利、物质资源分配的规定,也决定了领导活动的本质。分配制度在于如何根据需要将资源在组织及组织成员之间分配,以保证组织的稳定运行。分配制度包括对资源消耗的测度,对组织成员贡献的衡量,对组织成员能力的认识,资源分配的方式原则等。合理的分配制度可以保证组织运行中资源的平衡供应,激发组织员工的工作热情。分配制度的创新主旨在于寻找组织以往从未采用过的新的分配程序、分配原则、分配标准、分配方式等,实现报酬与贡献的平衡,责任与权利的平衡,静态结构与动态调整之间的平衡。

9.2.2　塑造领导创新的环境因素

环境既是对领导创新活动的约束因素,也是对创新活动的激励因素。只有积极地改变和影响环境,创造有利于创新的环境因素,才能收到良好的创新成效。否则,即使有强烈的创新动机,或者绝妙的创新想法和创意,如果不能适应环境的要求,从环境中吸取资源,也无从实现创新,只能带来创新过程中的阻力。

1. 组织成员的创新意识

这里所说的组织不仅包括领导者,也包括组织全体人员,因为领导关系是遍及到整个组织,涉及组织中的每个成员。对于创新者来说,需要有一种高屋建瓴的大局观,能够敏锐地把握环境发展的趋势,能够在纷繁复杂的现象背后找出深层次的原因,抓住问题的本质,并大胆提出契合本组织实际的设想。比如,环境变化了,什么样的领导方式更符合新的环境的要求;员工所预期和满意的领导者应该具有什么样的素质。创新意识是建立在一定的价值观基础之上,创新导向的价值观和谨慎导向的价值观会导致两种截然不同的行为,毕竟,价值观是一切喜好、判断和行为的基础与前提。一个注重未来和发展的人会时刻将眼光投向未来,重视创新及其应用,以适应未来环境的要求;一个惧怕风险的人肯定会选择最稳妥的工作方式,尽量维持现状,而很少考虑环境的变化因素,不管这样是否会有效率,或者能否适应未来的环境。

任何组织的领导者由于在组织的核心地位,以及掌握资源,必然在创新活动中居于主导地位。领导者的创新意识和素质对整个创新活动的成败具有关键的作用。从事创新活动的领导者应该具备什么样的意识和素质,将在下面篇幅中专门列出讨论。

2. 组织成员的创新素质和能力结构

创新需要一定的信息和知识的储备与积累,因此组织成员必须具备一定的文化知识素质以及关于组织有关业务活动的技能,特别是关于领导活动的业务知识与对其的熟悉程度。个体的综合素质决定了个人在领导创新方面会有多大的能力和作为。从集体的角度看,组织整体创新的能力和素质不仅仅是"1+1=2"的每个个体的素质与能力的简单加总。创新需要多种类的知识和学科的交叉与碰撞,组织成员需要掌握不同门类、学科背景的知识和技能,并且需要处于一种合理的互补状态。另外这种整体创新能力还取决于组织成员之间的智力结构、组织文化、组织制度、组织结构、领导者与被领导者的关系结构等种种因素。

3. 组织文化

组织文化是组织所有成员的价值观、信念、理想的结晶和升华。敢于尝试、不断进取的创新文化不同于僵化保守的组织文化,而两种文化对创新活动的影响是截然不同的。因此,塑造积极进取型的组织文化,建立整体的创新氛围,是领导创新必不可少的文化环境因素。

(1)在创新导向的环境中,领导者应做出表率,不断进取,鼓励尝试,并通过与员工的接触和交流,鼓励员工大胆创新,从而有力地促进创新文化的形成。

(2)创新的文化需要正确地对待失败。创新是一个高风险性与高收益性并存的过程,其间也充满着失败的风险。创新过程中必须要正确地对待失败的问题。必须认识到失败对于创新来说是正常的,也是必需的。失败并不一定意味着不可挽回的损失。只有允许失败,甚至是支持与鼓励失败,才能在组织范围内塑造起全面创新的氛围,鼓励与动员员工的创新积极性、主动性。一味地强调避免失败,甚至对失败者冷眼看待,严加惩罚,只会助长组织内保守、僵化的文化。虽然这样可以导致员工行为的谨慎,一定程度上减少眼前的失败及其带来的损失,但是从长远看,在变动的环境面前,组织表现出来的僵化和不适应性才是更大的风险和难以弥补的损失。"无过便是功"的观念是创新活动的思想障碍。

(3)创新的文化可以营造一个好的创新氛围,好的创新氛围可以促进人的思路活跃,产生更多的想法与创意。不好的氛围不仅损害了人的积极性,也会禁锢人的思维,僵化人的思想,导致思路的堵塞和行动的迟缓。要让创新的氛围时时刻刻弥漫于组织的每个角落,影响到组织的每个成员,让每个成员都明确知道那种不思进取、安于本分或者在创新方面无所作为的人是不受组织欢迎的。

当然,需要指出的是,鼓励创新、允许失败,并不是允许和鼓励不讲规律和实际情况的蛮干和不负责任的行为。只有从失败中总结经验、吸取教训,修正原有的创新想法和方案,才能不断地将创新引向成功。在此过程中,对创新过程进行反馈和控制,及时地调整与改变,也是减少损失,减轻失败对组织带来的影响和冲击的有效方法。

4. 组织的制度

组织制度是组织运行的构架和基础,规定了组织运行的基本方面,包括工作制度、责任制度、奖惩制度等。工作制度规定了一个组织的日常管理的方方面面,比如信息的收集和处理、数据采集、统计归档、工作流程、管理规则、岗位职责标准等,反映了一个组织的管理情况。只有管理良好的组织,才可能为创新提供组织基础,同时,也为创新提供及时而准确的信息和数据资料,推动创新的顺利进行。

奖惩制度是对创新活动有着重要影响的组织制度之一。为了满足个人的自我实现和成就的需要,就必须对创新者的劳动成果及其辛苦努力给予承认,以及公正的评价、合理的报酬。奖惩会对创新活动有着强烈的导向性。对于不犯错误的奖励和纵容是僵化、不思进取，对于风险的容许和对创新行为成果的高评价将会在组织内促进创新的繁荣。我国传统的领导体制以及奖惩、升迁制度，是导致"但求无过，不求有功"思想的重要制度原因。建立合理的奖惩制度应注意以下几点。

（1）及时奖惩，事因明确。让被奖惩者明确知道，奖励是对自己创新行为的鼓励，惩罚是由于自己的创新不力和不思进取。

（2）奖惩结果和措施要在组织内明确公开，暗箱操作只会带来不公正的现象，引发组织成员的猜疑和不满情绪。让每个组织成员明确奖惩的结果和原因，会让每个组织成员知道创新行为是被鼓励的，被奖励者也会以模范作用激发创新的热情和主动性，对因循守旧者也是一种鞭策。

（3）物质奖励和精神奖励相结合。根据马斯洛的需要层次理论，人不仅有生理物质方面的需要，还有自我实现与成就等更高层次的需要。因此，物质利益是基础，这既是对个人努力付出的报酬，也是用于满足个人利益、个人发展以及持续创新的需要。但物质奖励不是唯一的方式，甚至在很多情况下都不是最有效的方式。当创新者满足生理和物质方面的需求，有了一定的物质基础后，所追求的便是更高层次的自我成就的需要，而精神奖励可以给予创新者以荣誉感和更大的心理满足。

（4）奖惩不能无事由地经常使用，奖惩制度不是万能药，不能用于所有场合。特别是奖励，物质奖励成为一种习惯或者惯例后，奖励的效用就会慢慢消失了。

（5）注意奖惩的导向性。如果奖励的是"不犯错误"，惩罚的是"失败和错误所带来的损失"，必然会打击组织内的创新气氛。因此，组织不仅应奖励提供创新成果，产生贡献的组织成员及其创新行为，对那些积极致力于创新活动但暂时没有成果产生，甚至出现暂时挫折的组织成员也应该给予肯定和鼓励，创新的过程也应该值得奖励。如果奖惩制度导向的是创新，每个成员都会积极投身于创新和尝试，这会在组织内产生我们所希望看到的创新氛围和创新局面。

（6）奖惩应做到公正、合理。公正的奖惩能促进组织成员之间的竞争，从而激发每个个体的创新动力，促进创新的想法和方案不断产生。另一方面，创新也是一种集体力量的结合。集体力量可以凝聚具有不同的知识和能力背景的个人，发挥协同效应，放大创新成果。为此，也要多对集体的创新行为进行奖励，充分肯定集体的力量。对集体的奖励可以避免奖励或者分配时的不公正和偏差现象，防止过度竞争所产生的破坏合作、互相封闭的现象。

5. 组织的结构和资源

组织的结构形态对领导活动有着重要的影响。对领导创新来说，有机式结构更加适宜。由于有机式结构的集权化、正规化、程序化的程度较低，而且结构扁平，可以提高组织的灵活性、应变能力和跨职能协调能力，使得创新更加容易开展。在扁平组织中，个人之间、各职能部门之间的沟通更加密切,委员会、任务小组、团队的形式得到大量采用,协调、沟通、合作更加频繁,不仅给领导活动的变革带来动力,也为创新提供了组织条件。

组织的资源也是创新的重要基础。拥有丰富资源的组织可以集中调动更多的人力、物力、智力等组织资源,其从组织外界吸取资源的能力也更强,对创新失败带来的风险和损失也会有更强的承受能力。创新过程需要消耗大量的资源,特别是智力资源在创新中的作用格外重要,没有丰富的可利用的资源,以及合理的资源结构作为保障和支持,创新便无从谈起。

6. 参与式的组织管理

参与式管理是组织的领导者、管理者在组织内采取民主的方式。调动所有组织成员的积极性和创造性,共同参与组织领导活动与日常管理活动,将集体的智慧与力量进行集中和放大,以推动创新活动的开展。领导活动的效果不仅取决于领导者有着怎样的能力和素质,更重要的是在于领导者可以将集体的能量和外界的力量调动和发挥的程度。

(1) 参与式管理可以为创新提供良好的环境支持。通过创造一个人性化的工作环境和鼓励创造性思维发挥的氛围,让每个组织成员都感受到本职工作的好坏是与组织的兴衰发展紧密联系在一起的,激发每个人的主人翁意识,满足成员的自我实现的成就意识。给予组织成员参与管理和领导活动的机会,会让组织成员有种被信任和被尊重的感觉,对领导活动及领导者产生一种积极的肯定和认同态度。归属感的增强将会把人从封闭状态中解放出来,增强与领导者以及其他组织成员之间的交流和沟通。从而不仅增强对工作的投入,也更关注组织的发展,关注创新活动的开展。此外,信息的交流与沟通会促进创新的产生和方案的制定,大大加快创新的进程。

(2) 参与式管理需要领导者对组织成员的发展提供支持和教育。领导者应该给予被领导者充分的尊重,通过举行讲座、培训,以及加强沟通、交流、现场指导等方式,帮助员工不断提高能力和素质。而创新正是一项智力资源消耗性活动,组织知识资源的获取与积累是创新的基础条件。

(3) 参与式管理需要将权利和责任相结合,将集权和分权相结合。不同的领导方式也是在不同的权利分配状态之间的选择和取舍。参与式管理意味着一定程度上的权利下放和分散。权利过度集中在领导者手中,影响的是组织成员的积极性与创造性,参与式管理也就无从谈起。权利过于分散,也可能造成组织的混乱和无序。因此,既要给予员工一定的参与权利,又必须明确员工在行使权利的过程中所应当承担的责任,使员工的主动性和责任感、使命感相结合。

(4) 参与式的范围不仅可以包括本组织内的员工,也可以将范围扩大到组织外的人员,这是对外部资源特别是智力资源吸收和利用的有效方式。

(5) 参与式管理需要以自我管理为基础。自我管理是个人能动地对自身事务进行管理,通过以自我为对象的全面管理,做到自我约束、自我激励、自我发展。自我管理不是放任自由,也不是按固定的程序和模式去套用,将自身束缚起来。而是要以环境的需要为前提,通过满足社会、组织对个人的期望和要求,来实现个体的个性发展。善于自我管理的人可以更好地与别人进行协作,更好地参与组织的事务,独特的个性才会得到发展和应用。而个性对于创新是有着重要意义的。

总之,领导者和组织员工面临共同的使命和目标,分担组织的任务,共同承担组织面临的风险,共同解决组织发展中的问题,可以在组织内创造一种不断进取和创新的氛围,从而成为领导创新开展的基础性条件。

9.2.3 领导创新中的主体

领导创新的主体很大程度上是组织内的领导,领导者在组织结构中处于特殊关键的地位,领导者掌握着更多的资源,拥有在组织内进行资源分配的权力,是组织的决策中心、指挥中心以及信息处理中心。正因为对资源掌握的这种不对称性,使得领导者在组织创新活动中起着主导作用。领导者的素质和能力也将在很大程度上决定着创新活动的成效。在领导创新活动中,需要的是创新型领导者,他们应具备一些与众不同的素质特征。具体特征如下。

1. 远见卓识的大局观

创新是对未来的探索和预测,领导者的分析判断、预测想象能力会使得他有着超越一般人的洞察力,这是创新活动的思维意识基础。远见卓识主要表现在以下四个方面。

1) 大局观

领导者要对整个组织负责,因此其思维出发点必须是组织整体,而不能以个人、小集体或者部门出发。思维方式应是一种系统的全方位思维方式,能从局部看到整体,从现象看到本质。

2) 未来导向的思维方式

创新不仅仅是要解决眼前的组织问题,更是为了组织更好地适应未来环境的变动所做的准备。这种思维应是动态的、跳跃性的。要在准确分析预测的基础上,将注意力集中在环境的变动及其趋势上,而不是为了眼前组织繁琐复杂的问题而疲于奔命、牵扯精力。

3) 对最新知识、信息的掌握和及时更新

创意来源于知识的积累,不断学习最新的知识,并加以融会综合,可以对旧的想法和认识产生冲击和替代,从而提出更具创造性、突破性的设想和创意。创新来自多学科的融合、新旧观念的碰撞。

4) 丰富的想象力

想象是人们在知识积累、信息收集的基础上,通过对事物表象的分析,借助归纳法、演绎法,通过大脑的一系列思维改造活动,凭借联想、设想,建立新的事物表象的心理活动过程。想象也是人类发现新事物、揭示新规律、创造新理论、发明新技术等一切创新活动的摇篮。想象枯竭了,创新活动也就停止了。想象为从现在跳跃到未来的创新插上了翅膀。

2. 良好的心理素质

心理素质是领导者的心理活动过程和个性特征表现出来的持久而稳定的基本特点。心理活动过程包括人的认知活动、情感活动、意念活动;个性特征包括人的爱好、性格、气质、兴趣、信念等。心理素质影响着人的价值观和思维模式的形成,并且直接决定着人们的行为方式。

创新型领导者应该具备以下几种心理素质。

1) 果断的胆识魄力

果断体现为创新的领导者善于选择时机,勇于承担责任,一旦有了创新想法和方案后,迅速地做出决策并付诸实施。创新成功的一个重要因素是时间性,一旦错过最佳时机就会失去时效性,不适应变化了的环境,增加创新的风险性。因此,具有果断能力的领导,才能在机遇出现时及时做出决策,当机立断,不犹豫、不拖延。缺乏果断性的领导只会优柔寡断,瞻前顾后,等到方案研究结束了,环境也变化了,从而延误时机,给组织带来不必要的损失。

2) 坚强的意志

意志是人们主动调整自身的思维和行动去克服遇到的困难,尽最大努力去实现既定目标的心理和行为过程。创新的过程中充满了不确定性,会有许多意想不到的问题产生,损失和周围人们的不理解也会贯穿整个过程。坚强的意志,将有助于创新的领导者排除各种主客观因素的干扰,将已开始的创新自始至终地贯彻坚持下去,这既表现为一种坚持不放弃的决心和韧性,也是在这种意志支配下的行为。如果没有这种意志,在创新未取得成功之前,在暂时的挫折和损失发生时,在外界的不理解和舆论压力面前,创新工作可能会半途而废。

有坚强意志的领导者还能够为了目标的实现,严格自制,既不盲从和随波逐流,坚定地走自己的路,也能抵御外界的干扰、压力和诱惑。

3) 宽容博大的胸怀

领导创新改变的是领导方式、方法和领导关系,不可避免地涉及领导者个人利益和领导关系中的权力格局,涉及权力的处置和再分配。一个斤斤计较个人利益,沉醉于对个人权力追逐的领导者往往会站在创新的对立面。因此,领导者要有容纳贤良人才的宽广胸怀,不仅要爱才惜才,不嫉贤妒能,而且还要合理利用人才,为人才的发展和脱颖而出开辟道路并创造良好的环境。只有把组织中所有成员的力量整合起来,形成一股指向目标的合力,才能促进领导创新的进程,实现组织的目标。

4) 乐观的性格

性格是一个人对现实的稳定态度和习惯化了的行为方式。乐观的表现如下。

(1) 在任何情况下都乐观豁达,情绪饱满,在逆境中泰然处之,不悲观消极。特别是创新从开始到成功需要付出较长时间的努力,在这样的过程中可能屡次遭受失败的打击,得不到别人的理解与支持。唯有忍耐和乐观,才能坚持不懈,最终走向成功。

(2) 在与组织成员的交往沟通中,应做到乐观大度、坦荡相处、真诚待人。

(3) 有强烈的求知欲,对环境中的新鲜事物有着好奇心,乐于探索未知事物,对学习各方面的知识都怀有浓厚的兴趣。

5) 自信

领导者对自己的能力、对自己所开展的创新活动抱有充分的信心。相信自己的判断,坚持自己的决策。遇到挫折打击时,不会产生动摇或对自身能力产生怀疑,从而一蹶不振,缩手缩脚。只有自信的人才会有坚强的毅力、开朗的性格和不断尝试的勇气。

6) 自知

只有具有自知之明,才能准确了解和掌握自己的长处和短处,对自己的特点和地位有正确的判断,从而扬长避短,发挥自身的特长。特别是领导者,由于在组织中身居高位,掌握资源配置的重要权限,只有做到自知,才能谦虚谨慎,正确对待自己的地位和权力。要做到有了荣誉保持清醒,有了成绩不贪功,有了过错不推诿。也只有自知,才能正确对待别人,不以个人好恶待人,不计较恩怨,吸取别人的长处,改正自身的缺点,在合作中共同发展。

3. 优秀的品质

领导实质上是一种影响力,这种影响力在很大程度上来自领导者的个人魅力和个人品质。领导者的优秀品质主要体现在以下四个方面。

1) 进取精神

积极进取、敢于拼搏是从事开拓性创新工作的基本条件。积极进取,表现为不安于现状,不因循守旧,同时还要敢于向风险挑战,不惧怕失败。陶醉、满足于过去是和创新精神格格不入的,只会导致停滞不前。

2) 使命感和事业心

只有具有远大的抱负,重视和关心组织发展和自己所从事的工作,才会有主动性和热情去研究组织和领导活动的现状,才会有迫切去改变现状的愿望。如果不把组织当做自己的家,把领导活动当做自己的事业,领导者是不大可能去付出艰辛的劳动,也不会去冒风险从事创新活动。使命感可以使领导者自觉地把自己的利益和组织的利益联系起来,把自身行为同组织目标结合起来。使命感和事业心,是领导者价值观、人生观的反映,也是力量和毅力的源泉。同时,具有强烈使命感和事业心的领导者必将带动和鼓舞组织成员的干劲,增强组织的凝聚力。

3)勤奋好学

创新型领导者要有强烈的求知欲望,对周围事物保持好奇心和探索欲,对追寻事物的本质有着浓厚的兴趣,进而深入思考组织中发生的问题,不断产生新的创意。创新是一种智力和知识资源大量消耗的过程,没有知识的积累和交叉融合,是不可能实现的。勤奋好学使领导者能够跟得上知识发展、技术进步的步伐,掌握最新的科学技术知识。

4)科学与民主的作风和态度

科学意味着要理智,创新是一种尝试,但不是蛮干。科学的态度建立在信息、知识和创意积累,以及对客观规律尊重的基础上。科学也表现为诚实地对待现状,不弄虚作假,不投机取巧。创新是一种有着自身规律性的科学实践活动,是来不得半点虚假和马虎的,违背规律,必然会受到规律的惩罚。

创新活动是一项集体智慧和力量结合的过程,广泛参与是重要的保证。具有民主品质的领导者不会只顾追求自己的地位、利益和权利。民主是充分相信组织成员,鼓舞组织成员积极参与,在创新活动中广征博采,集思广益,集中众人的智慧形成切实可行的创意方案。民主的领导者可以激发组织成员的想象力和创造力,开阔视野,激发思路,调动全体组织成员的积极性和主动性。民主才能将众人的力量集中在一起,增强组织的凝聚力。

4.创新的能力

创新能力是领导者的综合素质在创新活动中的应用和体现,表现为领导者通过对领导活动的调查和了解,善于找出其中存在的问题,把握环境的变化发展及其趋势,提出具有创造性和突破性的设想,并将其顺利付诸实践,并且在其过程中能够排除一切干扰的能力。是否具有创新能力决定了领导者从事领导创新活动能够取得多大的收效。

1)创意能力

创意能力是运用创造性思维,提出突破性想法的能力。它包括:(1)对环境有着敏锐的洞察力,及时发现组织实际运行过程中的问题,察觉被别人忽视的情况和细节,并把握环境发展的规律和趋势;(2)能够辩证和系统地思考,对事物有着大局观,善于从不同角度分析问题、解决问题;(3)不盲从,不随波逐流,坚定自己的观点和主张。看事物要从别人忽略的角度出发,敢于向一般大众观念和权威发出挑战。

2)应用能力

创新最重要的方面在于应用,如果创新成果不能转化为现实的收效,再有创意的想法也不会产生任何作用。应用能力就是领导者将最初的想法、创意转化为具体的、可操作的、切合实际的创新方案的能力。

应用需要领导者熟悉组织的现状,掌握领导活动的程序和规则,懂得领导的艺术,并有着丰富的领导工作的经验和技巧。

领导者需要综合、吸收、容纳组织成员的各种创意、意见、设想,将其中各种合理的成分系统地综合成一个方案。对方案进行不断改造、重新组合,根据实际情况进行不断地调整,形成新的方案,并在其中融入新的因素和新的意见,将其迅速地付诸实施。

创新需要组织投入大量的人力、物力、财力、智力等资源,领导者要能统筹全局,合理科学地配置资源,特别是对人力资源的安排和使用,这需要领导者具有相当的组织协调能力。具有组织协调能力的领导者可以将集体的力量凝聚在一起,形成一个充满活力的创新团队,将集体智慧协同放大,还可以保证资源在适当的时候供应到合适的位置,避免创新过程和组织运行过程中出现的无序和紊乱。组织协调能力可以使领导者将个人、单位、组织各自不同的目标协调在一起,使个人与组织在运行的目的和方向上保持一致。

3) 应变能力或环境适应能力

创新是充满着风险和不确定性的过程。环境的变化是纷繁复杂的,也越来越呈现出一种加速度的趋势。在不断变化的环境面前,原有的方案、计划往往遇到意想不到的问题和局面,进而出现诸多困难和不适应性。应变能力表现为领导者迅速地把握环境中的变动因素,及时采取措施,调整组织的运行和创新的过程,是一种快速应对能力。

应变能力表现在:①当环境变化时,敏锐地察觉出变化的因素和趋势,以及组织面对新环境表现出的不适应,及时将其转变为创新活动的压力和动力。以变化为契机,发动一轮轮的创新。②在预料不到的环境面前,要善于找出应对之策,及时修正方案或调整方案的实施和操作,而不是盲目坚持,或者疲于应付,束手无策。从而可以使方案在不断的调整过程中适应新的环境,得以顺利实施。③在纷繁复杂的变动过程中始终保持清醒的头脑,有明确的方向感、目标感。保证在创新过程中不断完善方案,使得其在变动的环境下,能够实现既定的创新目标,这是一个动态的调整、控制过程。

4) 学习能力

领导者不但要有不断获取最新知识的愿望,还要有吸收、转化和综合这些不同门类知识的实际能力,这是领导者学习能力的体现。学习能力主要包括:①学习能力表现为认知能力,是对周围未知世界的探索进而认识和理解世界的能力。②学习能力表现为对知识的获取能力,知识的获取要做到广泛、全面。③学习能力也表现为归纳、总结、开拓、发展知识的能力,能够将知识准确无误地表达和传递。④学习能力也体现为对已经获取的知识不断创新,将具有不同背景、不同门类知识交叉融合,继而提出新的开拓性的观念和创意。

9.3 领导创新的程序

创新是对新事物的探索,是一种首创性、开拓性的尝试。在这个过程中,不仅没有现成的资料和经验可以查询和借鉴,而且领导创新要打破原有的领导关系、领导制度,摒弃原有的领导方法,是一种"破坏性"与"重塑性"相结合的过程。因此,不可能也没有必要在创新开始之前精心设计出一套事无巨细的程序和步骤,然后去严格恪守这些设计精良的程序和规则。"摸着石头过河"的开拓性尝试是创新活动的常见形态。

但是,领导创新并非是随心所欲进行的,它是一项具有科学性的活动。因此,领导者在创新中必须遵循领导活动发展的客观规律。领导者可以从成千上万的不同内容、不同性质、不同形态的创新活动中总结出一般性的规律,从而使得领导创新有一定的程序和指导原则可以遵循。

我们并不能要求所有的领导创新活动都按照确定的,事先规定好,整齐划一的程序、进度和方式来进行,实际上由于时间、地点、环境的差异性,领导创新活动也有自身的个性。但是,一般性的规律仍然存在,每项领导创新不是按照统一的详细的步骤来组织,但是,下面这些主要的阶段,却是领导创新活动的实现过程中所不可缺少的。

9.3.1 环境的扫描和分析

领导活动是在组织内外部环境的约束下展开的,好的领导必然是适应环境的领导,因此领导创新也首先要从对环境的分析与预测开始。环境分析起源于这样几种情况:一是组织内外部环境发生变化,产生了对组织的冲击,使组织运行中出现不协调、不稳定的现象。由此产生的机会或威胁,给创新活动带来了需求以及压力。二是对环境及其发展趋势进行预测和估计,在此基础上制定相应对策和措施,以使组织能够适应未来环境的要求,这是组织成员主动积极性的适应行为。

在环境分析中要将环境中所有代表过去、现在及未来的要素进行对比分析,从中敏锐地察觉出环境的变化。这些变化体现在以下几方面。

(1) 政治环境的变化;

(2) 经济环境的变化;

(3) 文化及价值观念的变化;

(4) 技术环境的变化;

(5) 领导活动中效率的降低,这种降低可能产生于领导活动外部环境的变化,也可能由于领导方式方法的不合理,或领导思维的僵化;

(6) 领导活动中意外事件的发生或问题的出现。比如领导者与组织成员的关系陷入一种对抗状态,领导活动的既定目标未能实现,原有的领导方式降低了整个组织的效率或者打击了组织成员的士气。

通过对环境的分析,将有助于人们找出领导活动中的问题所在。问题是事物发展过程中的实际状态与理想或预期状态之间的差距,是事物发展中的一种不协调性现象。领导活动中问题将会层出不穷,能否在纷繁复杂的问题中找出要害、抓住问题的本质,决定了环境分析能取得多大的成效。

通过环境分析找出问题后,这时的问题多是琐碎的、凌乱的,要根据问题的性质和轻重缓急对问题进行整理、归类和分析。根据主要矛盾的原则,挑选出具有战略意义,对组织领导活动全局有重大影响,对领导创新活动具有关键意义的那些问题,并以此作为创新活动的着眼点和突破口。能否准确地分析问题,分析工作要注意以下几点:①问题是什么,即问题的内容;②问题的时间和地点;③问题的影响范围;④问题的症结,即问题产生的原因;⑤问题已经或将会带来的影响与后果。

在领导活动中,问题是错综复杂的,很多问题是深层次的,并且是相互影响的,周密的分析将有助于人们掌握问题的本质、真相和根源。

9.3.2 信息的处理

在环境分析中,以至在整个创新过程中,信息的处理和积累都是关键性的。在创新初期,由于没有现成的资料和经验可以借鉴,可获得的信息量是微不足道的,信息也是支离破碎、不成体系的。随着对问题的察觉和分析,新的想法的产生,调查研究活动的开展,信息会有一个加速度式增长的过程。这时,信息的积累与处理就被逐渐提上议事日程。首先,要广泛查阅、收集有关资料;其次,对各种资料进行分析处理,去粗取精、去伪存真;再次,将资料和数据进行分类、存储、传递、汇总等相关工作。在信息处理中,计算机数据库技术和互联网技术的普及和应用可以使得信息工作更加省力并且更加精确。

经过处理的信息将被用于对环境的分析和预测,对问题的判断和分析,将会帮助人们掌握环境及问题的一般规律与发展趋势。信息的积累和处理,还有助于人们不仅从定性角度加以判断,还可以从定量的角度做出分析,这将提高人们对环境把握的精确度,增强创新活动的可操作性。

9.3.3 想法的产生

创新往往起源于一点点的想法或者灵感。推动创新进程的想法不可能是不切实际的空想,这种想法必须具有现实性,体现在:想法建立在对环境和领导活动中出现的问题的调查与把握的基础之上;想法有大量信息作为支撑;想法产生于组织的现实需求;想法包括所预期的目标,也包括对实现目标的各种手段和方法的设想。

想法到创新方案之间不可能是一帆风顺,一个好的想法也会遇到许多暂时性的困难而难以进行下去。这时,改变原有的思维模式,甚至将问题先搁置一旁,往往会取得意想不到的结果。

领导创新也不是凭一个人的力量可以完成的,特别是在想法的产生与提出的过程中,集体的力量可以起到事半功倍的成效。头脑风暴法就是一种促进创新想法产生和汇集的集体创新方式。它通过举行一次畅谈会议,在会中调动与会群体的创造力,可以在较短的时间内获得大量的创新设想。在这个过程中,一个想法可以激发其他成员的灵感,将众人的智慧集中成"头脑风暴",引发一连串的想法与思路。当然,"头脑风暴法"的成功与否也取决于能否遵循一定的规则,如:①不允许对别人提出的想法进行攻击与批评;②所有与会人员都是平等的,必须突破资历、年龄、职务等的约束;③不允许任何"权威"以定论性的方式阻碍个人创造性的发挥,或者以集体意见的名义做出结论性的判断;④鼓励自由无拘束的思考,提出尽可能多的设想,知无不言,言无不尽。

对各种想法和创意应详尽地进行记录,并作为创新活动的下一阶段开展的基础。在对环境与问题分析和预测的基础上,需要从不同角度和途径出发,提出尽可能多的想法,以便为创新活动提供广阔的思考和选择的空间。

9.3.4 方案或规范的设计与评估

切实可行的创新方案必须包括这样的基本因素:欲达到的目标,用以实现目标的方法、手段以及对途径的设计和选择。方案的设计和选择过程起到了连接最初的可能并不成熟的设想和创新成果之间的桥梁作用。

方案以确定的目标指导创新的方向,用各种方法、手段来保证人们沿着既定的方向前进。方案建立在组织内外部对于组织领导活动的要求和设想的基础之上。从不同的想法出发,进行分析、计算论证,方案也就是对最初想法进行的明确化、丰富化、具体化的努力。在这个过程中,需要着重考虑的是方案的合理性、可行性。看起来合理适当的想法并不一定就能导致合理科学的方案的产生,方案能否可行取决于组织的现时需要、资源保证、方式方法的选择以及对环境的适应性等多种因素的作用。

经过对最初想法的发展和完善,会形成若干备选方案。在方案设计过程中,应注意保持方案之间的独立性。不同的方案之间应有差异性,尽可能做到从不同的角度和不同的途径出发。在此基础上,进行方案的初选,通过初步评价与选择,淘汰明显不具可行性、不符合需要的方案。通过几轮的初选,保留有限数量的方案,以进行全面、深入、系统地分析与评价。这个过程应该将慎重和果断结合起来,不要轻易删除那些具有潜在价值的方案。

对初选后留下的方案可以做一定的修改和补充,使得方案更加具体、完善、细致。在此基础上,进行仔细的分析、比较和评估。在分析过程中,要注意:①将定性与定量分析手段相结合,特别是定量手段的应用,尽量将评价指标加以量化;②将成本、收益和可行性分析相结合;③不仅看到近期的效果,更要给中、远期的影响以更多的重视;④要考虑到组织的接受程度和组织成员的心理接受能力。

在此基础上,对方案的利弊得失进行比较,完成方案的优劣排序。一个满意的方案至少应符合以下一些标准:①保证有充足的资源和丰富的手段去实现预期的目标;②以尽可能少的代价和资源消耗实现决策目标;③同样的资源消耗情况下,方案取得的效益最大;④风险尽可能控制在一定的范围之内,给组织及环境的冲击最小;⑤重视方案的新颖性,特别是有可能给领导活动带来突破性的改变。

9.3.5　领导创新的实施

经过方案的评估与选择,最终会导致这样两种结果:一种是选定了一个最满意的创新方案,另一种是将几个方案中的创新因素加以综合、汇总,形成一个经过整理改进的综合性方案。创新的实施也就是将最终方案付诸实践的过程,也是将创造性的想法加以落实,转变为实际成果的最具决定性意义的一步。

在实施过程中,要制定好具体详细的操作方法、措施、指导原则,不能空洞无物。把领导创新的目标、方案和有关政策、细节在组织内公布,让每个组织成员做到心中有数,为了共同目标而努力。明确地将任务、责任与权利分配给组织内每个与创新有关的成员。

领导创新需要有及时果断的实施行动,任何创新都具有相当大的不确定性和风险性。

想法和方案也不可能做到万无一失,尽善尽美。由于没有以往历史中可供借鉴的经验,实施过程将会发生什么样的情况及其影响也无从预料。创新始终是与风险并存的,但这并不意味着必须等到方案十拿九稳、成熟完善之后再去付诸实施。相反,创新意味着果断、及时地行动。"没有行动的思想只会自生自灭"。环境的变化是迅速的,等待观望往往会坐失良机,等到方案在细节上完善、成熟的时候,可能原有的方案已经不能适应变化了的新的环境因素了。

我们来看一个例子,20世纪70年代,施乐公司(Xero)为了把产品搞得十全十美,在罗彻斯特建造了一幢27层的大厦,招聘了大量的工商管理硕士,在大厦中对每一件可能开发的产品都设计了拥有数百个变量的模型,编写了一份份市场调查报告。可是,当分析热火朝天地开展,产品研制工作被弄得越来越复杂的时候,竞争者把该公司的市场份额已经抢走了一大半。

吸取了经验教训后的施乐公司将大量的精力用在了创新所必须具备的基础——知识的积累和开发上。创新首先是知识的积累与突破,而知识来自于企业员工和组织内部。为此,施乐建立了企业知识库,其中主要内容为员工的技能和知识状态,通过知识主管及人力资源主管对员工进行知识管理,通过网络内部的技能评价系统,每位员工都可以匿名利用该系统对自己的能力做出评价,并得到该系统给出的改进建议。鼓励员工通过知识库提供建议和方案,以不断充实知识库,对提供建议和方案的员工进行奖励,鼓励其提交建议的积极性。通过知识管理中"应该做什么"(know-what)、"如何做"(know-how)和"为什么要做"(know-why),培养员工以及组织的创新能力。同时施乐在组织中,鼓励员工之间、部门之间关于知识和最佳业务经验的共享,鼓励对知识和经验的宣传,鼓励员工和部门承担创新和知识积累的责任,鼓励对过去经验的学习、积累和传播,注重将知识和创新融入到生产和服务的过程中,建立企业组织结构内部的知识网络和专家网络,鼓励从客户中学习所需的知识,将知识作为企业最重要的资产加以看待和保护,促进知识集成和新知识的创造。在硬件上,施乐建立了"知识地平线"的企业内部网络,将工作空间、知识管理新闻、历史事件、研究资料、产品技术以及相关网点集成在内,其内容包括了每个职位需要的技能和评价方法;公司内各部门的内部资料;公司发展史以及重大事件;有关公司客户、主要竞争对手及合作伙伴的详细资料和信息;公司内部研究人员的研究文献和研究报告。这无疑在硬件上将公司重要的知识资源全部进行了集中和整合。通过一系列管理措施,将公司内部的知识进行积累、集中、整合和开发,在实践中取得了很好的效果,知识的创新和积累对于企业内部各项创新活动都提供了积极的支持。

当然,为了减少不确定性,避免不必要的损失,在领导创新全面开展之前,在一定范围内的试验和尝试是一种颇有成效的方式。试验可以将风险控制在一定的程度内,及早发现问题和薄弱环节,可以对整个创新过程及其结果做预先的估计和预测。但实验需要优先考虑创新活动在时间上的及时性原则。

在创新实施过程中,要重视方案的系统性原则。系统性要求将整个方案及其目标按一定的层次逐层展开。每个子系统有各自的目标、程序和任务分工,子系统之间互相配合与联系,下一层次的子系统要服从上一层次的系统,在各个系统之间实现协同效应,从而保证整体创新目标的实现及过程的有条不紊。这种系统性还有一个好处,就是一旦创新的实施中出现了意想不到的问题时,可以将问题迅速界定在有限的范围,通过局部的调整和纠错来解决问题,而尽量减少给整体创新活动带来的冲击和影响,保证创新活动整体方向的可调控性。

9.3.6 领导创新的控制

控制就是在整个领导创新实施过程中,通过一定的标准,将创新方案的设计执行情况与预期的状态进行对比,对收集的信息加以反馈,从而不断修改完善方案或调整方案的实际执行过程,使得执行过程在不脱离方案所允许的范围,并处于创新者可以掌握的限度之内,从而保证创新方案的顺利实施,完成预定的领导创新目标。

控制首先需要严格地对创新活动进行检查。检查的依据就是创新方案本身,检查的过程是把反映方案实际状态的数据和方案进行对照的过程,检查的目的是能够发现问题的所在。为此,需要:①在方案制定中,要重视方案的具体性和可操作性,特别是可量化指标的应用,以制定相应控制标准和尺度;②把方案的总体目标进行分解,落实到单位和个人,便于个人在领导创新的过程中根据自己的职责、权限随时进行自我检查;③制定相应的配套政策、规章制度,以制度来保证方案的顺利开展;④把有关方案的目标、规则、细节、制度等在组织内公布,让每个组织成员做到心中有数。

在方案执行过程中,由于主客观环境的变化,或者方案制定过程中的疏漏和不完备,执行过程与结果同创新目标相偏离的现象时有发生,也会给组织的正常运行带来各种负面影响。检查的主旨就是及时地发现问题或问题的苗头。这种问题一般来源于:①执行过程中人的主观失误,表现为执行者不按照方案执行,粗心大意,违反政策和程序、懈怠、失职等;②方案在制定中考虑得不够周详,未能准确地分析环境及其发展趋势,方案本身存在许多漏洞,在执行过程中,漏洞逐渐暴露出来;③环境发生了预想不到的改变,出现了预期不到的新情况、新问题。

检查是发现问题、收集信息的过程,检查工作应随时随地进行,因此,检查是每个组织成员的共同职责。检查工作的成果是信息的收集和储备,下一步就是将信息及时地进行反馈。信息反馈,就是把各种有关方案的执行情况的信息,特别是执行过程中发生的问题,通过组织内的信息渠道准确、及时、连续地传递给有关责任人和决策中枢,通过组织的管理信息系统加以处理,可以使有关人员了解情况,对偏离目标的各种情况进行调整、修正、完善。

信息处理工作是连续的,这个过程是对创新方案执行过程中的数据采集、处理、传输,这不仅包括问题、偏差,也包括正常范围内的各种数据资料。反馈的目的是让有关人员及时把握创新执行情况,无论这种情况是正常的,还是不正常的。

信息反馈要贯穿于领导创新活动的全过程,不过在创新实施阶段更为突出和重要。在创新的初期,由于缺乏以往的历史资料、数据和经验,信息大多是一些凌乱的设想和假设。随着设想的成熟和完善,信息量会呈现一个逐步增长的过程。特别是到了执行阶段,想法通过方案逐步与实践相结合并碰撞,想法和方案在实践中得到检验,信息会呈现出爆炸式的增长。信息处理与反馈的工作量也最为繁重。这个时候,创新及其方案的效果如何,是否符合客观环境和组织的要求,存在什么不合理之处和缺陷,创新目标能否实现,都会得到比较集中的反映。信息工作的成效如何,将决定着创新活动能否得到顺利进展,以及控制工作能在多大程度上保证创新活动的方向和进程,因此具有十分重要的意义。

在信息反馈中,要注意如下两点。

(1)及时性。越早发现问题,越早将信息传递给决策中枢,越能保证方案的顺利实施,避免偏差的发展及其对组织的影响。

(2)准确性。确实可靠的信息有助于人们全面、准确地把握创新过程。信息的收集和反馈需要一切从实际出发,"报喜不报忧"只会给组织和领导创新活动带来损失。

对通过反馈反映出来的偏差和问题,可以采取的处理方式包括以下四点。

① 由主观原因导致的偏差,要加强对创新的意义及其方案在组织内的宣传教育工作,深入现场进行指导和修正,完善有关规章制度的制定和实施,强化责任制度,明确奖惩措施;

② 对于不完备的方案,要不断进行修改和补充,使之更加完善;

③ 在环境发生变化的情况下,有可能造成损失时,要启用备用方案、应急方案,对原方案进行大的变动;

④ 若方案被证明确实不适应环境的要求和组织的情况,应及时果断地放弃,这样可以使组织避免无谓的资源耗费以及影响组织正常运行等更大的损失。但这应建立在充分的调查研究以及资料分析的基础之上,而不应该草率行事。

在控制过程中,应尽量避免对方案做大范围的调整和变动,或者随意改变方案的目标和方向,以免给组织带来大的波动,或是使创新实施过程中的人们失去方向感。另外,大的变动也意味着原方案的疏漏较多,这时就需要重新审视和考虑原方案的合理性,甚至重新制定方案。

控制必须建立在充足的信息保障的基础之上,管理信息系统(MIS)的建立和运用在控制过程中能够节省资源,增加控制工作的成效。控制还必须有强有力的纠偏措施来保障,其中,健全的规章制度、合理公正的奖惩措施起着重要的不可替代的作用。控制也不是创新的领导者一个人的职责和任务,而是需要组织中每个员工的配合和共同努力。

9.3.7 反复的试错

领导创新是对未知的探索,对未来的预测,因此充满了不确定性。从设想到实践的过程也是一种尝试的过程。尝试必然是成功和失败的双重可能性的结合。创新就是这样一种尝试—失败—总结—再尝试……成功的螺旋式发展上升的过程。挫折是难以避免的,也是暂时的,创新者需要有信心和毅力,将创新活动坚持下去,半途而废只会导致前功尽弃。通过不断总结经验教训,不断修正原有的想法与方案,创新才会不断推进。在此过程中,原先的想法会在不断的尝试中得到完善,新的想法也会不断涌现。

以上这些步骤构成了领导创新活动的基本程序,这是领导创新活动作为一种科学活动一般规律的反映。这些步骤之间有着紧密的关联,是互相制约、互相作用的。但是,这些程序和步骤不是一成不变的死板公式,在实施过程中更需要的是灵活应用。创新是一项灵感与智慧相结合的工作,更需要根据环境的变动而随机应变,发挥创造力和想象力。程序只是指出了创新道路的一般规律,至于创新的具体过程应该是怎样,应走什么样的道路,完全取决于具体的情境,需要创新活动的领导者发挥主动性,而没有严格的模式和套路。呆板地照搬照套,不仅违背了创新的首创精神,而且如果每个步骤都细致、严格、公式般地执行,会延误创新的时机,增加人力、物力、财力等的付出,这时,再完美精致的方案也会毫无用武之地。灵活性和应变性的原则是贯穿于创新始终的原则。

■ 本章小结

1. 领导创新是创新活动在领导理论以及实践中的应用,指的是将新的思维、方式引入领导活动中,革新原有的领导关系和情境,创造新的领导方法和途径,塑造新的领导者与被领导者,从而提高领导活动的绩效,更好地实现领导活动的预期目标。它包括领导观念创新、领导关系创新、领导方式创新等多个方面。领导创新的特征包括:首创性、风险性、应用性、收益性、整体性和进步性。

2. 领导创新的作用在于:使领导活动能更好地适应不断变动的环境、提高领导活动的绩效、在领导者与组织成员间建立起更加融洽和谐的关系。

3. 领导创新的内容包括:领导观念创新、领导方式创新、领导环境创新、领导制度创新。

领导创新的成效取决于这样的环境因素：组织成员的创新意识、组织成员的创新素质和能力结构、组织文化、组织的制度、组织的结构和资源、参与式的组织管理。

4. 在创新活动中需要创新型的领导者，他们应该具有一些特殊的素质和特征：远见卓识的大局观、良好的心理素质、优秀的品质、创新的能力。

5. 领导创新活动大致应该有这样的程序可以遵循：环境的扫描和分析、信息的处理、想法的产生、方案或规范的设计与评估、领导创新的实施、领导创新的控制与反馈、反复的试错。程序只是指出了创新道路的一般规律，至于创新的具体过程应该是怎样，应走什么样的道路，完全取决于具体的情境。灵活性和应变性的原则是贯穿于创新始终的原则。

■ 思考题

1. 简述领导创新的含义与特征。
2. 领导创新的内容有哪些？
3. 对领导创新有着重要影响的环境因素有哪些？
4. 创新型领导者应该具有什么样的特征和素质？
5. 领导创新活动的一般程序和步骤是什么？
6. 为什么在领导创新过程中没有固定不变的模式可以遵循？

■ 网上冲浪

1. **创造性** 利用富有创造性的能力来发现解决问题的方案是决策过程中重要的资产，请利用搜索引擎来寻找与创造性相关的网站。

www. tiac. net/users/seekerbrainlinks. html

2. **领导创新中的领导者** 访问 www. leadership. com，在该网站上找到相关案例，思考在不同的历史时期有哪些著名的案例反映了创新型领导者具有哪些特征和素质，从这些案例中总结出创新型领导者所具有的特征。用表格形式列出你认为重要的那些素质和特征，将你的表格打印出来，作为课后作业交到任课教师处。

3. **领导创新研究** 访问 www. leadership. com，从中可以找到有关执行官、首席执行官以及其他领导者的信息和见解。选择一项你感兴趣的主题，以"假如我是××领导者，我将如何组织领导创新"为题，将你查找到的资料收集起来，打印出来以便你在小组讨论中使用。

■ 案例分析

张瑞敏诠释"市场链流程再造"

海尔集团首席执行官张瑞敏近日接受新华社记者采访时,就"市场链流程再造"发表了自己的见解。他认为,这是所有企业在经济全球一体化下都不可能回避、需要解决的问题。在海尔,从多元化到国际化战略转移,其中 1998 年 9 月 8 日提出市场链流程再造,到现在已有五年时间。张瑞敏说,当时提出来时并没有清楚地知道每一步一定要怎么做,但有一个观念很明确,这就是一切都以加入世贸组织为背景来设计我们的工作。五年来,我们走出了加入世贸组织后国内白色家电价格竞争白热化的泥潭,今后海尔还能不能持续发展,流程再造非常重要。

张瑞敏说,家电行业是中国市场化程度最高、竞争最激烈的行业,到现在为止,很多企业难以继续发展,出现了很多问题。比如,前几年是彩电行业,去年是洗衣机行业,很多曾经很好的品牌被收购掉了。今年估计是空调行业,明年会是哪一个行业呢? 任何一种家电行业,过去大幅赢利,现在已经微利或者亏损,有的企业一夜之间都会步入亏损!

张瑞敏认为,所有这一切表现在价格战上,产品生产出来卖不出去,只好降价,降价把利润空间挤没了,形成库存和应收账款,阻碍了企业的发展。降价的原因就在于产品结构和生产的思路——产品卖不出去是因为你不是为客户找产品,而是为产品找客户,即产品不是先销售再生产,而是先生产出来后再想办法销售。而戴尔,它的每一个产品都是有订单的。它通过成熟的网络,每 20 秒就整合一次订单。围绕订单来生产,这样生产出来的产品才能卖出去,这很关键。但这还不是问题的本质,问题的本质在于企业组织结构决定了你能不能要到订单。

张瑞敏认为,过去企业的组织结构是"金字塔"式的。信息由领导一级一级传达下来,没有贴近市场,所以从某种意义讲,这样的组织结构导致正确地执行着错误的决策。比方说,以前企业生产一万台产品,只要按质、按量、按时生产出来就行了,没有什么责任。但这一万台产品没有订单、没有市场,执行下来就是错误的。要解决企业、市场的问题,不能靠降价,而要首先解决组织机构问题,即用市场链打造无边界的企业。

海尔是 1998 年 9 月 8 日在干部考评会上正式提出市场链流程再造的。张瑞敏说,当时并没有很清楚地知道每一步怎么做,只是预测到加入世贸组织后市场竞争的严重程度以及当时企业的状况。当时企业根本不能适应世贸组织的规则,因为感受不到市场的压力,因而觉得做得非常好,原因有:

(1) 当时的利润空间很大

包括海尔的很多产品差不多都是在市场爆炸性增长之前进入的,进入后很快赶上爆炸性增长,利润非常大。如自海尔1984年生产电冰箱以来,差不多十多年来一直都保持着非常高的盈利。但现在根本不可能,因为已经进入了微利时代。

(2) 当时的市场空间大

其实并不是当时的市场大,也不是你太强,而是竞争对手太弱。国际化的大公司没有进来,大家水平差不多,你稍微高一点就可以拥有很大的市场。但这样掩盖了很多问题,而且所有人都会感到自己不错,这种自满的情绪蔓延的结果是大家不再关注市场、不再紧紧盯着市场。

解决这个问题关键在于拆掉"企业内外两堵墙",即企业内部各个职能部门之间的墙,企业和外界之间的墙,从而使企业和市场融为一体,直接感受到市场的压力。换句话说,把企业原有的结构打碎,然后建立市场竞争压力的传导机制,把市场的竞争压力直接传到企业内部来。

以采购为例,张瑞敏说,我们第一步先把采购权集中起来。当时采购权分散在各个单位,各个单位因为利润很大,对采购价格不关心,只要保证供应、保证生产就可以。采购多花的钱和盈利相比觉得无所谓。当时,将采购权集中到很多中高层管理人员的抵制,因为这样太不方便,但采购权集中后第一年就省了十几个亿,而且优化了分供方:原来的2 360多家只剩下300多家,另外又引进来新的有竞争力的分供方400多家。优化不仅使分供方数量降下来,而且40多家分供方都是全球500强,可以参与产品前端设计,使企业整个产品的竞争力得到提高。

海尔用三个"流"的市场链流程来替代过去直线职能式的"金字塔"结构:过去企业信息流通是上下流动,下级报告上级,上级下达命令;现在是横向流动,所有的人都面对市场,根据市场的要求来工作——以订单信息流来带动物流、资金流的运转。因为这是有订单的,我们可以做到现款现货,产品到用户手里就可以拿到资金,这使整个企业运作流畅。张瑞敏说,十六届三中全会上,提出现代企业的标志有16个字,最后4个字我认为很重要,那就是"流转顺畅"。流转不顺畅,变革就没有意义,包括在美国这个充分市场化的国家,每天也有很多企业倒闭,就是因为流转不顺畅。不管怎么改变产权,其目的是为了整个企业流转顺畅起来。

在进行五年流程再造的探索中,海尔遇到很多困难,很多管理人员,包括中高层管理人员本能地抵触,为什么呢? 有以下两点原因。

(1) 企业组织结构由原来的静态变为动态。过去,所有人都等着上级指令来工作,只要符合上级的要求就是完成任务,不管是否符合市场要求。现在变成动态,每个人都要根据市场要求干,但市场是每天每时每刻都在变化的,不能以不变应万变。没有订单,就没有工作,没有订单就只能停产。

(2) 企业内部相互之间的关系转变,从原来上下级关系、同事关系转变为市场关系。过去只要经营好,上级满意就行,现在只有让市场满意才能行。怎样才能让市场满意呢? 我们要把每个人都和市场结合起来。

比如,仓库里的发货员,现在叫"发货经理",名称的改变并不是权力的增加,而是直接对市场负责。过去发货只要发出去,没什么差错就行,现在发出去的货,计算机要全程跟踪,完全送到客户后才算工作结束,否则,发货经理要负责。在这个过程中出现的运输等各个环节的问题,也由发货经理来协调。

再如我们的开发人员叫"型号经理",开发出来的产品要有利润了才能有收入。怎样才能有利润呢? 设计人员要调研用户要求,要关心市场。张瑞敏说,今年 3 月我去日本东芝考察,东芝的社长告诉我说:"我们现在观念上最大的改变就是从以技术为中心转变到以市场为中心",和我们一样,东芝也在逼技术人员到市场中去。

还有我们的"客户经理",不是以销售额为标准,而是要帮助客户。

张瑞敏说,现在社会各界对海尔市场链流程再造的质疑,主要有两方面。

(1)市场链在经典管理中没有过。其实所有的经典管理都是通过创新得到实践证明后才成为经典的,所有的经典管理都不是在发展中一成不变的,如果固化"经典管理"不发展,企业也就不能发展。

(2)市场链不符合科斯的交易成本理论。世界管理大师科斯曾说过,企业内部无法按市场竞争机制来运作,因为交易成本太高了。但是科斯的时代并没有信息化,而现在有了信息化手段,成本就未必会高。比如沃尔玛,通过卫星传递信息,全球每个商场卖出几个鸡蛋都会知道,可以把全球每个信息搜集起来。所以,企业内部按市场竞争机制运作在信息化时代应该可以做到。

国外管理界、学术界对海尔市场链流程再造非常关注。前几年,瑞士洛桑国际管理学院已经把海尔市场链流程再造作为一个管理案例,并且现在已经成为欧盟案例库的一个案例,并召开过研讨会。日本 2003 年召开了一次日本国内企业的管理研讨会,在会上,日产、丰田和索尼三个企业的发言指出,日本企业现在面临一个非常大的问题是年功序列工资,这对企业的发展制约很大,他们想打破这一制度,希望借用海尔的一些思路,我做了发言,日本的媒体给海尔做了一个总结:海尔实行的是彻底的成果制,即完全以市场成果来决定个人收入,并认为日本企业也应该这么做。美国沃顿商学院也在关注并且跟踪这件事,他们的一个论断是:如果海尔市场链再造成功了,在全世界将是独一无二的,是世界管理学的一个突破和创新。

这给我们提出了很大的挑战,没有一个模式可以模仿,必须一起来创新、创造。所以我们现在要解决三个难题,以便创造出更好的需求。

第一个难题是信息化的基础。所有的企业都意识到自己有大量的数据,而且每天都在变化,但要保证它们都是真实的却非常困难。

中国做 ERP 的企业能够成功的很少，为什么？原因很多，但我认为最根本的原因是没有信息化的基础，也就是说没有走过电子标签这一步，所以我们现在有两个"码"：每个人一个码，每个物一个码，把人码和物码在运作中统一协调起来，只要做到这一点，不管多么复杂，不管运转多么快，都会随时清楚地知道状态。这一切的实现必须靠信息化。

第二个难题是每个人都要有一个市场目标。企业有一个大目标，然后分解到每个人身上，分解到每一天，这是非常困难的。我们现在需要的是把每个人像企业一样来经营。把个人的目标明确之后，分三步走：第一步是投入多少；第二步是增值多少；第三步是产生的市场效果多少。

第三个难题是每个人都有市场经营成果表。像企业损益表一样，每个人都有他自己的损益表，每个人都像一个老板来经营。

资料来源：http://www.sd.xinhuanet.com/news/2003-12/31/content_1433824.htm

■ 思考与讨论

1. 海尔集团是中国也是世界增长速度最快的家电企业。一个如此优秀的企业，为什么还要进行市场链流程再造呢？

2. 海尔集团对过去直线职能式的"金字塔"结构是如何创新的？

3. 社会各界对海尔集团创新进行质疑的原因是什么？张瑞敏是如何回答的？

4. 结合海尔集团进行市场链流程的再造，谈谈你对领导创新的认识。

参 考 文 献

1. [美]阿瑟·H.贝尔.掌握会议的奥妙.北京：经济科学出版社,1992

2. [美]安德鲁·J.杜柏林.领导力(第四版).北京：中国市场出版社,2007

3. [美]安弗莎妮·纳哈雯蒂.领导学.北京：机械工业出版社,2007

4. [美]丹尼尔·A.雷恩.管理思想的演变.北京：中国社会科学出版社,2000

5. [美]弗里蒙特·E.卡斯特,詹姆斯·E.罗森茨韦克.组织与管理——系统方法与权变方法.北京：中国社会科学出版社,1985

6. [美]海因茨·韦里克,哈罗德·孔茨.管理学——全球化视角(第十一版).北京：经济科学出版社,2004

7. [美]肯·布兰查德.领导者的智慧：对影响力艺术的洞察.北京：华文出版社,2001

8. [美]理查德·L.达夫特 Richard L.Daft.管理学.北京：机械工业出版社,2003

9. [美]理查德·哈格斯,罗伯特·吉纳特,戈登·柯菲.领导学(第四版).北京：清华大学出版社,2004

10. [美]林恩·夏普·佩因.领导、伦理与组织信誉案例：战略的观点.大连：东北财经大学出版社,1999

11. [美]潘威廉.组织行为学.南昌：江西人民出版社,1993

12. [美]斯蒂芬·P.罗宾斯.管理学.北京：中国人民大学出版社,1996

13. [美]约翰·P.科特.变革的力量：领导与管理的差异.北京：华夏出版社,1997

14. [美]约翰·C.马克斯韦尔.领导人21品质.北京：新华出版社,2003

15. [美]约翰·P.科特.权力与影响力.北京：中国国际广播出版社,1992

16. [美]朱迪斯·E.格拉塞尔.领导力 DNA.北京：东方出版社,2007

17. [美]《HARVARD BUSINESS REVIEW ON LEADERSHIP》.北京：中国人民大学出版社,2004

18. [英]伯纳德·劳·蒙哥马利.领导艺术之路.北京：世界知识出版社,1992

19. [英]大卫·鲍迪.管理学(第二版).北京：经济管理出版社,2004

20. [英]赫尔加·德拉蒙德.奔向权力.北京：新华出版社,1994

21. [英]凯蒂·琼斯.时间管理.北京：中国社会科学出版社,2001

22. [英]克里斯·罗巴克.高效授权.北京：中国社会科学出版社,2001

23. [英]克里斯·罗巴克.领导与协调.北京：中国社会科学出版社,2001

24. [英]约翰·阿代尔.战略领导.海口：海南出版社,三环出版社,2006

25. 崔绪治.现代管理哲学概论.合肥：安徽人民出版社,1986

26. 凡禹.领导素质的培养.北京：北京工业大学出版社,2002

27. 范恒山,倪文杰.领导知识词典.北京：中国国际广播出版社,1988

28. 郭东方.领导心理学.济南：山东大学出版社,1987

29. 亨利·艾伯特.现代管理原理.北京：商务书馆,1986

30. 姜法奎.领导科学.大连：东北财经大学出版社,2002

31. 克里斯托弗·霍金森.领导哲学.昆明：云南人民出版社,1987

32. 李成言.现代行政领导学.北京：北京大学出版社,2003

33. 刘建军.领导学原理.上海：复旦大学出版社,2001

34. 刘兰芬,周振林.现代领导科学基础.北京：中国经济出版社,2001

35. 鲁军.领导者的测试与评价.北京：三联书店,1990

36. 莫少昆.大领导力.北京：东方出版社,东方音像电子出版社,2006

37. 邱霈恩.领导创新：全球化时代的战略选择.北京：中共中央党校出版社,2003

38. 曲连波.领导立体决策艺术.北京：中国时代经济出版社,2002

39. 芮明杰.管理学.现代的观点.上海：上海人民出版社,2001

40. 宋树发.领导多维协调艺术.北京：中国时代经济出版社,2002

41. 孙钱章.外国经济管理思想史简编.北京：中共中央党校出版社,1995

42. 孙汝亭.管理心理学.南宁：广西人民出版社,1987

43. 孙耀君.西方管理学名著提要.南昌：江西人民出版社,1992

44. 唐传喜.科学领导纵横.北京：人民日报出版社,2003

45. 万良春.新编领导科学教程.北京：中共中央党校出版社,1998

46. 王元瑞.领导人才的创造力开发.北京：中国社会出版社,1998

47. 王元瑞.领导人才的科学管理.北京：中国社会出版社,1998

48. 吴培良,郑明身.企业领导学.天津：天津科技出版社,1988

49. 吴肇基.领导方法与艺术.北京：中国戏剧出版社,2001

50. 徐祖舜.新编领导学.北京：北京出版社,1990

51. 严立新,夏光荣.领导的语言艺术.南京：南京大学出版社,1992

52. 尤振民.领导模式与艺术.徐州：中国矿业大学出版社,1990

53. 于健,马书波,高学栋.当代领导科学.北京：当代中国出版社,1998

54. 朱侗荣.行政领导学概论.南京：南京大学出版社,1992

55. 袁宝华.中国企业管理百科全书.北京：企业管理出版社,1984

56. 约翰·M. 伊万塞维奇,托马斯·N. 顿宁.管理爱因斯坦.上海：百家出版社,2003

57. 张成福,倪文杰.现代政府管理大辞典.北京：中国经济出版社,1991

58. 张志诚,许贻土.社会主义经济管理与案例.北京：中国经济出版社,1989

59. 赵文禄.领导统御权.北京：中国广播电视出版社,1991

60. 浙江省委党校编写组.领导科学纲要.北京：中共中央党校出版社,1985

61. 周振林,孔繁玲.领导角色及其胜任.北京：中共中央党校出版社,1996

62. 周振林.领导冲突及其调适.北京：中共中央党校出版社,1996

63. 周振林.领导与权力.北京：中国经济出版社,1999

64. 周振林.领导与思维.北京：中国经济出版社,1999

65. 俞文钊.领导心理学.上海：上海人民出版社,1987